詳述歴史総合 徹底整理演習ノート　もくじ

JN132567

世界史のなかの宗教

1 教科書p. 8の地図をみて，おもに次の地域に分布している宗教を下から選んで答えよう。

① 西アジア・中央アジア・北アフリカ・東南アジアの諸島部など

〔　　　　　　　〕

② ヨーロッパ・ロシア・ラテンアメリカなど　　　〔　　　　　　　〕

③ 東アジア・東南アジアなど　　　　　　　　　　〔　　　　　　　〕

④ 南アジア　　　　　　　　　　　　　　　　　　〔　　　　　　　〕

【　キリスト教　　イスラーム　　ヒンドゥー教　　仏教　】

2 教科書p. 9をみて，次の文章の空欄に入る語句を答えよう。

【キリスト教の成立】

　1世紀はじめ，ローマ支配下のイェルサレム周辺で，〔⑤　　　　　〕は，祭司たちの堕落や規定にしばられる律法主義におちいった〔⑥　　　　　〕教を批判し，神の愛がすべての人に平等であることや，神の国の到来が近いことを説いた。しかし，〔⑥〕人支配層によりローマへの反逆者として告発された〔⑤〕は，十字架にかけられて処刑された。〔⑤〕の死後，弟子たちの間に彼が〔⑦　　　　　〕したとの信仰がうまれ，彼をキリスト（メシアのギリシア語）とするキリスト教が成立した。弟子たちは，〔⑥〕人以外の人々にも布教をおこない，信者の集団である教会がつくられた。

【仏教の成立】

　〔⑧　　　　　　　　　　　　　　　〕（ブッダ，釈迦）は，正しい修行によって苦の原因である欲望を克服し，解脱できると説いた。当時，〔⑨　　　　　〕教と密接に関連する，〔⑨〕・クシャトリヤ（王侯や戦士）・ヴァイシャ（農民や商人などの庶民）・シュードラ（隷属民）と身分を区別する〔⑩　　　　　〕制度があったが，〔⑧〕はこれらを否定した。仏教は，しだいに力をつけてきたクシャトリヤやヴァイシャの支持を集めた。

【イスラームの成立】

　〔⑪　　　　　　　　〕は，アラビア半島の多神教の聖地〔⑫　　　　　〕を支配していた一族にうまれ，610年ころ，瞑想中に大天使ガブリエルから神の啓示を受けた。このように神のことばを預かった者，すなわち預言者の自覚をもった〔⑪〕は，イスラーム（唯一神〔⑬　　　　　〕への絶対的服従），偶像崇拝の禁止などを説いた。

ポイント
〔⑥〕教の聖地であったイェルサレムは，その後キリスト教，そしてイスラームの聖地にもなった。

ポイント
キリスト教は，ローマ帝国内で信者を増やしたが，3世紀になるとローマに迫害された。しかし，4世紀にローマ帝国はキリスト教を公認した後,国教と定めた。

ポイント
ブッダとは悟りを開いた者という意味である。また彼はシャカ族の王子であったため，釈迦ともよばれる。

ポイント
仏教は，マウリヤ朝をはじめインドの古代王朝で信仰されたが，ヒンドゥー教の広まりとともにインドでは衰退していった。

ポイント
多神教の聖殿であったカーバ神殿は，その後イスラームの聖殿となった。

ポイント
イスラームでは〔⑬〕や〔⑪〕を絵に描いたり，像に刻んだりすることは，神や預言者を冒涜することと考えられている。

3 教科書p.8の表をみて，次の問いに答えよう。

【キリスト教のおもな宗派】

〔⑭　　　　　〕	ローマ教皇を頂点とする教会の組織。
〔⑮　　　　〕	11世紀に教会の東西分裂によって正式に分離，複数の総主教のもとに独自の教会組織をもつ。
〔⑯　　　　〕	ルターの宗教改革以降に〔⑭〕からはなれた諸宗派の総称。

【仏教のおもな宗派】

〔⑰　　　　〕	悟りをめざし，戒律を厳格に守ろうとする保守的立場で，部派仏教の一つ。
〔⑱　　　　〕	生命あるすべての救済をめざし，みずからを大乗とよび，それまでの部派仏教を小乗とよんだ。

【イスラームのおもな宗派】

〔⑲　　　　〕	多数派，第4代カリフであるアリーまでの4人のカリフを正統と認める。
シーア派	少数派。アリーとその子孫のみにカリフの資格を認める。

ポイント
教皇とはローマ教会の首長で，〔⑤〕の弟子ペテロの後継者とされている。中世ヨーロッパでは，皇帝や国王をしのぐほどの権力をもっていた。

ポイント
〔⑯〕にはルター派以外にカルヴァン派やイギリス国教会などが含まれる。

ポイント
〔⑱〕の信仰の広まりとともに，インド西北部のガンダーラ地方では仏像の制作がさかんとなった。

ポイント
カリフとは〔⑪〕の後継者のことで，第4代カリフのアリーまでは選挙で選ばれていた。アリーの暗殺後は，ウマイヤ朝・アッバース朝の王がその地位を世襲した。

4 右の図①・②をみて，以下の問いに答えよう。

問1　図①でイエスが処刑されたあと，キリスト教はどのようにして成立したのか。

〔　　　　　　　　　　　　　　　〕

問2　図②では，どうしてムハンマドの顔は白く塗られているのだろうか。

〔　　　　　　　　　　　　　　　〕

①

②

Try キリスト教・仏教・イスラームの三大宗教は，ユダヤ教やヒンドゥー教と比較して，どのような違いがあるだろうか。「民族」という語句を用いて説明してみよう。

〔　　　　　　　　　　　　　　　　　　　　　　　　　　　　　　　　　　　〕

INTRODUCTION
17世紀以前のアジアの繁栄とヨーロッパの海外進出

教科書 p.24〜25

1 教科書 p.24〜25を参考にして，次の文章の空欄に入る語句を答えよう。

アジア諸帝国と海域世界の繁栄

14世紀に中国に成立した明は，東シナ海で朝貢体制を確立した。明の第3代永楽帝の命を受けた〔① 　　　　〕は，大艦隊をひきいてアフリカ沿岸まで遠征をおこない，明への朝貢をうながした。この時代，東アジアの交易の中心となったのは，琉球王国や東南アジアの要衝に位置する〔② 　　　　〕王国で，これらは海禁政策をとる中国と東南アジア・日本を中継して繁栄した。またインド南部から輸出された綿布は，アラビア海や東南アジアの交易でも重要な商品となった。この東アジアからインド洋での交易が活発となった時代を〔③ 　　　　〕という。

一方，16世紀の西アジアからインドには，イスタンブルを中心としたオスマン帝国，中央アジアのサファヴィー朝，インドの〔④ 　　　　〕が並び立っていた。

ヨーロッパの大航海時代

ヨーロッパが海外に進出した大航海時代以降，世界の一体化がすすんだ。しかし，少なくとも1800年代にいたるまでのアジア間の交易の主導権は，中国・インド・ムスリム商人によってにぎられており，〔⑤ 　　　　〕などヨーロッパ商人は，それらに依存していたにすぎなかった。アメリカ大陸では，数百人の〔⑥ 　　　　〕人征服者が軍事的優位を背景に，内乱に乗じてインカ帝国・アステカ王国などの文明を滅ぼしたが，その決定的な要因はヨーロッパからもちこまれた疫病にあった。

〔⑥〕による略奪に続いて，イギリス・オランダ・フランスなどは，現地の気候を利用した作物の栽培にのりだした。ヨーロッパは，アジアとの交易拡大を望み，その対価としてアメリカ大陸で産出される銀を必要としたため，征服された〔⑦ 　　　　〕を酷使して銀山が開発された。また鉱山や農園で働く労働力が不足するようになると，〔⑧ 　　　　〕から奴隷が連行された。

銀の流通

スペインは，メキシコ各地や南米の〔⑨ 　　　　〕などで銀山を開発したため，大量の銀がヨーロッパに流入した。さらに，アメリカ大陸で採掘された銀（メキシコ銀）は，メキシコの〔⑩ 　　　　〕からフィリピンの〔⑪ 　　　　〕に運ばれ，中国の絹や陶磁器と交換され，莫大な利益をうんだ（〔⑩〕貿易）。

ヨーロッパでは，流入した大量の銀によって物価が大幅に上昇した。これを〔⑫ 　　　　〕という。その結果，地代収入に依存する封建領主層は打撃を受けたが，西ヨーロッパ諸国では毛織物産業などの商工業の発達が促進された。

ポイント

1368年にモンゴル人の王朝であった元にかわって，洪武帝は漢人（中国人）を中心に明を建国した。洪武帝は，身分秩序を重視する朱子学を国の学問にするなど，皇帝の独裁体制を強化した。

ポイント

13世紀に成立したオスマン帝国は，16世紀のスレイマン1世の時代には，西アジアから北アフリカ，そしてヨーロッパにまたがる大帝国へと成長した。

ポイント

〔⑤〕は，ヴァスコ=ダ=ガマがインド航路を開拓して以来，おもにアジアへ進出した。一方〔⑥〕は，コロンブスが西インド諸島に到達して以降，アメリカ大陸の征服をすすめた。

ポイント

〔⑥〕征服以前のアメリカには，14〜16世紀にメキシコ中央高原にアステカ王国が，15〜16世紀には南米のアンデス地方にインカ帝国が栄えていた。ともに都市を中心に栄えた青銅器文明であった。

東アジア・東南アジアには，ポルトガルとスペインが日本から運んだ日本銀とメキシコ銀が大量に流入した結果，商工業が活性化された。

■ オランダの覇権と衰退

　17世紀はじめにオランダは〔⑬　　　　　　　　　〕を設立し，アジアではポルトガルにかわって香料貿易を支配して莫大な利益をあげた。また同時期にアメリカ大陸にも進出した。こうしてオランダは，全世界に貿易網を張り巡らす海洋国家となり，首都〔⑭　　　　　　　　　〕は世界経済の中心地として栄えた。しかし，中継貿易に依存するオランダの繁栄は長続きせず，〔⑮　　　　　　　〕との戦争をくりかえすうちに衰退に向かった。

ポイント

日本では，16世紀初頭に石見銀山が発見され，その開発がすすむにつれて，中国商人やポルトガル商人の来航がうながされた。当時の日本は，統一権力をもたない戦国時代であったので，戦国大名が経済活動を主導して，対外貿易をおこなっていた。

ポイント

スペインの植民地であったネーデルラントは，スペインとの独立戦争を経て，17世紀はじめにオランダとして独立を達成した。

2　右の絵をみて，以下の問いに答えよう。

問1　スペインの征服後，右の絵のようなアメリカ大陸の銀山では，どのような人たちが働かされていたのだろうか。

〔　　　　　　　〕

問2　こうした銀山などで働く労働力が不足するようになると，スペインはどのようにして労働力を補っただろうか。

Try　アメリカ大陸で採掘された銀は，アジアやヨーロッパにどのような変化をひきおこしたのだろうか。次の語句を用いて説明してみよう。　【　マニラ　　価格革命　　商工業　】

1 ヨーロッパの海外進出と市民社会

教科書 p.26〜27

ユーラシアの結合　ヨーロッパの生活革命

ポイント
〔①〕会社は，イギリス（1600年＝エリザベス1世時代），オランダ（1602年＝独立前後），フランス（1604年創設，1664年再建＝ルイ14世時代）が設立した。

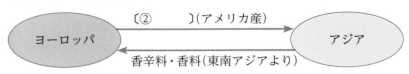

各国政府の対応
- 〔①　　　　〕**会社**の設立
- 交易の利益を国家財政に組み込む

両地域の共通現象
- 農村部中心に工業が発達
- 都市・商人層の台頭，人口増加

ヨーロッパ 〔②　　　　〕（アメリカ産）→ アジア
香辛料・香料（東南アジアより）←

- 茶・〔③　　　　〕織物・陶磁器（中国より），〔④　　　　〕織物（インドより）

⇩

ヨーロッパの生活革命
- 〔⑤　　　　〕や砂糖の伝来（←**大西洋三角貿易**）
- 〔⑥　　　　〕の慣習の広がり（とくにイギリス）
- **コーヒーハウス**やカフェの誕生
  →社交・情報交換・文学やジャーナリズム発展の基盤

⇩

〔⑦　　　　〕の需要増大（ティーカップ・ポットなど）

- 輸入にたよらず，アジア物産の独自生産をめざす
- 産業革命…アジア物産の模倣から技術革新へ

ポイント
〔⑤〕はエチオピアなどが原産地とされるが，17世紀末からは中南米でも栽培されるようになった。

啓蒙思想の発達

ポイント
〔⑫〕は当初音楽で身を立てるつもりで，いくつか作品も残しているが，うまくいかなかった。童謡「むすんでひらいて」は，〔⑫〕が作曲したオペラのアリアが原曲であるといわれる。

啓蒙思想…人間の「〔⑧　　　　〕」の力で，理想的社会の建設が可能となる
- 〔⑨　　　　〕主義の観点から，教会や王権など批判
- 出版業の発達→読書層の出現
- カフェでの交流や情報交換 ⎫→普及と広がり

〔⑩　　　　〕	寛容の精神
〔⑪　　　　〕	三権分立を唱える
〔⑫　　　　〕	社会契約説・人民主権論→フランス革命に影響

⇨ホッブズやロック（イギリス）が唱える

⇩

- フランス…〔⑬　　　　〕派の登場
- イギリス…科学の発達，産業革命の基盤つくる
- 東ヨーロッパ…〔⑭　　　　〕主義の登場
  　　君主が主導する「〔⑮　　　　〕の改革」
  　　プロイセン・ロシアなどにみられる

ポイント
〔⑬〕派とはディドロが刊行した『〔⑬〕（アンシクロペディー）』に執筆・協力した啓蒙思想家たちのことで，啓蒙思想や〔⑨〕主義の普及に大きな役割を果たした。「百科事典」をあらわす英語エンサイクロペディアは，この書物の名に由来する。

Check❶▶ 17～18世紀におけるヨーロッパの交易を示した下の地図をみて，空欄A～Fに入る商品名を答えよう。

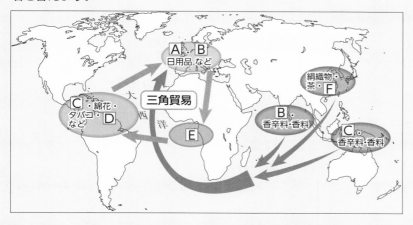

〔A 　　　　　　　〕
〔B 　　　　　　　〕
〔C 　　　　　　　〕
〔D 　　　　　　　〕
〔E 　　　　　　　〕
〔F 　　　　　　　〕

Check❷▶ 下の陶磁器の絵柄に注目しながら，当時のヨーロッパの状況を，空欄に語句を入れながら考えてみよう。

　18世紀ごろから，ヨーロッパではアメリカ産の〔①　　　　　　　〕や中国産の〔②　　　　　　〕を飲む習慣が広がり，カップやポットなど，陶磁器の需要が急速に高まっていった。しかし中国から輸入される陶磁器は大変高価なぜいたく品であったため，ヨーロッパ諸国は競って独自の製造にのりだした。モデルとされたのが，真っ白な磁器（白磁）に青一色で模様を描く（染付）技法で，それにいち早く成功したのが，下の皿がつくられた〔③　　　　　　　〕という東ドイツの都市であった。初期のものをみると，写真のように中国陶磁器の絵柄とそっくりだが，これはただの影響や真似だけでなく，18世紀のヨーロッパで〔④　　　　　　　〕とよばれる中国趣味が流行していたからでもあり，いわば当時の「売れすじ」の絵だった。

　中国の陶磁器にはしばしば「ざくろ」が描かれていたが，ドイツ人はざくろを知らなかったため，間違えて「たまねぎ」を描いてしまった。これがかえって人気となり，「ブルーオニオン」とよばれて，〔③〕陶磁器を代表する絵柄になった。下の皿の〔⑤　　　　　〕部分にそれをみつけることができる。

Try 啓蒙思想は，各地でどのように受容され，どのような影響を社会や政治に及ぼしただろうか。西欧だけでなく東欧も含めて，次の語句を用いて説明してみよう。
【　フランス革命　　産業革命　　啓蒙専制主義　】

2　清の繁栄

清の中国支配

明	後金	台湾
	ヌルハチ ・満洲（〔①　　　　〕）を統一 ・南モンゴル諸部族を征服	
1644　滅亡	清	

・中国に入り〔②　　　　　〕を都とする
・〔③　　　　　〕（満洲人の髪型）の強制

```
康熙帝 ┐        ・〔④         〕の領有 ───────→
雍正帝 ┤ 最盛期（約130年）
       │        ・反満思想の弾圧など
〔⑤　〕帝 ┘      ・中国文化（科挙など）は尊重
```

・内陸への支配拡大

モンゴル・〔⑥　　　　〕・
チベット・青海　⇒　〔⑦　　　　　〕として統治
　　　　　　　　　　　…社会・文化の尊重，自治承認

中国社会の繁栄

・長江下流域
　…明中期以降，綿花・桑畑の拡大→綿・絹織物業の発達
　→商品生産の進展，全国的な商業ネットワークの形成
・長江中流域…稲作の中心地に
・アメリカ大陸原産トウモロコシ・サツマイモの栽培拡大
　→人口急増→海外移住者の増加　＊東南アジアへの〔⑧　　　　　〕など
・**メキシコ銀**や〔⑨　　　　〕**銀**の流入→税の銀納へ
・〔⑩　　　　〕印刷の発達→庶民文学の隆盛
・〔⑪　　　　〕学（古典の実証的研究）の発達→19世紀公羊学派の改革論

東西文明の交流

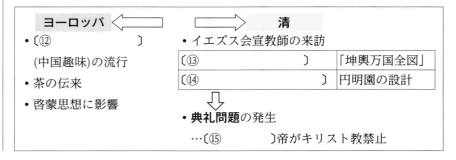

ヨーロッパ　⇐　　　⇒　**清**

・〔⑫　　　　　　〕　　・イエズス会宣教師の来訪
（中国趣味）の流行

〔⑬　　　　　〕	「坤輿万国全図」
〔⑭　　　　　　〕	円明園の設計

・茶の伝来
・啓蒙思想に影響

・**典礼問題の発生**
　…〔⑮　　　　〕帝がキリスト教禁止

Check❶▶ 左の「盛世滋生図」に描かれた蘇州には，どのようにして物資が集まったのだろうか。右の地図で蘇州の位置を確認し，空欄に語句を入れながら考えてみよう。

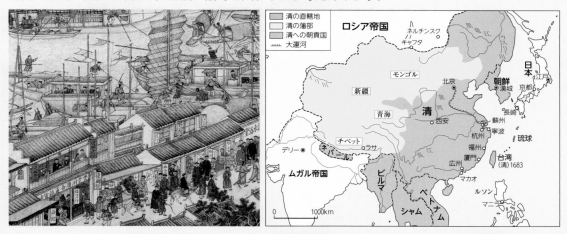

　蘇州は古代から経済的に栄えた都市である。絵には多くの船が描かれているが，地図をみると，蘇州は〔①　　　　　　〕の下流に位置し，また清の首都〔②　　　　　　〕へとつながる〔③　　　　　　〕沿いにあることが確認できる。すなわち蘇州は水路を主とする〔④　　　　　　　　　〕として発展したのである。絵には「○○行」と書かれた看板があちこちにみられるが，行とは商人たちの組合のことである。また，水路に描かれた四角帆の船はジャンク船といって，中国商人が主として外国との交易で使用した。

Check❷▶ 下の絵で，宣教師マテオ=リッチはなぜ中国の服装をしているのだろうか。ここから考えられるイエズス会の布教方針と，それによって清国内でおこった問題について，空欄に語句を入れながら考えてみよう。

　マテオ=リッチが中国の服装をしているのは，彼が属する〔①　　　　　　〕会が，布教にあたって中国の文化や伝統を尊重し，清と妥協しながらキリスト教を広めようとしたことと関係がある。しかし，彼らが孔子を拝むことや祖先崇拝まで認めたことから他教派が反発し，いわゆる〔②　　　　〕問題が生じた（こうした中国の伝統的儀式は〔②〕とよばれる）。教皇が「神でないものを拝むのは誤りである」との決定を下したため，清は反発し，18世紀の〔③　　　　〕帝の時，キリスト教の布教は全面的に禁止された。

Try　清はなぜ長期にわたって繁栄できたのだろうか。「統治方法の特徴」という点から考えてみよう。

3 東アジア諸国間の貿易

■ 朝貢と冊封による東アジアの国際秩序　　■ 東アジアの貿易

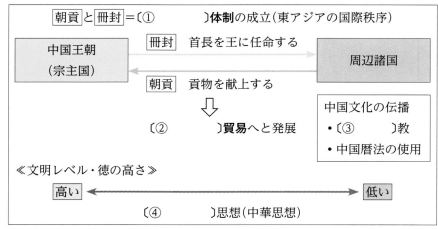

朝貢 と 冊封 ＝〔①　　　　　〕**体制**の成立（東アジアの国際秩序）

中国王朝（宗主国）　─冊封 首長を王に任命する→　周辺諸国

　　　　　←─朝貢 貢物を献上する─

⇓

〔②　　　　　〕**貿易**へと発展

中国文化の伝播
・〔③　　　　　〕教
・中国暦法の使用

≪文明レベル・徳の高さ≫

高い ←───────────→ 低い

〔④　　　　　〕思想（中華思想）

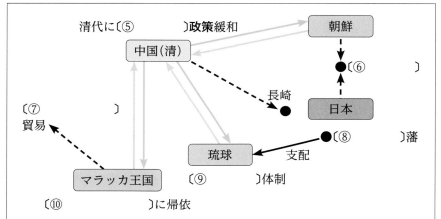

清代に〔⑤　　　　〕**政策**緩和　　　朝鮮

中国（清）

〔⑥　　　　　〕

長崎

日本

〔⑦　　　　　〕貿易

琉球　　　支配

〔⑧　　　　　〕藩

マラッカ王国　　〔⑨　　　　　〕体制

〔⑩　　　　　〕に帰依

■ ヨーロッパとの貿易

ヨーロッパの進出	ポルトガル・スペイン・オランダなどが，マカオ・マニラ・〔⑪　　　　　　　〕（現在のジャカルタ）を拠点に，アジア貿易に参入

アジア側の対応	清	・貿易港を〔⑫　　　　　〕1 港に集中 ＊〔⑬　　　　　〕（特許商人組合）を介して貿易 ・辺境には〔⑭　　　　　〕をおき，民間貿易認める
	日本	・〔⑮　　　　　〕で，〔⑯　　　　　〕東インド会社と交易

ヨーロッパ ←─────── アジア（中国など）
香辛料・香料・陶磁器・絹・茶・木綿

ポイント

マラッカ王国は，マレー半島で14世紀末に成立した〔⑩〕王国である。東西交易の結節点に位置するこの国は15世紀に繁栄期をむかえ，首都のマラッカは，インド・アラブ・明・琉球などの商人でにぎわった。1511年，ポルトガルに滅ぼされる。

ポイント

〔⑥〕藩主の宗氏は，江戸幕府の「鎖国」体制下にあっても，朝鮮通信使をむかえるなど，日本と朝鮮の仲介者として重要な役割を果たした。

ポイント

1602年に設立された〔⑯〕東インド会社は，「世界最初の株式会社」ともいわれる。彼らが長崎の出島で買いつけた日本産品のなかに，醤油があった。日本の醤油は当時，ヨーロッパの宮廷で料理の味付け（主としてソース）に好まれていたといわれる。醤油は，長崎の波佐見でつくられた陶器の瓶（コンプラ瓶）に入れて出荷された。

Check❶▶ 次の図1と図2はよく似ているが，描かれている内容は全く違うものである。下の表にその違いを記入してみよう。

<table>
<tr><td align="center">図1</td><td align="center">図2</td></tr>
</table>

	図1	図2
輿(こし)に 乗っている人は誰か	①	②
行列はどこから どこへ向かうのか	③	④
目的は何か	⑤	⑥

Check❷▶ アジア各地域間や，アジア諸国とヨーロッパ諸国の貿易で，どのような物品が取り引きされただろうか。教科書を読んで，次の図の空欄A〜Eに入る物品名を答えよう。

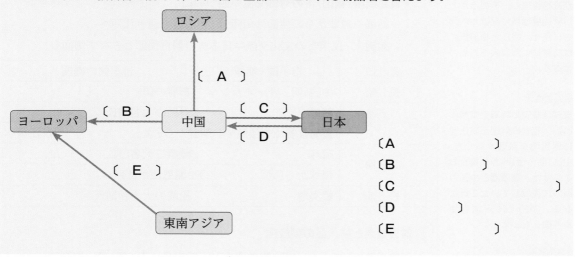

〔A　　　　　　　〕
〔B　　　　　　　〕
〔C　　　　　　　　〕
〔D　　　　　〕
〔E　　　　　〕

Try この時期に，中国(清)と日本でなぜ管理貿易が実施されたのだろう。

4 江戸時代の日本の対外政策

教科書 p.34〜35

幕藩体制と身分制度

● 幕藩体制：幕府と藩→（支配）→領地と領民

- 大名統制…〔①　　　　　　　　〕を制定し〔②　　　　　　　　〕を義務づけ
  - →大名行列で軍事力誇示
  - →経済力・強大な軍事力による平和維持という意識が定着
- 朝廷統制…〔③　　　　　　　　　　　〕の制定
  - →天皇・公家の政治的行動や大名との接触を制限

● 江戸時代の身分制度：「士農工商」とよばれる

- ┌ 支配身分…〔④　　　　　　　〕
  └ 被支配身分…〔⑤　　　　　　〕・〔⑥　　　　　　　〕（商人と職人）
- 身分秩序の外とされた被差別身分…えた・非人は生活全般で社会的差別

四つの口と対外関係

- 当初はヨーロッパ・アジア諸国と貿易
  - …〔⑦　　　　　　　　〕の渡航も奨励，〔⑧　　　　　　　　　　〕を黙認
  - →信者の急増→禁教令，貿易の制限
  - →日本人の海外渡航・帰国を禁止
  - →東南アジア各地の〔⑨　　　　　　　　〕は衰退
- 貿易制限（**鎖国**）下の対外交流：**四つの口**
  - →朝鮮や琉球からの使節は山陽道・東海道を通り江戸へ
    - 知識人・民衆との文化交流⇔日本への朝貢使節とみなす側面も

窓　口	相手国・地域	日本側の機関
長　崎	中国（明・清）・オランダ	幕府の〔⑩　　　　　　〕
〔⑪　　　　　〕	朝鮮	対馬の大名宗氏
	貿易は釜山の倭館で。朝鮮から〔⑫　　　　　　　〕が江戸へ	
薩　摩	琉球	薩摩の大名〔⑬　　　　〕氏
	琉球から〔⑭　　　　　　〕や謝恩使が江戸へ	
松　前	蝦夷地	松前の大名松前氏

対外貿易と輸入品の国産化

- 輸入品：〔⑮　　　　　〕・陶磁器など　輸出品：金・**銀**・銅・海産物
  - →明清交替の動乱後，貿易額増加→〔⑯　　　　　　〕銀山などからの銀枯渇
- 幕府の政策：金銀の海外流出の防止をねらい貨幣を改鋳→社会は混乱
  - →**新井白石**：〔⑰　　　　　　　　〕（正徳新令）…長崎の中国船・オランダ船等の取引制限
- 8代将軍〔⑱　　　　　　　〕ら：農業技術改良・実学を奨励
  - →各土地に合わせた特産品がさかんにつくられる

Check ▶ 右の絵をみて，以下の問いに答えよう。

1 **A**の埋め立て地の名称，およびどこの国の
人々が居住したかを答えよう。
〔　　　　　　・　　　　　　〕

2 **B**の区域の名称，およびどこの国の人々が居
住したかを答えよう。
〔　　　　　　・　　　　　　〕

3 1や2の国との取り引きを制限する取り決
めを出した人物，および取り決めの名称を答
えよう。
〔　　　　　　・　　　　　　〕

Exercise①　幕藩体制と身分制度について，以下の問いに答えよう。

1 幕藩体制とは何か答えよう。
〔　　　　　　　　　　　　　　　　　　　　　　　　　　　　　　　　　　　〕

2 幕藩体制の下での身分を大きく3つに分けよう。
〔　　　　　　　　　　　　　　　　　　　　　　　　　　　　　　　　　　　〕

3 江戸幕府は大名や朝廷をどのように統制したか，それぞれ説明しよう。

Exercise②　次の説明文①〜④の誤っている部分に下線を引き，訂正したものを空欄に記入しよう。すべ
て正しい場合は○を入れよう。

① 幕府は当初ヨーロッパだけでなく，アジアの諸国とも貿易をおこなっていた。　　〔　　　　　〕

② 四つの口のうち長崎は町奉行が管理し，他の三つは現地の大名に委任された。　　〔　　　　　〕

③ 将軍の代替わりごとに，琉球へは慶賀使が派遣された。　　　　　　　　　　　　〔　　　　　〕

④ 徳川綱吉は農業技術に力を入れ，やがて実学がさかんになった。　　　　　　　　〔　　　　　〕

Try 四つの口のうち長崎以外の三つの口を通してつながった地域は，明治時代末にはどのようになっ
ていくだろうか。

5 江戸時代の社会と生活

教科書 p.36〜37

ポイント

日本銀やメキシコ銀の流入によって貨幣経済が発達し，外来作物の栽培で人口が急増した中国(清)の社会と比較してみよう(→教 p.28〜29)。

ポイント

〔④〕による洋書輸入の解禁は洋学の発達をうながし，各地では特産品がさかんにつくられるようになった。〔⑦〕は，耕地拡大が限界となった状況で，商業や積極的な海外貿易に着目した。〔⑨〕は商品経済による社会の変化と矛盾の拡大に対応するため，商業をひきしめて社会政策を重視する一方，農村の立て直し・倹約につとめた。

ポイント

陸上交通では，街道整備によって人(参勤交代，旅行)と情報(〔⑬〕)の流れが確立した。一方，物資は河川および海上交通によって，「天下の台所」大坂と「将軍のお膝元」江戸に運搬された。

ポイント

日本初の本格的農書である『農業全書』が著されたのは17世紀末。中国の農書の影響を受けている。18世紀以降，農業に関する知識が全国に伝わってゆく。肥料の使用や農具の改良もあり，収穫高は増えた。

▌平和と秩序の整備

● 17世紀後半から18世紀はじめ

- 社会の安定・商品経済の広まり→**大坂・京都**中心に〔①　　　　〕**文化**
- 5代将軍〔②　　　　　〕：**儒学**による政治…湯島聖堂，生類憐みの令
- 〔③　　　　　〕：儒学にもとづく政治，海舶互市新例

● 18世紀前半〜

- 8代将軍〔④　　　　　〕：幕政全般を改革=〔⑤　　　　　　　〕
  儒学の重視，武芸の奨励，旗本や民間から積極的な人材登用，年貢の増徴
  法制度の整備，漢訳洋書の輸入許可(キリスト教布教にかかわらないもの)

● 18世紀後半〜

- 過酷な年貢徴収・飢饉→〔⑥　　　　　　〕の増加
- 老中〔⑦　　　　　〕：商業を重視した政策
  株仲間の積極的公認，銅などの専売制，銅や俵物の輸出奨励
  〔⑧　　　　　〕でのロシア貿易の可能性を調査
- 老中〔⑨　　　　　〕：農村立て直しと財政引き締め=〔⑩　　　　　　　〕
  農村復興…米の備蓄(囲米)，旧里帰農令
  都市政策…浮浪者に職業訓練(人足寄場)，七分積金
  困窮した旗本・御家人の救済(棄捐令)，寛政異学の禁，出版統制令

▌全国の流通網の発展

● 海上交通

- 酒田〜西廻り航路〜大坂〜南海路〜江戸〜東廻り航路〜酒田
- 松前から〔⑪　　　　　　〕によって近畿地方へ昆布など取り引き

● 陸上交通

- 〔⑫　　　　　　〕など主要街道整備⇔きびしい管理「入鉄砲に出女」
- 〔⑬　　　　〕制度
- 〔⑭　　　　　〕の発達→旅が身近に，伊勢参りのはじまり

▌農村の変化と社会

● 農村の変化

- 〔⑮　　　　　　　〕により農地は倍増，人口約2倍
- 17世紀：〔⑯　　　　〕経営の定着
- 18世紀：耕地拡大は限界→〔⑰　　　　　　〕改良→収穫高は増加

● 村落の社会と城下町

- 〔⑱　　　　　　〕の定着…村単位での年貢納入
- 寺請制度…〔⑲　　　　　　〕は信者情報であり戸籍の役割も
- 〔⑳　　　　　〕は相互監視・連帯責任のため，山林は村の共有財産
- 貧富の差が拡大→土地を手放す者と地主に分化，都市に流入する者も
- 城下町…武士が集住，商人・職人の定着

Check❶ ▶ 海陸の流通ルートと主要街道を示した下の地図をみて，次の文章の空欄に入る語句を答えよう。

　江戸時代には，現在の山形県の〔①　　　　〕を起点に，日本海側から〔②　　　　〕を通り瀬戸内海に入って「天下の台所」である〔③　　　　〕に至る西廻り航路，太平洋側に出て〔④　　　　〕に至る東廻り航路，〔③〕と〔④〕を結ぶ南海路を中心とした海路が整備された。一方，陸路は，「将軍のお膝元」である〔④〕から〔⑤　　　　〕に至る東海道をはじめとする五街道が整備された。

Check❷ ▶ 農業技術を解説した右の絵をみて，以下の問いに答えよう。

1　X・Y・Zの農具の用途と名称を，それぞれ次のア
　　～ウから選ぼう。

　　ア　もみ殻と玄米を分離させる「から竿〔さお〕」
　　イ　稲穂から籾米を分離する「千歯こき」
　　ウ　もみ殻と玄米を選別する「唐箕〔とうみ〕」

　　　　〔X　　　〕〔Y　　　〕〔Z　　　〕

2　江戸時代の日本の村や農業の発展について，教科
　　書p.37⑥のグラフを参考にしながら説明しよう。

Try 　江戸時代の村の生活は，のちの時代や現代と比べて自由がなかったのだろうか，それとも自由だったのだろうか。話し合ってみよう。

ACTIVE
歴史を資料から考える
アジアの繁栄とヨーロッパ

教科書 p.38〜39

Q 教科書p.38の写真①〜⑦をみて考えてみよう。

1　①〜⑦のうちで，中国で発明されたものはどれか，調べてみよう。

2　調べた結果，近代以前の中国は，世界でどのような存在だったと考えられるだろうか。

① 教科書p.38の資料1・2をみて考えてみよう。

STEP 1

1　資料1をみて考えてみよう。1700(01)年から1760年までにイギリス東インド会社が輸入した物品の割合が，10倍以上となったものは何だろうか。〔　　　　〕

2　1で答えた物品の輸入が増えた理由を，教科書p.26〜27を読んで考えてみよう。また，アジアの物品がヨーロッパに入ってきたことで，この時期にヨーロッパの生活文化が変化したことを何とよぶか，確認しよう。

理由：

呼称：

STEP 2

1　資料2にあるように，イギリスの輸出の中心は金と銀，とくに銀が中心であった。この銀はどこから来たのか，教科書p.25を読んで考えてみよう。

2　ヨーロッパの主要産品であった毛織物がアジアで売れなかった理由を，次の文章の空欄に適切な語句を入れて考えてみよう。

　　アジアでは，吸湿・保温性に優れ，丈夫で水洗いがしやすい〔①　　　　〕が多く用いられていた。また，吸湿性がよく，涼しく水洗いしやすい麻も利用されてきた。高級品としては，しなやかで上品，美しい光沢をもつ〔②　　　　〕があり，こちらは古くからヨーロッパでも人気があった。

❷ 白い硬質の磁器は，ヨーロッパでは18世紀はじめになるまで生産できなかった（教科書p.26**❷**のマイセンの皿を参照）。アジアの磁器は，その美しさでヨーロッパの上流階級を魅了したのである。

STEP❶ 資料2の皿の中心にあるマークに注目してみよう。これは，当時イギリスやフランス，オランダなどが，それぞれアジア貿易を推進するために国策会社として設立した貿易会社のうち，オランダの会社のマークである。このような貿易会社を何とよぶか。

〔　　　　　　　　　〕

STEP❷ 17世紀なかばに中国に成立していた清が，どのような貿易政策をとっていたか，教科書p.30～31を読んで考えてみよう。

〔　　〕

❸ 18世紀におけるヨーロッパの思想家は，同時代の中国をどのようにとらえていたのだろうか。教科書p.39の資料1・2を読んで考えてみよう。

STEP❶ 次の文章の空欄に入る語句を，教科書p.27を読んで答えよう。

〔①　　　　　　　　　　〕家は，合理主義の観点から社会や国家の仕組みを解釈し，教会や王権を批判した。ヴォルテールは〔②　　　　　　　〕の精神を説き，モンテスキューは〔③　　　　　　　　〕を唱えた。

STEP❷ 次の文章の空欄に入る文を，資料1を読んで答えよう。

資料1より，ヴォルテールは儒教には〔　①　〕がないと述べている。また，中国の法律は〔　②　〕と述べており，中国の政治以上に優良な政治組織はない，と述べている。

〔
①
②
〕

STEP❸ 次の文章の空欄に入る語句を，資料2を読んで答えよう。

モンテスキューは，中国は〔①　　　　　〕国家であり，その原理は〔②　　　　　　〕であるとしている。**STEP❶**と合わせて考えれば，彼は中国だけではなく，母国〔③　　　　　　　　〕の〔①〕国家体制を批判していたと考えられる。

Try

1 アジアの物産や制度がその後のヨーロッパの産業・制度に与えた影響は何だろうか。次の語句を用いて説明してみよう。【　木綿　　砂糖　　陶磁器　　法律　】

〔　　〕

2 さらに，それは現在の世界にどう生きているだろうか。考えて話し合ってみよう。

1 次の文を読んで，下の問1〜7に答えよう。

　18世紀末まで，アジアはヨーロッパに対して，人口規模や技術力などの面で相対的に優位にあった。①豊かなアジアの物産を求めるヨーロッパ諸国は，特権会社である〔　あ　〕を設立して交易を促進しようとした。世界をむすびつける役割を果たした〔　い　〕は，アメリカ大陸を産地として太平洋や②大西洋・インド洋経由でアジアへと流入し，その繁栄をささえた。他方で，この交易活動がもたらす富を基盤として，各地には新たな秩序が形成されはじめた。中国の辺境世界からおこった③清は，高度な文化をもつ強大な帝国へと成長し，④「鎖国」状態にあった日本も，⑤江戸幕府のもとで独自の社会や文化を成熟させていった。ヨーロッパでは王権のもとで国家の統合力が強化されると同時に，カフェやアカデミーを基盤として⑥啓蒙思想の影響を受けながら市民社会が発展し，近代化への動きを準備した。

問1　文中の空欄〔　あ　〕〔　い　〕に入る語句を答えよう。　　　　〔あ　　　　　　　〕〔い　　　　　〕

問2　下線部①に関連して，インドからヨーロッパ市場にもたらされ，イギリスで国産化が急がれた商品を答えよう。　　　　　　　　　　　　　　　　　　　　　　　　　　　　　　　　　　〔　　　　　　〕

問3　下線部②に関連して，大西洋三角貿易で取引された右の図のA・Bの商品の組合せとして正しいものを，下の①〜④から一つ選ぼう。
　　①　A　黒人奴隷　　B　コーヒー・砂糖
　　②　A　黒人奴隷　　B　茶・綿花
　　③　A　アヘン　　　B　コーヒー・砂糖
　　④　A　アヘン　　　B　茶・綿花　　〔　　　　　〕

イギリス
武器
綿製品　　　　　B
西アフリカ　　　A　　　西インド諸島

問4　下線部③の王朝について，次の⑴⑵に答えよう。
　⑴　満洲（女真）を統一し，清のもととなる王朝を築いた人物はだれか。　　　　〔　　　　　　〕
　⑵　1683年に台湾の反清勢力を降伏させたのち，清は中国人の海外渡航や貿易活動を緩和した。このとき緩和された政策を何というか。　　　　　　　　　　　　　　　　　　　　　　〔　　　　　　〕

問5　下線部④について述べた次の文中の〔　ア　〕〜〔　カ　〕に入る語句を答えよう。

　17世紀なかば以降，日本では〔　ア　〕・〔　イ　〕・長崎・薩摩の四つの口を介し，幕府の管理のもとで交際や交易がおこなわれた。長崎は〔　ウ　〕が管理したが，ほかは大名に委任され，アイヌは〔　ア　〕氏が，朝鮮は〔　イ　〕の宗氏が，琉球は薩摩の〔　エ　〕氏が窓口となった。長崎では，中国人が〔　オ　〕，オランダ人が出島に居住して交易をおこない，オランダは〔　カ　〕を幕府に提出し，海外の情報を伝えた。

〔ア　　　　　〕〔イ　　　　　〕〔ウ　　　　　〕〔エ　　　　　〕〔オ　　　　　〕〔カ　　　　　〕

問6　下線部⑤について，次の⑴〜⑷の出来事に関係する人物を，下のa〜dから選ぼう。
　⑴　海舶互市新例を出し，長崎に入港する中国船やオランダ船を制限した。
　⑵　享保の改革をおこない，年貢の増収をはかるとともに倹約を奨励した。
　⑶　商業を重視して株仲間を公認し，蝦夷地の調査をおこなわせた。
　⑷　農村の立て直しを目的に寛政の改革をおこない，財政を引き締めた。
　　a　新井白石　　b　田沼意次　　c　徳川吉宗　　d　松平定信
　　　　　　　　　　　　　　　〔⑴　　　　〕〔⑵　　　　〕〔⑶　　　　〕〔⑷　　　　〕

問7　下線部⑥について，三権分立を唱えた啓蒙思想家はだれか。〔　　　　　　〕

2 次のA・Bの資料をみて，下の問1～3に答えよう。

A

B

問1　Aの資料のような売買がおこなわれた地域を，右の地図
　　　中のア～エから一つ選ぼう。〔　　　〕

問2　Bの資料のような生活様式の変化をもたらした，おもに
　　　西インド諸島からヨーロッパに運ばれた商品を二つあげ
　　　よう。〔　　　・　　　〕

問3　世界史の授業で，生徒たちはAとBの関係をまとめて発
　　　表した。次のa～dの発表のうち，正しい文の組合せを，
　　　下の①～④から一つ選ぼう。

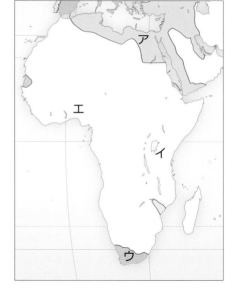

　　a　Aで売買された奴隷は，Bの地域でおこった産業革
　　　　命の労働力となりました。

　　b　Aで売買された奴隷は，Bにみられる商品を生産す
　　　　る大農園の労働力となりました。

　　c　Aのような売買は，Aの地域がBの地域に比べて経
　　　　済発展が遅れる原因の一つになりました。

　　d　Aのような売買をおこなうため，BからAの地域に
　　　　多くの商人が流入し，人口が増加しました。

　　　①　aとc　　②　aとd　　③　bとc　　④　bとd　〔　　　〕

3 18世紀のヨーロッパと中国で，相互の交流を通じて形成された文化について，次の語句を用いてま
とめてみよう。　【　イエズス会　　世界地図　　陶磁器　　生活革命　】

INTRODUCTION
17世紀以前のヨーロッパの主権国家体制 教科書 p.42〜43

1 教科書 p.42〜43を参考にして，次の文章の空欄に入る語句を答えよう。

中世的秩序の衰退

中世のヨーロッパ世界では，ローマ教皇と神聖ローマ皇帝が大きな権威をもっていたが，その権威は14〜15世紀に衰退しはじめ，国家の統合に向けた動きがすすんでいった。この時期に誕生した，内外の干渉を受けずに政治をおこなう権限（主権）を主張するようになった国家を，〔①　　　　　　　〕という。しかし当時の主権はあくまで国王に属し，王家の財産として継承された。また国家間の国境もあいまいで，国籍よりも身分や国家をこえた血のつながりが重視された。たとえば，ハプスブルク家出身のスペイン国王で，神聖ローマ皇帝ともなった〔②　　　　　　　〕は，婚姻を通じて王位を継承してヨーロッパ各地に勢力を拡大した。

主権国家の誕生

16世紀前半からはじまった**宗教改革**は，ローマ教皇や神聖ローマ皇帝の権威をゆるがし，主権国家が宗教をその管理下におこうとする動きの始まりであった。15世紀末，フランス軍がイタリア半島に侵入したことではじまった〔③　　　　　　　〕**戦争**では，フランスとスペインという強国の利害が衝突し，都市国家は二つの国の力を均衡させながら同盟して戦った。〔③〕戦争の過程において，各国では主権国家の形成がすすんだ。各国の間で外交使節団を通じて文書を交わすルールが定められるなど，相互の主権を認めて競合する〔④　　　　　　　〕とよばれる国際関係が展開されるようになった。

絶対王政

主権国家の形成期には，〔⑤　　　　　　　〕といわれる強力な国家形態がうみだされた。〔⑤〕のもとでは，王の主権を神から与えられた神聖で不可侵なものとする〔⑥　　　　　　　〕説が唱えられた。その権威のもとで官僚制と〔⑦　　　　　　　〕が整備され，新たな税制や法律も定められたほか，言語の統一など国家統合がすすめられた。また国家が経済活動の主体となり，国内の商工業の保護育成と貿易の振興をめざす〔⑧　　　　　　　〕の政策がとられた。この政策のもとでは，金銀の獲得や製品の市場を開拓する必要があり，〔⑨　　　　　　　〕の獲得を求めて諸国家が激しく戦争をくりかえした。〔⑦〕の維持に多くの財源を必要とするようになると，王権主導のもと，議会を通さずに課税をおこない，徴税するしくみがととのえられていった。

ポイント
ローマ教皇は，西ヨーロッパにおけるキリスト教会（カトリック教会）の最高位の聖職者である。中世の教皇の権威は絶大で，13世紀の教皇インノケンティウス３世時代には，西ヨーロッパの大部分の君主を屈服させた。

ポイント
神聖ローマ帝国とは，現在のドイツを中心に支配した国家で，皇帝は選挙によって選ばれた。帝国内には〔⑬〕とよばれる地方国家や，自治権をもった都市が多数存在し，帝国は分裂状態が続いた。

ポイント
ハプスブルク家は，13世紀からオーストリア王位を世襲し，1438年以降は神聖ローマ皇帝位もほぼ世襲した名門王家であった。

ポイント
カトリック教会の腐敗に対し，16世紀前半にドイツでルターがはじめた，聖書にもどろうとする運動を宗教改革という。1555年のアウクスブルクの和議でルター派とカトリックとの妥協が成立し，神聖ローマ帝国でのルター派の信仰が容認された。

ウェストファリア条約

カトリックのハプスブルク家が世襲する神聖ローマ帝国の内部で，カトリックとプロテスタント両派の諸侯の対立を機に，〔⑩　　　　　　　〕**戦争**がはじまった。この戦争では諸外国の王がプロテスタント支援を名目として帝国内に侵入し，神聖ローマ帝国軍と戦った。しかし戦争末期には，カトリックの〔⑪　　　　　　　〕が，ハプスブルク家に対抗するためプロテスタント側につくなど，戦争の性格が宗教戦争から国家間の覇権を争う戦争へと変化していった。

戦争を終結させた〔⑫　　　　　　　　〕**条約**は，国際紛争解決のために各国代表が交渉して条約を締結する，近代的な国際会議の形式によってうみだされた。また宗教戦争を終わらせ，神聖ローマ帝国を実質的に解体し，帝国内の〔⑬　　　　　　〕（独立的な小国家）に主権を認めるなど，ヨーロッパの〔④〕の確立に寄与した。

ポイント
プロテスタントとは，カトリックに対抗する宗教改革以降に誕生したキリスト教の宗派の総称で，ルター派のほか，スイスで宗教改革をはじめたカルヴァンを支持するカルヴァン派，イギリス国王を頂点とする国教会などが含まれる。

ポイント
宗教改革で信者を失ったカトリック陣営は，イエズス会を結成して海外伝道に努めた。日本にカトリックを伝えたザビエルも，イエズス会士であった。

2 右の絵について，以下の問いに答えよう。

問1　17世紀にフランス絶対王政の最盛期を築いたとされる，右の絵の国王はだれだろう。

〔　　　　　　　　〕

問2　この国王の時代に完成したとされる絶対王政の特徴をまとめよう。

Try ヨーロッパの主権国家体制はどのように成立し，確立していったのだろうか。次の語句を用いて説明してみよう。　【　イタリア戦争　　外交使節団　　三十年戦争　　神聖ローマ帝国　】

6 イギリス産業革命

産業革命の前提条件

- **産業革命**…技術革新と工場制度の確立による資本主義社会の形成

　　　　　18世紀後半，イギリスではじまる

- 海外に広大な〔①　　　　　〕地　　　　　　　→　市　場
- 〔②　　　　　　　　〕貿易により莫大な利益　→　資本の蓄積
- 円滑な徴税による財政基盤の確立
- 〔③　　　　　　　〕による**農業革命**の進展　←　労　働　力

技術革新とエネルギー革命

綿工業部門の技術革新

＜織布＞	＜紡績＞
• **飛び杼** 　（〔④　　　　　　〕） • 〔⑥　　　　　〕（カートライト）	• ジェニー紡績機（ハーグリーヴズ） • 〔⑤　　　　〕紡績機（アークライト） • **ミュール紡績機**（クロンプトン）

蒸気機関の発明

- 〔⑦　　　　　〕らが発明
- 石炭を動力源…〔⑧　　　　　〕革命

交通革命

- 〔⑨　　　　　〕（フルトン）
- 蒸気機関車（〔⑩　　　　　　　　〕）

産業社会の成立

● 資本主義社会の形成
　　…**産業資本家**（ブルジョワジー）と**工場**〔⑪　　　　　〕**者**（プロレタリアート）
● 新興工業都市の発展…（〔⑫　　　　　　　〕・バーミンガムなど）
● 社会問題の発生
　- 大気汚染，疫病の流行，スラム街の形成
● 労働問題の深刻化
　- 無休・長時間労働，女性や子どもの労働
　- 〔⑬　　　　　〕**運動**など機械打ちこわしの激化（←手工業者の没落）
　- 〔⑭　　　　　〕法の制定…労働者の環境改善はかる

ポイント

〔③〕（エンクロージャー）とは，細かく入り組んだ土地をまとめて大きな農地にする動きであるが，その過程で共有地が廃止され，土地を使えなくなった中小農民が打撃を受けた。イギリスでは，16世紀に牧羊地を広げるための第1次〔③〕，18世紀に農業革命の一環として第2次〔③〕がおこなわれた。

ポイント

蒸気機関を動力とする乗り物は，〔⑨〕が蒸気機関車より早く完成した。陸上では蒸気エネルギーはしだいに電気エネルギーに置き換えられたが，海上では〔⑨〕がいまなお活躍している。例えば原子力空母や原子力潜水艦は，原子炉がつくりだす高熱で蒸気を発生させて動く「現代の〔⑨〕」でもある。

ポイント

〔⑭〕法は，子どもの労働を制限するなど，労働者の保護を目的とした法律で，イギリスの社会主義者オーウェンなどがその制定に力をつくした。

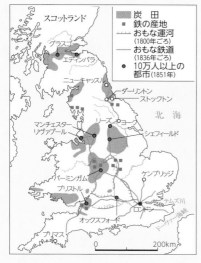

生徒A：人口10万人以上の都市は，灰色のゾーンに多いね。

生徒B：ここは〔①　　　　　〕だね。そうか，工場の燃料に大量の〔②　　　　　〕が必要だからか。

生徒A：そうだね。〔②〕は重いから，遠くへ運ぶと輸送費がかさむんだ。

生徒B：でも，内陸部に多いね。不便じゃないのかな。

生徒A：多くは港や首都の〔③　　　　　〕と〔④　　　　　〕でむすばれているよ。例えばイングランド北西部の〔⑤　　　　　　　　　　〕は綿工業で有名だけど，近くの港町リヴァプールまで1830年に〔④〕が開通している。

生徒B：リヴァプールって，ビートルズの出身地だよね。

Exercise　蒸気機関の発明が，産業革命に「決定的な役割をはたした」といわれるのはなぜだろう。次の文章の空欄に入る語句を答えよう。

　蒸気機関が登場する前，動力として使用されていたのは，〔①　　　　　〕などの動物，あるいは〔②　　　　　　　　〕の紡績機に使用されている水力などであった。しかし動物はエサ代が高くつき，また水力の場合は，水車を回す川が流れていなければ工場が建てられない。一方，蒸気機関は，蒸気を発生させるボイラーさえ取り付ければどこでも使用できる。蒸気機関の登場で工場の立地条件は大幅に緩和され，以後，工場は原料や製品の輸送に便利で労働力が得やすい〔③　　　　　〕に集中し，これが〔③〕の人口増加や産業の発展をうながした。また，湯を沸かす燃料として従来の薪や木炭にかわって大量の〔④　　　　　〕が使用されるようになり，〔⑤　　　　　　　　〕革命とよばれる現象もひきおこした。この燃料は，のちに石油が主役になるまで産業界を支えることとなる。蒸気機関はその後交通機関にも転用されて輸送効率を上げ，産業の発展をさらにスピードアップさせていった。

　ちなみに，1769年に蒸気機関を実用化した〔⑥　　　　　　〕は，そのすぐれた能力を示すため，従来の動物のパワーを基準にした「〔①〕力」という単位を考案したことでも知られる。

Try　イギリスにはじまる産業革命は，現在につながるどのような問題をうみだしたのだろうか。「経済体制」「労働問題」「社会・環境問題」などについて考えてみよう。

7 アメリカ独立革命

北米植民地の成長と抗争

- 17世紀　ヴァージニア植民地建設（最初の植民地）
- 18世紀　13植民地の成立

  北…大西洋〔①　　　　　〕貿易に参加

  　　　→自営農民・商工業者の成長

  南…奴隷制〔②　　　　　　　　　〕の発達

⇩

イギリス本国と植民地の対立

- 18世紀なかば　〔③　　　　　　　　　〕戦争

  　　　　　→戦後，植民地への課税をめぐり対立激化

  　　　　　本　国　　　×　　　　植民地

- 1765　〔④　　　　〕法 ⟶　反対運動「代表なくして課税なし」
- 1773　茶法　　　⟶　1773　〔⑤　　　　　　　〕事件

  　　　　　　　　　　第1回〔⑥　　　　　　〕

⇩

アメリカ独立戦争

- 1775　**アメリカ独立戦争**開始

  　　　独立軍（植民地軍）…総司令官〔⑦　　　　　　　　〕
- 1776　トマス=ペイン『〔⑧　　　　　　　　　〕』発刊
- 1776.7.4　**独立宣言**…〔⑨　　　　　　　〕ら起草

  　　　〔⑩　　　　　〕法にもとづく平等，抵抗権を主張
- ヨーロッパ諸国の支援→植民地側が優勢に

  イギリス × アメリカ植民地

  〔⑪　　　　　　〕

  スペイン

  〔⑪〕との同盟締結ではフランクリンが活躍（→教 p.12）
- 1783　〔⑫　　　　　〕条約→アメリカ合衆国の独立

  　　　〔⑬　　　　　　〕川より東が合衆国領に

⇩

革命の意義と課題

- 1787　**合衆国憲法**→〔⑭　　　　　〕分立，連邦主義
- 王政・身分制の廃止，国家体制の変革

  →「市民革命」としての性格
- フランス・ハイチ・ラテンアメリカの革命や独立運動に影響
- 多様な人々の平等，「市民」の形成は達成されず

  →黒人〔⑮　　　　　〕などの政治参加は許されず

ポイント

〔④〕法は，例えば新聞社なら，毎日発行する新聞に一部ずつ〔④〕を貼るという面倒なことをしなければならない。〔④〕法は，イギリス政府への批判をくりかえす植民地の新聞への「いやがらせ」でもあったといわれる。

ポイント

〔⑦〕は，植民地軍総司令官として独立戦争を戦ったのち，1789年，アメリカ合衆国の初代大統領となった。彼の肖像は1ドル札と25セントのコインに描かれ，首都〔⑦〕，北西部の〔⑦〕州は彼にちなんで命名された。

ポイント

1800年に〔⑦〕が首都とされるまで，アメリカの事実上の首都はフィラデルフィアであった。〔⑥〕・独立宣言・憲法制定会議などはすべてフィラデルフィアでおこなわれている。

Check❶▶ 右の絵で人々が捨てている積み荷は何だろうか。以下の問いに答えながら考えてみよう。

1 この絵は，アメリカの何という都市の港を描い
　たものか。またその都市は何という植民地にあ
　るか，教科書p.46**2**の地図をみて答えよう。
　〔　　　　　　　　　〕港
　〔　　　　　　　　　　　〕植民地

2 船に乗りこんで積み荷を投げ捨てている人々
　は，どんな姿をしているか。
　〔　　　　　　　　　　〕に変装している

3 見物人が喜んでいるようにみえるのはなぜだろうか。次の文章の空欄に入る語句を答えよう。
　　1773年，イギリスは「アメリカ植民地の人々は，イギリス〔①　　　　　　　〕会社からしか
〔②　　　　　　　〕を買ってはいけない」という茶法を制定したが，これに対して植民地では不満
や反発が高まっていた。植民地の人々にとって，〔②〕や茶法は本国イギリスの圧政の象徴で，そ
れを投げ捨てる行動に喝采したのである。つまり，捨てている積み荷は〔②〕である。

　　われわれは，以下の原理は自明のことと
考える。まず，人間はすべて平等に創造さ
れており，創造主から不可譲の諸権利をあ
たえられており，それらのなかには生命，
自由，幸福追求の権利がある。次に，これ
らの権利を保障するためにこそ，政府が人
間のあいだで組織されるのであり，公正な
る権力は被治者の同意に由来するものであ
る。さらに，いかなる形態の政府であれ，
この目的をそこなうものとなった場合は，
政府を改変，廃止して，国民の安全と幸福
とを達成する可能性を最も大きくするとの
原則に従い，しかるべく機構をととのえた
権力を組織して新しい政府を樹立するの
が，国民の権利である。

**Check❷▶ 左の「アメリカ独立宣言」のなかで，啓蒙思
想の影響がみられる部分はどこだろう。次の文章の
空欄に語句を入れながら読みとってみよう。**

　　18世紀フランスの啓蒙思想家〔①　　　　　〕は，
「人間は生まれながらに〔②　　　　〕かつ〔③　　　　〕
で，みな〔④　　　　〕を追求する権利をもっている」と
いう〔⑤　　　　〕権にもとづく考えを唱えた（天賦人権
説）。また17世紀イギリスの〔⑥　　　　　〕は，「契約
によって政府が樹立されたのだから，その権力を不当
に行使する政府には反抗する権利がある」との〔⑦

　　　　〕権を主張した。「独立宣言」の「人間はすべて〔③〕
に創造されており…生命，〔②〕，〔④〕追求の権利があ
る」や「この目的をそこなうものとなった場合は，政府
を〔⑧　　　　　　〕して…」などの部分は，これらの
考えの影響を受けていると考えられる。

Try 独立革命によって成立したアメリカの政治体制には，同時代のヨーロッパと比べてどのような特
色があったのだろうか。次の語句を用いて説明してみよう。　【　共和政　　三権分立　】

8 フランス革命とナポレオン

教科書 p.48〜49

| 旧体制の動揺 | 革命の過程 | ナポレオン帝政 |

ブルボン朝

第一身分…聖職者 ┐
第二身分…貴族 ┘ 特権身分

第三身分…ブルジョワ・都市民衆・農民

旧体制の矛盾 →

●ルイ16世
- 財政破綻→特権身分への課税はかる
- 1789.5　〔①　　　　　〕会招集

●国民議会
- 1789.7　〔②　　　　　　　　〕**牢獄襲撃**→革命，全土に拡大
- 1789.8　「封建的特権の廃止に関する宣言」，『〔③　　　　〕**宣言**』
- 1789.10　パリ民衆の〔④　　　　　　　　〕行進
　　　　　　→国王一家，パリへ連行
　　　　　　　　＊1791.6　逃亡事件おこすが，ヴァレンヌで逮捕
- 1791.9　憲法制定…〔⑤　　　　　　　〕政を定める

●立法議会
- 1792.春　オーストリアとの戦争開始
- 1792.8　〔⑥　　　　　〕の停止

第一共和政

●国民公会
- 1793.1　ルイ16世処刑
　　　　　　〔⑦　　　　　〕（ジャコバン）**派**の独裁…恐怖政治の展開
- 1794.7　〔⑧　　　　　　　〕**9日のクーデタ**
　　　　　　…指導者〔⑨　　　　　　　〕ら処刑

●総裁政府
- 1799.11　〔⑩　　　　　　　〕**18日のクーデタ**（ナポレオンによる）

●統領政府（ナポレオンが実権）
- 1804　〔⑪　　　　　　　〕**法典**（民法典）

第一帝政

ナポレオン1世（皇帝）
　　　　　　　＝ナポレオンのヨーロッパ支配＝
- 1805　アウステルリッツの戦い
- 1806　〔⑫　　　　　　　〕**令**
　　　　　　　＝諸国民の反抗＝
- 1808　スペインの反乱
- 1812　〔⑬　　　　　　〕**遠征**失敗
- 1815　ワーテルローの戦いに敗北→ナポレオン，セントヘレナ島へ流刑

ポイント

ルイ16世の妃は，オーストリア皇女のマリ＝アントワネットで，ぜいたく好きや民衆を蔑視する言動でフランス人には人気がなかった。1791年の逃亡事件も，彼女が王をそそのかしておこしたたとされる。〔⑦〕派独裁期にギロチンで刑死した。

ポイント

〔⑦〕派の独裁時代には，封建的貢租の無償廃止（農民解放），民主的な憲法の発布（実施されず），革命暦の制定などがおこなわれた。〔⑧〕や〔⑩〕は，この革命暦で使用される月名である。

ポイント

ベートーヴェンの交響曲第3番は本来「ボナパルト」という題名で，ナポレオンに献呈されるはずの曲であった。しかしナポレオンの皇帝即位後，題名は「英雄」に変更され，彼に捧げられることもなかった。ベートーヴェンがナポレオンの皇帝即位に失望したからとも，第2楽章の「葬送行進曲」が縁起が悪かったからともいわれる。

Check❶▶ 下の絵のなかの岩は何を風刺しているのだろうか。次の文章の空欄に語句を入れながら考えてみよう。

フランス革命前の〔①　　　　　〕のもとでは，〔②　　　　　〕である第一身分（岩の上の黒い服の人物）と，〔③　　　　〕である第二身分（赤い服の人物）が，〔④　　　　〕身分を構成しており，「〔⑤　　　〕の免除」や「上級官職への就任」など，特別な権利をもっていた。彼らはフランス人口の2～3％にすぎないが，国内の多くの土地を所有する領主でもあった。これに対し，90％以上を占める国民は第三身分とよばれ，〔⑤〕を納める義務はあるが政治参加は認められていなかった。第三身分（岩の下の人物）の大多数を占める〔⑥　　　　〕は，領主への地代（土地使用料）も支払わねばならず，苦しい生活を送っていた。そうした金が第一・第二身分，ひいてはフランスを支えていたわけで，絵の岩は，彼らが納める重い〔⑤〕や地代を風刺したものと考えられる。シェイエスが『第三身分とは何か』という書物で，「第三身分は“すべて”である」と唱えたのは，「第三身分こそが国民を代表する存在である」との訴えであった。

Check❷▶ 1789年に発せられた『人権宣言』（教科書p.48）は，『アメリカ独立宣言』（教科書p.47）の影響を受けたものであるが，独自の考えも含まれている。教科書に抜粋された部分を比較して，『人権宣言』で唱えられている独自の内容は何か，次の文章の空欄に語句を入れながら考えてみよう。

　第2条，および第17条に記されている「〔①　　　　〕権」が，『人権宣言』の独自の内容であると考えられる。「自分の持ち物は自分が自由にできる」という考え方で，近代的な「私有財産」概念の基本である。絶対王政時代の〔②　　　　　〕説では，「国王がすべての物の持ち主である」とされていたが，『人権宣言』はこうした考えをはっきり否定した。一方で，教科書p.55に出てくる〔③　　　　〕主義者のなかには，「『私のもの』という存在（＝私有財産）が社会の不平等をうみだすのだ」と考え，「『みんなのもの』にするべきだ」と主張する人たちもいる（共有化）。このように，〔①〕権や私有財産制は近代の基本概念の一つではあるが，以後さまざまな立場や議論をうみだすことにもなるのである。

Try アメリカ独立革命やフランス革命は，歴史的にどのような意義をもったのか。次の語句を用いて説明してみよう。【　身分制　自由　所有権　】

9 ウィーン体制

教科書 p.52〜53

ウィーン体制	自由主義・国民主義・社会主義	1848年の革命

1　ウィーン体制の成立

●ウィーン会議（1814〜15）…ナポレオン没落後の新たな国際体制を模索
- 主催…〔①　　　　　　　　〕（オーストリア外相）
- 1815　ウィーン議定書…〔②　　　　　〕**主義**と〔③　　　　　〕**均衡**

フランス	〔④　　　　　　　　〕朝復活	＊その他のおもなとりきめは,
ドイツ	〔⑤　　　　　　　　〕成立	教科書p.52 **1** 参照

↓

ウィーン体制 の成立

⇧ 支える ⇧

神聖同盟	〔⑥　　　　　　　　〕皇帝が提唱，イギリス・〔⑦　　　　　　〕・オスマン帝国以外の全勢力が参加
〔⑧　　　　　　〕同盟	イギリス・〔⑥〕・〔⑨　　　　　　　　〕・オーストリアがむすぶ。のち〔⑩　　　　　　　　〕が加わり五国同盟に

●ナショナリズム（国民主義，民族主義）の抑圧
- ドイツの学生運動，イタリアの秘密結社の運動，〔⑥〕の反乱→弾圧
- **社会主義**思想も登場

↓

2　ウィーン体制の動揺

- 〔⑪　　　　　　　〕の独立
  - …オスマン帝国より独立←ヨーロッパ各国が支援
- ラテンアメリカ諸国の独立

フランス
ブルボン朝 シャルル10世
1830　**七月革命**

- 〔⑫　　　　　　　〕の独立　←　1830　七月革命

↓

3　ウィーン体制の崩壊

- 1840年代　ヨーロッパの凶作

七月王政
1848　**二月革命**

1848〜49　ヨーロッパ各地に革命拡大（「**諸国民の春**」）

ドイツ	〔⑬　　　　　　　〕革命（ウィーン・ベルリンなど）
ハンガリー・ベーメン・ポーランドなどでも革命運動	

- 1848　〔①〕亡命

↓

ウィーン体制崩壊

第二〔⑭　　　　　　〕政
- 4月…総選挙
- 6月…労働者の蜂起弾圧

↓

革命の退潮

ポイント
フランス代表としてウィーン会議に出席したタレーランは，たくみな外交手腕で敗戦国フランスの犠牲を最小限にとどめた（〔②〕主義の原則を提案したのも彼）。タレーランは大の美食家で，理想的なコーヒーに関する「悪魔のように黒く，地獄のように熱く，天使のように清らかで，愛のように甘い」の言葉はよく知られている。

ポイント
1830年，七月革命の影響を受けて，ロシア支配下のポーランド人が独立を求めて蜂起したが，反乱はロシアの弾圧で失敗に終わった。当時ウィーンに留学中だったポーランド人音楽家のショパンは，怒りと悲しみのなかでピアノ練習曲「革命」を作曲した。

ポイント
フランスの画家ドーミエは，国王ルイ＝フィリップの肖像画を「洋梨の形」で描いて風刺した。

ポイント
ウィーン体制の崩壊はクリミア戦争のときだという説もある（→p.58）。

Check❶▶ ウィーン体制下のヨーロッパを示した左の地図を，18世紀のヨーロッパを示した右の地図と比較して，以下の問いに答えよう。

1　2枚の地図について述べた次の①～④の文章のうち，誤りを含むものを一つ選ぼう。　〔　　　〕

①　フランスは，フランス革命前とほぼ同じ領土を確保した。

②　オーストリアは，北イタリアに領土を拡大した。

③　神聖ローマ帝国は復活せず，プロイセンがドイツを統一した。

④　オランダは，のちのベルギーとなる地域を領土に加えた。

2　左の地図で，ポーランドはなぜロシアと同じ色で塗られているのだろうか。その理由を説明しよう。
〔　　〕

Check❷▶ 教科書p.53**5**の絵をみて，次の文章の空欄に語句を入れながら，考えてみよう。

　この絵は，フランスの〔①　　　　　　　〕主義の画家〔②　　　　　　　　　　〕が描いた「民衆を導く自由の女神」で，〔③　　　　　　〕革命を主題とした絵画である。中央の女性は「〔④　　　　　〕」の象徴あるいは比喩である。女性のもっている旗は現在の〔⑤　　　　　　　　　〕国旗であるが，これは1789年にはじまる〔⑤〕革命期にデザインされた。

Check❸▶ 19世紀のヨーロッパでみられた政治的自由を求める運動は，明治の日本では自由民権運動として展開された。このときの出来事a～dを，年代の古いものから順に並べかえよう。

a　秩父地方で，生活に困った農民が負債や税負担の軽減を求めて蜂起した。

b　板垣退助らが民撰議院設立建白書を政府に提出した。

c　大阪で国会期成同盟が結成され，国会開設の嘆願書を政府に提出した。

d　大隈重信が，イギリスのような議会政治をめざす立憲改進党を結成した。

〔　　　　〕→〔　　　　〕→〔　　　　〕→〔　　　　〕

Try　ウィーン体制のもとでみられたナショナリズムの動きは，国民国家の形成にどのように影響したのだろうか。

10 19世紀のイギリスとフランス

政治経済の改革　**市民社会と社会主義**

イギリス	フランス
ハノーヴァー朝	**ブルボン朝**
・1832　**第1回**〔①　　　　　　　〕**改正**	・1830　**七月革命**
・**ヴィクトリア女王**の統治	**七月王政**　　ルイ=フィリップ

<社会主義思想の発展>
・空想的社会主義…〔②　　　　　　　〕, サン=シモン, フーリエ
・科学的社会主義…〔③　　　　　　　〕, エンゲルス(ドイツ)

・1846　〔④　　　　　〕**法撤廃**	・1848　**二月革命**
・1848　〔⑤　　　　　　　　〕	**第二共和政**
運動高揚…人民憲章かかげ, 労働者の参政権要求	・1851　〔⑥　　　　　　　　〕のクーデタ
・1851　**万国博覧会**(ロンドン)	**第二**〔⑦　　　　　〕**政**
・1867　都市〔⑧　　　〕に選挙権	**ナポレオン3世**

<二大政党制の確立>
〔⑨　　　　　〕**党**と**自由党**

競って自由主義改革

・ナポレオン3世
・工業化の進展
・対外戦争…フランスの復権めざす
・1855・67など万国博覧会(パリ)
プロイセン=フランス戦争に敗れる

・初等〔⑩　　　〕法
・労働〔⑪　　　〕法

第三共和政
・1871　〔⑫　　　　　　　　　〕
　…パリ民衆による自治政府
・1875　**憲法制定**…第三共和政確立
■芸術で〔⑬　　　〕派の活躍
■〔⑭　　　　　　　〕とよばれる

・1884　農村労働者に選挙権

日本趣味の流行

■広大な植民地帝国の建設

<都市を中心に新しい生活様式のひろがり>

ブルジョワ・〔⑮　　　　　〕階級の成長

・家族中心の生活様式
・文化施設・娯楽施設の充実, 公的機関による文化の保護
・消費行動の活発化, 余暇(レジャー)の活用

ポイント
イギリスではこのほか, 1834年には東インド会社の貿易独占権廃止(→教 p.70), 1849年には航海法(自由貿易を制限する法律)の廃止などもおこなわれた。

ポイント
〔⑤　〕運動が掲げた人民憲章は, (1)男性普通選挙制, (2)無記名秘密投票制, (3)平等な選挙区, (4)議員の財産制限撤廃, (5)議員への歳費支給, (6)議会の毎年選挙の6項目を要求した。

ポイント
ナポレオン3世の「パリ大改造」は, 道幅を大きくひろげることで, 七月革命や二月革命で民衆が構築した「バリケード」をつくりにくくすることもねらいだったといわれる。

ポイント
パリのエッフェル塔は, 1889年のパリ万国博覧会の時に建設された。

Check❶▶ 穀物法とはどのような法律だろうか。また，穀物法に反対したのはどのような人々で，な
ぜ反対し，何を要求したのだろうか。下の絵をみながら，次の文章の空欄に入る語句を答えよう。

イギリスは耕地が狭く，栽培される小麦などの穀物は高
値になりがちである。これに対し，耕地の広いフランスな
どは，穀物は比較的安価である。外国から安い小麦が入っ
てくると，自国の高い小麦が売れなくなるため，イギリス
政府は輸入される外国産の穀物に高い〔①　　　　　〕をかけ
ることにした。これが穀物法で，穀物が値下がりすると困
るイギリスの〔②　　　　　〕を守るためのものであった。こ
のように，〔①〕をかけるなどして自国の産業を守り育てよ
うとする貿易を〔③　　　　　〕貿易とよぶ。
　　　しかし，小麦が高いと主食のパンが高くなる。食費が高
くて最も影響を受けるのは，給料の安い〔④　　　　　〕で
ある。そして何よりも，パンが高いと給料を上げなければいけない〔⑤　　　　　〕が，穀物法に猛反
発した。彼らは，〔⑥　　　　　　　　　〕（図中のANTI-CORNLAW LEAGUE）」を結成して
〔⑦　　　　　〕貿易（図中のFREE TRADE）の実施を要求し，政府に圧力をかけたのである。

Check❷▶ 右の絵をみて，以下の問いに答えよう。

1　この絵を描いたのはだれか。　　　　　　　〔　　　　　〕
2　この画家などに代表される，19世紀後半のフランスでおこっ
　た絵画の潮流を何というか。　　　　　　　〔　　　　　〕
3　2は，日本美術の影響を大きく受けたことで知られる。この
　絵のどこにそれがみてとれるだろうか。

Try　この時期の市民層の文化は，現在につながるどのような生活様式をうみだしただろうか。教科書
　p.26〜27も参照しながら，「飲む」「着る」「遊ぶ」についてまとめてみよう。

11 イタリア・ドイツの統一

教科書 p.56〜57

| イタリアの統一 | ドイツの統一 |

		イタリアの統一	ドイツの統一
下からの統一運動		1814〜15 ウィーン会議	
			ドイツ連邦 (1815)
		自由主義・ナショナリズムのひろがり	
		・秘密結社の革命運動	・学生運動
		1830 七月革命(フランス)	
		・〔①　　　　　　〕が「青年イタリア」を組織	・1834 ドイツ関税同盟
		1848 二月革命(フランス)	
挫折			・1848 ドイツ〔②　　　〕革命
		サルデーニャ王国による統一進展	・1848 〔③　　　　　　〕
		首相:**カヴール**	**国民議会**
上からの武力による統一		・クリミア戦争参戦	大ドイツ主義×小ドイツ主義
		・1859 〔④　　　　　　〕獲得	
		・1860 ニースと〔⑤　　　　　〕をフランスに割譲	
		・1860 〔⑥　　　　　　〕王国合併	プロイセンによる統一の進展
		…〔⑦　　　　　　〕の活躍	首相:**ビスマルク**
			・「〔⑧　　　　〕」**政策**の推進
		イタリア王国 (1861)	
		ヴィットーリオ=エマヌエーレ2世(国王)	
		1866 プロイセン=〔⑨　　　　〕戦争	
		・1866 〔⑩　　　　　　〕併合	北ドイツ連邦 (1867)
		1870〜71 プロイセン=〔⑪　　　　〕戦争	
		・1870 〔⑫　　　　〕併合	ドイツ帝国 (1871)
			〔⑬　　　　　　〕1世(皇帝)
			ビスマルク(宰相)
		統一後の両国	
		・〔⑭　　　　　　〕や南チロルなどの「**未回収のイタリア**」が課題	・社会保障の整備
			・〔⑮　　　　　　〕鎮圧法(「アメとムチ」政策)

ポイント
イタリアの秘密結社はカルボナリ,ドイツの学生団体はブルシェンシャフトとよばれる。

ポイント
〔③〕国民議会には,ヤーコプ=グリム(『グリム童話集』の編者)なども議員として参加していた。

ポイント
大ドイツ主義はオーストリアの一部を含めたドイツ統一,小ドイツ主義はプロイセン中心にオーストリアを除外してドイツ統一をすすめようとする考え方。

ポイント
1835年に建設が開始されたドイツの鉄道は,1855年には早くも総延長が8,000kmに及んでいる。国境をこえてのびる鉄道網がドイツ全土をむすびつけ,ドイツの統一を準備したともいえる。

ポイント
サルデーニャ王国の王家は,〔⑤〕家という。1860年にフランスに譲った〔⑤〕は,王国発祥の地である。

Check ▶ 下の2枚の絵についての会話を読んで，空欄に入る語句を答えよう。

生徒A：左の絵は，イタリアの統一を象徴する絵だね。

生徒B：そう。右が統一の中心となった〔①　　　　　　　〕王国の首相カヴール，左が南イタリアの〔②　　　　　　〕王国を征服したガリバルディだね。

生徒A：気のせいか，2人はあまり仲良く仕事してないみたい。

生徒B：そう見えるとしたら，2人の"統一の考え方の違い"に気づいたからかもしれないね。ガリバルディは，〔③　　　　　　　　〕が組織した「青年イタリア」の流れをくむ人だから，イタリア〔④　　　　〕国の建設をめざしていた。けれどカヴールは，〔①〕が中心となってイタリア〔⑤　　　〕国をつくろうとしていたからね。

生徒B：右の絵は，ドイツの統一に関係する絵だね。

生徒A：1871年，ドイツ〔⑥　　　　〕国の成立が宣言されている場面ね。

生徒B：中央の白服が，統一の立役者〔⑦　　　　　　〕だね。プロイセン首相で，統一後には帝国宰相になった。左手の壇上には，初代皇帝の〔⑧　　　　　　　〕がいる。

生徒A：この建物はどこなの？

生徒B：フランスのパリ郊外にある〔⑨　　　　　　　〕宮殿だよ。

生徒A：えっ？どうしてドイツの建国宣言がフランスでおこなわれたの？

生徒B：1870年から〔⑩　　　　　　　　　　〕戦争がおこなわれていたけど，プロイセンはフランスをやぶってこの宮殿を占領していたんだ。

Exercise　ドイツの統一過程に関する次の出来事を，年代の古いものから順に並べかえよう。

a　北ドイツ連邦の成立

b　ドイツ帝国の成立

c　ドイツ連邦の成立　　　　　　　　　　　　〔　　　〕→〔　　　〕→〔　　　〕

Try　イタリア・ドイツ・日本の国民国家形成期における共通点と相違点を，「時期」「国家形態」「国民意識」を中心に，教科書p.57のClose Upコラムを参考にしてまとめてみよう。

12 東方問題と19世紀のロシア

教科書 p.58〜59

| 東方問題 | クリミア戦争 | ロシアの大改革 | ロシア＝トルコ戦争 |

ロシア	東方問題
南下政策の推進	■オスマン帝国の衰退
黒海への進出，〔①　　　　　　　〕・ダーダネルス海峡の航行権獲得をめざす	■西欧列強の進出と干渉
	・1798　ナポレオンの〔②　　　　　　〕占領
支援 →	・1830　〔③　　　　　〕の独立
・1853〜56　**クリミア戦争**	

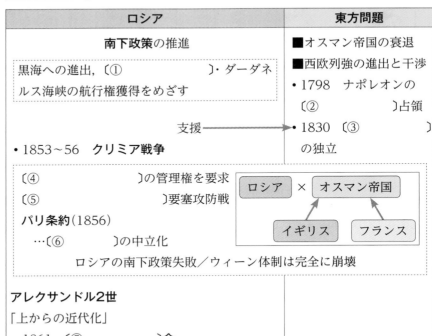

〔④　　　　　　　　〕の管理権を要求
〔⑤　　　　　　　　〕要塞攻防戦
パリ条約（1856）
　…〔⑥　　　　　〕の中立化
ロシアの南下政策失敗／ウィーン体制は完全に崩壊

| ロシア | × | オスマン帝国 |

イギリス　フランス

アレクサンドル2世
「上からの近代化」
・1861　〔⑦　　　　　　　〕令

〔⑧　　　　　　　　〕運動
・〔⑨　　　　　　　　　〕中心
・農村から社会変革をめざす（人民の中へ）
　　　（失敗・挫折）
　↓
・一部はアナーキズム・〔⑩　　　　　　　〕へ（皇帝アレクサンドル2世暗殺など）

・バルカン諸族の自立化すすむ

・1878　**ロシア＝トルコ戦争**

〔⑪　　　　　　　　〕条約（1878）--------
・〔⑫　　　　　　　〕・モンテネグロ・ルーマニアの独立
・〔⑬　　　　　　　〕の領土拡大←ロシアの保護下に
　↓
ベルリン会議…ビスマルク主催

南下政策一時成功

ベルリン条約（1878）--------
・〔⑫〕・モンテネグロ・ルーマニアの独立承認
・〔⑬〕の領土縮小
・オーストリア，〔⑭　　　　　　　〕・ヘルツェゴヴィナの行政権獲得

南下政策またも失敗

ポイント
スイス人アンリ＝デュナンは，クリミア戦争におけるナイティンゲールの活動に触発され，またイタリア統一戦争（→教p.56）の惨状に衝撃を受けて，1863年，ジュネーヴで国際赤十字社を設立した。赤十字のマークは，祖国スイスの国旗の赤と白を反転させたものである。

ポイント
19世紀後半，バルカン半島でオスマン帝国治下のスラヴ人の自立運動が高まると，ロシアは「同じスラヴ人だから」を口実にバルカン半島への干渉を強めた。この「スラヴ民族は一つ」という考えをパン＝スラヴ主義という。

ポイント
ベルリン会議に際して，ビスマルクは「誠実な仲介人」と称して中立をアピールしたが，実際にはロシアの南下政策に対して「ヨーロッパの安定を危うくする」と考えており，巧みにロシアの権益を削減して南下政策を挫折させたとされる。

Check ▶ ロシアが地中海に出るための最短ルートを下の地図上に引いてみよう。その際，困難と思われる点は何だろうか。次の文章の空欄に語句を入れながら考えてみよう。

1 黒海：ロシアは北岸一帯を領有することに成功したが，南部はまだ〔①　　　　　　　　　〕がおさえており，ロシアの南下に抵抗している。

2 両海峡：黒海とエーゲ海をつなぐ〔②　　　　　　　　　〕海峡およびダーダネルス海峡のことである。これらを通過しなくては地中海に出ることができないため，ロシアは両海峡の通航権（航行権）を何とか確保したい。しかし首都〔③　　　　　　　　　〕が〔②〕海峡に面している〔①〕としては，首都の目の前をロシア軍艦が通ることなど絶対に阻止したい。

3 エーゲ海・地中海：17世紀末にハンガリーを併合してバルカン半島に進出をはじめた〔④　　　　　　　　　〕は，ロシアの南下を警戒している。また，インドとの交易ルートを地中海で確保しつつある〔⑤　　　　　　　　　〕や，ナポレオンの遠征以来エジプトとのつながりを深めた〔⑥　　　　　　　　　〕も，ロシアの地中海進出は，自国の権益をおかされる恐れがあるため，大反対である。このように，以後，ロシアが南下政策をおこなうたびに，〔①〕〔④〕〔⑤〕〔⑥〕が，さまざまな形で対抗することになるのである。

Try ロシアの南下政策は，日本をはじめとするその後の国際関係にどのような影響を及ぼしただろうか。次の語句を用いて説明してみよう。　【　クリミア戦争　　ベルリン会議　　日露戦争　】

13 アメリカの発展と分裂

ポイント

アメリカ＝〔①〕戦争終了後、当時の大統領マディソンは戦争で消失した大統領官邸を再建したが、このとき、外壁を白く塗装したことから、「ホワイトハウス」の呼び名がうまれた。なお現在のアメリカ合衆国国歌「星条旗」もこの戦争中にうまれた。

ポイント

1848年に〔④〕で金が発見されると、一攫千金を夢見た30万人もの人々が〔④〕に集結した（〔⑥〕＝ラッシュ）。そのなかには中国人やラテンアメリカの人々も数多くいたが、彼らはやがて「邪魔な外国人」として白人の攻撃対象とされ、排除された。

ポイント

リーヴァイ＝ストラウスは鉱夫のために帆布を用いてインディゴ（藍）で染めた丈夫なズボンをつくり、巨利を得た。「リーバイスのブルージーンズ」である。

西部進出と産業化

- フランス革命・ナポレオン戦争には中立
- 1812〜14　アメリカ＝〔①　　　　　〕戦争→国内工業の自立

モンロー

- 1823〔②　　　　　〕宣言…欧米の相互不干渉を主張

ジャクソン

- 先住民を強制移住（「涙の旅路」）

大都市の出現、道路や運河の整備

⇩

西部への領土拡大

（おもな獲得地）

ルイジアナ	1803　〔③　　　　　〕から
テキサス	メキシコから独立後、1845年併合
〔④　　　　　〕	1848　メキシコから

- スローガン：「〔⑤　　　　　　　　　〕（明白な天命）」
- 〔④〕で「〔⑥　　　　〕＝ラッシュ」→西部人口増大

⇩

南北戦争

| 北部 | 工業 | 〔⑦　　　〕貿易 | 奴隷制反対 | 〔⑨　　　〕党 |
| 南部 | 農業：綿花プランテーション | 〔⑧　　　〕貿易 | 奴隷制存続 | 〔⑩　　　〕党 |

リンカン（〔⑨〕党）× 南部諸州、連邦離脱→ アメリカ連合国

1861〜65　南北戦争

- 1862　〔⑪　　　　　　　〕法
- 1863　〔⑫　　　　〕宣言 ⎫→北部への支持拡大
- →1865　北部の勝利

⇩

奴隷制廃止と人種主義

- 奴隷制廃止
- 1869　〔⑬　　　　〕鉄道 ⎫→合衆国の一体化、工業の成長

＜課題や問題点＞

- 奴隷制廃止後、新たに〔⑭　　　　〕主義の台頭
  - →南部では、〔⑮　　　　　〕制度の拡大
- 「平等な市民社会」の理想に、新たな困難

Check ❶ ▶ 教科書p.60**1**の絵の女神はどの方角にすすんでいるのだろうか。左の地図に矢印を入れてみよう。また，次の文章の空欄に入る語句を答えよう。

女神は〔①　　　〕の方角へとすすんでいる。北米大陸の東岸で独立したアメリカ合衆国は，1823年の〔②　　　　　〕宣言でヨーロッパに対する不干渉を表明した後，西部開拓に邁進していった。「〔③　　　　　　〕(明白な天命)」は西部進出を正当化するスローガンで，「ヨーロッパがアメリカに〔④　　　〕を伝えたように，我々も西方を〔④〕化することが必然である」という。女神がもつ本(＝文字)と電線(＝電気エネルギー)は「〔④〕化」を象徴している。しかしこの過程で〔⑤　　　　〕は土地を追われ，カリフォルニアなどを領土としていた〔⑥　　　　　〕との戦争もおこった。

Check ❷ ▶ 下の絵には，どのような人々が描かれているだろうか。次の文章の空欄に語句を入れながら，この風刺画の意味を考えてみよう。

絵の題名は"UNCLE SAM'S THANKSGIVING DINNER(アンクル＝サムの感謝祭ディナー)"。感謝祭は11月第4木曜日の祝日で，その年の収穫を神に感謝して，みんなでごちそうをいただく日である。右で七面鳥を切り分けているのがアンクル＝サムで，これは〔①　　　　　　〕の擬人化である。彼の真向かいにみえる横顔の女性がコロンビア。これも〔①〕の擬人化である。左下には，"Come One, Come All(さあいらっしゃいいらっしゃい)"，右下には"Free, Equal(自由，平等)"とあり，この言葉通り，食卓には先住民や黒人，また辮髪の〔②　　　　〕やスペイン系らしい姿の人々もみられる。壁には「キャッスル＝ガーデン(ニューヨークにある〔③　　　〕受けいれ場所)」の絵が飾られているが，〔②〕たちはここから上陸して，〔④　　　　〕建設やカリフォルニアの〔⑤　　　〕の採掘のためにやってきた〔③〕であろう。

Try　西部開拓の進展と南北戦争における北部の勝利は，それぞれその後のアメリカ社会にどのような影響を与えただろうか。次の語句を用いて説明してみよう。【　労働力　工業　人種主義　】

14 世界市場の形成

▌パクス=ブリタニカ

●産業革命の波及

ドイツ	ルール地方などで鉄鋼業を中心に産業革命が進展
フランス	北東部中心に繊維工業が発展，全体的に工業化はゆるやか
アメリカ	アメリカ=イギリス戦争時に機械化が進展 〔①　　　　　〕戦争後に産業革命が本格化

ロシアや日本は国家主導で産業革命が進展

> 18世紀…経済面でアジアが優位の時代
> ↓ （産業革命による工業化）

19世紀…〔②　　　　　　　　　〕の時代

「〔③　　　　　　　　〕」となったイギリスが経済力で他地域を圧倒

《アジアはイギリスなどヨーロッパ諸国の従属地域に（「大分岐」）》

- インド…イギリス製工業製品の流入→伝統産業が壊滅的打撃
- 中国…経済的な停滞へ
- アジア・ラテンアメリカ・アフリカ
  …砂糖・コーヒーの〔④　　　　　　　　〕の導入により
  　単一作物の輸出に依存する〔⑤　　　　　　〕経済へ

▌世界の緊密化

●産業革命による工業化→国際的なヒト・モノ・情報のネットワーク化を推進

〔⑥　　　　　　〕革命…膨大な量の人・物資の短時間での輸送が実現
- 〔⑦　　　　　　　　　〕が**蒸気機関車**を実用化
  →鉄道が陸上交通・輸送の中心へ
- 〔⑧　　　　　　　〕が**蒸気船**を発明
- 〔⑨　　　　　〕**運河**の開通　→ヨーロッパ・アジア間の航海路の短縮

情報革命
- **モールス**らが〔⑩　　　　〕を発明
  →19世紀後半，大西洋横断海底ケーブルが開通
- 19世紀前半，イギリスで近代的郵便制度確立
  →〔⑪　　　　　　　　〕設立（1874年）

↓

世界のネットワークの緊密化
グリニッジ標準時，メートル法など国際的な時間や空間の尺度が確立

ポイント
〔⑨〕運河開通（1869年）と同年，アメリカでは大陸横断鉄道が開通し，世界の一体化をうながした。

ポイント
1871年，日本の長崎が国際電信網につながった。海底電信ケーブルのほとんどは，イギリス系企業が運営していた。

Check❶▶「世界の工場」イギリスと諸地域の関係を示した下の地図をみて，以下の問いに答えよう。

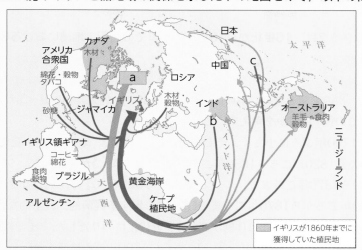

1 1860年までにイギリスが植民地としていた地域を赤で囲ってみよう。

2 イギリスからアジア・アメリカ・オーストラリアなどに輸出されたものを空欄**a**に，インド・中国からイギリスへ輸出されたものを，空欄**b**・空欄**c**に入れよう。

〔a　　　　　　　　　〕〔b　　　　〕〔c　　　　　〕

3 19世紀がパクス=ブリタニカの時代といわれるのはなぜだろうか，次の語句を用いて説明してみよう。　【　産業革命　　「世界の工場」　　植民地　】

Check❷▶パクス=ブリタニカのもとでの世界の一体化は，世界にどのような影響を与えたのだろうか。以下の選択肢のなかで，その影響といえないものはどれか。該当するものがない場合は0を答えよう。

〔　　　〕

① 国際的な制度を整備するため，国際会議が頻繁に開催されるようになった。
② 日本では太陽暦(グレゴリオ暦)への改暦がおこなわれた。
③ 交通革命・情報革命が世界の一体化を支え，促進した。
④ ラテンアメリカではモノカルチャー経済が形成された。

Try　交通革命や情報革命は，現在につながるどのような変化をうみだしただろうか，説明してみよう。

「大分岐」について考える

歴史を資料から考える

① 教科書p.64上のグラフは，16世紀から19世紀後半までの諸国・地域におけるGDP（国内総生産）の推移を示している。

STEP 1　**STEP 2**　次の文章を読み，下の問いに答えながら，グラフ中の①～③がどこで変化したかを確認し，それぞれどこの国・地域かを考えていこう。

　①の国・地域は，1700年ごろに小さく，そして1820年ごろに〔　①　〕傾きが変化し，1850年ごろには他地域を追い抜いた。1820年ごろ～1850年ごろの時期に《　Ａ　》が進展した　ア　だと考えられる。

　②は1500年ごろから1870年ごろまで，一貫してGDPの値が〔　②　〕，大きなグラフの傾きの変化もない。つまり，1500年ごろから1870年ごろまでGDPに影響する経済的，政治的な大きな変化がなかったと推測できる。したがって，1868年に体制が変わり，近代化にのりだした　イ　であると考えられる。

　③は，一貫して他地域よりGDPの値が〔　③　〕，さらに1700年ごろに傾きが〔　④　〕なったが，1820年ごろから落ちている。したがって，このころより不平等条約をむすばれ，欧米列強の進出がすすんでいった　ウ　と考えられる。

1　文中の空欄〔　①　〕～〔　④　〕には，それぞれ「大きく」と「小さく」のどちらが入るだろうか。
〔①　　　　　　　〕〔②　　　　　　　〕〔③　　　　　　　〕〔④　　　　　　　〕

2　文中の《　Ａ　》にあてはまる漢字四字の語句を答えよう。　　　　　　　　　　　〔　　　　　　　　〕

3　文中の空欄　ア　～　ウ　にあてはまるのは，日本，中国，西ヨーロッパのどれだろうか。
〔ア　　　　　　　〕〔イ　　　　　　　〕〔ウ　　　　　　　〕

② 教科書p.64下のグラフは，18世紀後半から21世紀はじめまでの「各国・地域の工業生産比」（世界の工業生産に占める各国・地域の割合）の推移を示している。

STEP 1　1750年，イギリス，ソ連（ロシア），西ヨーロッパを合わせた工業生産が世界の工業生産に占める割合は，20％以下であることがわかる。同じ時期に中国・東アジア・インドの占める割合は，それぞれ何％だろうか。　　中国：約〔　　　　〕％　　東アジア：約〔　　　　〕％　　インド：約〔　　　　〕％

STEP 2　その後の推移をみてみよう。イギリス・ソ連・西ヨーロッパを合わせた地域Ａと，北アメリカ，中国，東アジア，インドの五つの地域・国の世界工業生産に占める割合を，1800年，1900年，1953年，2006年について，それぞれ確認して右の表に書きこんでみよう。そしてどう変化したのか説明してみよう。

	1800年	1900年	1953年	2006年
Ａ				
北アメリカ				
中国				
東アジア				
インド				

③ 次のグラフは，アジアとヨーロッパの間で綿織物がどのように取
引されたかを示している。

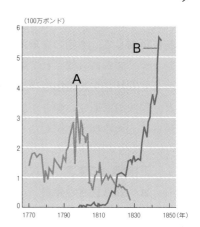

STEP 1　**A**は，アジアからヨーロッパへ輸出された「手織り」の綿織
物である。他方，**B**で示されているイギリスからアジアへ輸出された
綿織物は，どのように生産されたものだろうか。

〔　　　　　　　〕

STEP 2　**A**と**B**の変化について，グラフのピーク，ピーク前の動き，
ピークをこえた後の動き，**A**と**B**が逆転した時期に注意して，この二
つの動きを説明してみよう。

STEP 3　次の資料C・Dを参考にして，下の文章の空欄に入る語句を考えてみよう。

> C：19世紀前半のイギリス人インド総督のことば　「木綿職工たちの骨はインドの平原を白くしている。」
> D：マルクス『イギリスのインド支配』
> 　「インド人の手織り機を打ちこわし，紡車を破壊したのは，侵入したイギリス人であった。」

　Cの資料は，インドの木綿職工の生活が非常に苦しい状況であったことを比喩的に表している。そして，
Dの資料でその原因がイギリス人の活動であることを示している。実際にイギリス人がインド人の手織り
機や紡車を打ちこわしたのではなく，イギリスで19世紀前半に花開いた〔　　　　　　　〕による木綿工業
の発展が，インドの手工業による綿産業を圧倒したことを示している。

Try　かつてヨーロッパの憧れであったアジアはヨーロッパに遅れをとり，立場を逆転させていく。そ
れはどのような経緯でおこったのだろうか。

1 次の文を読んで，下の問1〜問8に答えよう。

　18世紀末から19世紀なかばにかけての欧米諸国は，①アメリカ独立革命や②フランス革命などの市民革命と産業革命が同時的に進行していく二重革命の時代といわれてきた。市民革命は，絶対王政を打倒して市民が主人公となる時代をつくりだしたが，フランスでは③ナポレオンの登場につながった。産業革命は，イギリスにおいて一連の技術革新としてはじまり，④社会全体を資本家と労働者を軸とする資本主義体制に再編して，生産力を飛躍的に増大させていった。ナポレオン戦争後の欧米諸国では，⑤自由主義とナショナリズムに鼓舞されて近代国民国家の形成が模索され，やがて国民の多数を占める労働者階級を基盤として⑥社会主義思想も芽生えはじめた。さらに19世紀後半には，⑦イタリア・ドイツで統一がすすむなど，国民国家形成の動きが加速した。こうして⑧近代化をとげていった欧米諸国とアジア諸国などとの関係には，大きな変化がもたらされたのである。

問1　下線部①に関連した次の出来事を，年代の古いものから順に並べかえよう。
　　a　独立宣言の発表
　　b　ボストン茶会事件の発生
　　c　合衆国憲法の制定
　　d　印紙法の発布　　　　　　　　　　　〔　　　〕→〔　　　〕→〔　　　〕→〔　　　〕

問2　下線部②について，ロベスピエールら山岳派の指導者が逮捕・処刑された事件を何というか。
　　　　　　　　　　　　　　　　　　　　　　　　　　　　　〔　　　　　　　　　　　〕

問3　下線部③について，ナポレオンが1806年にイギリスに対抗して，フランスの経済的利益を保護するために発布した法令を何というか。　　　　　　　　　〔　　　　　　　　　　　〕

問4　下線部④の過程で職をうばわれた人々がおこした，機械打ち壊し運動のことを何というか。
　　　　　　　　　　　　　　　　　　　　　　　　　　　　　〔　　　　　　　　　　　〕

問5　下線部⑤に関連して，次の(1)〜(4)の動きがみられた国を，下のa〜dから選ぼう。
　(1)　七月革命の影響を受けてオランダから独立した。　　　　　　　　　　〔　　　〕
　(2)　独立戦争を経てオスマン帝国から独立を達成した。　　　　　　　　　〔　　　〕
　(3)　自国の後進性に危機感をもった自由主義貴族の反乱がおこった。　　　〔　　　〕
　(4)　労働者階級の政治参加を求めるチャーティスト運動が展開された。　　〔　　　〕
　　　　a　イギリス　　b　ベルギー　　c　ギリシア　　d　ロシア

問6　下線部⑥に関連して，エンゲルスとともに科学的社会主義を基礎づけた人物はだれか。
　　　　　　　　　　　　　　　　　　　　　　　　　　　　　〔　　　　　　　　　　　〕

問7　下線部⑦について述べた次の文中の〔　ア　〕〜〔　オ　〕に入る語句を答えよう。
　　イタリアでは，〔　ア　〕王国が統一の主導権をにぎり，首相〔　イ　〕が中心となって統一をすすめた。一方ドイツでは，プロイセンの首相〔　ウ　〕が，「〔　エ　〕政策」とよばれる力による統一をすすめ，1871年に〔　オ　〕を皇帝とするドイツ帝国を成立させた。
　　　　　　　　〔ア　　　　　　　〕〔イ　　　　　　　〕〔ウ　　　　　　　〕〔エ　　　　　　　〕
　　　　　　　　〔オ　　　　　　　〕

問8　下線部⑧について，アメリカの西部開拓を促進した，1869年に開通した鉄道を何というか。

〔　　　　　　　　　　　〕

2 次のA・Bの資料を読んで，下の問1〜問5に答えよう。

A 　　　　　　　は，封建制を全面的に廃棄し，以下のように宣言する。封建的ならびに貢納的な権利および義務のうち，…人的隷属に起因するものならびにそれらを表現するものは，無償で廃止され，その他のすべては買い戻しうること，また買い戻しの価格ならびにその方式は　　　　　　　によって定められる。

B 新しい規定により，農民は，自由な農村住民としての完全な権利を，適時に受け取ることとなる。…農民は，土地買い戻しにより，地主への義務負担から解放され，まさしく自由な土地所有農民の身分となる。…大農園の労働力となりました。

問1　フランス革命中に発表されたAの宣言を発表した　　　　　　　に入る議会の名称を答えよう。

〔　　　　　　　　　　　〕

問2　19世紀後半にロシアでBの法令を発布した皇帝はだれか。　　　　〔　　　　　　　　　　　〕

問3　2つの資料について述べた次のa・bの正誤の組合せとして正しいものを，①〜④から選ぼう。
　　a　A・Bともに農民に人格的自由を認めている。
　　b　A・Bともに農民に土地の所有を無償で認めている。
　　①　a－正　b－正　　　②　a－正　b－誤
　　③　a－誤　b－正　　　④　a－誤　b－誤　　　　　　　　　　〔　　　　　〕

問4　Aが発表される前後の歴史について述べた次の文中の〔　ア　〕〜〔　エ　〕に入る語句を答えよう。
　　1789年フランス国王〔　ア　〕は特権身分への課税をはかり，175年ぶりに〔　イ　〕を開いた。このとき旧体制を批判する第三身分は，憲法制定まで審議にもどらないとの誓いをたてた。7月14日にパリの民衆が〔　ウ　〕を襲撃し，フランス革命がはじまり，8月26日には人間の自由・平等などをうたった「〔　エ　〕」が発表された。

〔ア　　　　　　　〕〔イ　　　　　　〕〔ウ　　　　　　　　〕〔エ　　　　　　　〕

問5　Bが発布されるきっかけとなった，ウィーン体制を完全に崩壊させたとされる戦争を何というか。

〔　　　　　　　　　　　〕

3 イギリス産業革命をきっかけに19世紀の世界に生じた変化について，経済的側面を中心に，次の語句を用いてまとめてみよう。　【　世界の工場　　モノカルチャー経済　　交通革命　】

15 イスラーム世界の改革と再編

オスマン帝国の改革運動

19世紀前半　伝統的軍団の廃止，西洋式軍隊を創設

↓　ギリシアの独立（1830年）

1839年〔①　　　　　　　　〕**勅令**発布

　〔②　　　　　　　　　　　〕（再編成）開始：法治主義にもとづく近代化改革

↓　クリミア戦争（1853〜56年）…外債の導入→財政破綻（1875年）

1876年〔③　　　　　　　　〕**憲法**公布

　宗教，宗派を問わず帝国内の臣民は「オスマン人」と規定

　上院・下院からなる議会の開設

　〔④　　　　　　　　〕**戦争**勃発（1877年）→翌年，議会閉鎖・憲法停止

↓　ベルリン会議（1878年）…バルカン半島の領土の大半を失う

1881年〜　イギリス・フランスが財政を管理

　外圧⇒スルタン〔⑤　　　　　　　　　　　　〕

　　　…ムスリムの連帯をめざす〔⑥　　　　　　　〕**主義**にたち，

　　　専制政治の下で産業振興，近代教育改革を推進

ポイント
〔③〕憲法は宰相〔③〕が起草した，アジアで最初の憲法であった。

ポイント
〔⑥〕主義は〔⑫〕の蜂起や〔⑭〕運動にも影響を与えた。

アラビア半島のイスラーム運動

- 18世紀中頃　イスラーム改革運動の〔⑦　　　　　　　〕**運動**おこる
  →アラビアの豪族〔⑧　　　　　　〕家と結び〔⑦〕**王国**建国

エジプト・イランの改革

エジプト	イラン（〔⑬　　　　　　　〕**朝**）
• 〔⑨　　　　　　　　　　〕指揮下のフランス軍が占領（1798〜1801年） • 〔⑩　　　　　　　　　　　〕 　…オスマン帝国からの自立をめざし近代化改革を推進 　　　　　↓ • 〔⑪　　　　　〕**運河**開通（1869年） →運河建設による財政難 　〔⑪〕運河会社株をイギリスに売却，国家財政が英・仏の管理下に • 〔⑫　　　　　　　〕の蜂起 　（1881〜82） 　　　　　↓ イギリスが鎮圧，エジプト支配開始	• イギリス，ロシアの侵略 　→19世紀前半，不平等条約締結 • 政府がタバコ専売利権をイギリス人に譲渡（1890年） 　→〔⑭　　　　　　　〕**運動** 　　　　　↓ 　賠償金・列強への従属

ポイント
日本の知識人がイギリスに抵抗した〔⑫〕に関心を寄せた背景には，当時の日本が欧米諸国との条約改正を悲願としていたことがあった。

Check ▶ 図1は1880年代ごろの西アジアの地図，図2はスエズ運河の開通にともなう航路の変化を示した地図である。

図1

図2

1 図1で，スエズ運河の位置に赤で印をつけよう。

2 図2を参考にして，イギリスがスエズ運河株を買収した理由を説明してみよう。

〔 　　　〕

Exercise 教科書p.69のコラム「ウラービーと日本人」に関連して，19世紀末の日本の知識人が関心をもったオスマン帝国の改革とウラービー運動とは，どのようなものだったのだろうか。

1 外圧がさらに強まるなか，アブデュル=ハミト2世が帝国の統合をめざす理念としたパン=イスラーム主義とはどのような考え方だろうか，説明してみよう。

2 エジプトの財政がイギリス・フランスの管理下におかれた原因は何だろうか。

3 ウラービー運動とその結果について説明してみよう。

Try 19世紀，イランへの列強の侵略とこれに対してどのような動きがおきたのか，次の語句を用いて説明してみよう。【 カージャール朝 　ロシア 　不平等条約 　タバコ=ボイコット運動 】

16 南アジア・東南アジアの改革と再編

インドの植民地化　　インド大反乱

インド　16世紀〜　〔①　　　　　　〕帝国が統治

　　　　18世紀以降　マラーター同盟など帝国に抵抗する勢力が台頭

●イギリスの進出

1757年　　　〔②　　　　　　〕の戦い

　　　↓　　…フランスが支援するベンガル太守軍に勝利

1765年〜　東インド会社が〔①〕皇帝からベンガル地方の徴税権・司法権を
　　　↓　　獲得⇒イギリスの優位が決定

19世紀前半　インドは，〔③　　　　　〕輸出国からイギリスの機械織り〔③〕な
　　　　ど工業製品を輸入する立場に転落

　　　　イギリス国内の自由貿易要求の高まり→東インド会社は商業活
　　　↓　動停止，インドの統治機関に

1857〜59年　〔④　　　　　　　〕

　　58年　〔①〕帝国滅亡→東インド会社解散，本国政府が直接統治

1877年　　〔⑤　　　　　〕成立，〔⑥　　　　　　〕女王が皇帝に

　　　　　〔⑦　　　　　　　〕を創設→のちに民族運動を主導

ポイント
〔④〕のころ，中国では太平天国の乱がおきていた。

東南アジアの植民地化とタイの近代化

現インドネシア…〔⑧　　　　　〕が進出
- ジャワ島　17世紀以降　砂糖・コーヒーの生産
　　　　1830年〔⑨　　　　　　〕制度導入
- スマトラ島　1873年〜20世紀初頭　〔⑩　　　　　〕王国に侵攻
　→〔⑧〕領東インドとして植民地化

フィリピン…アメリカが進出
- 17世紀初め〜　スペイン領
- 1896年から〔⑪　　　　　〕らによる独立運動展開
　→〔⑫　　　　　　〕戦争によりアメリカが植民地化

マレー半島南部・北ボルネオ・ビルマ…〔⑬　　　　　〕が進出
- 3度にわたるビルマ戦争→ビルマを〔⑤〕に編入

ベトナム・カンボジア…〔⑭　　　　　〕が進出
- 1887年　〔⑭〕領インドシナ連邦として植民地化

タイ…東南アジアで唯一独立を維持
- 〔⑮　　　　　　〕が近代化改革推進

- 植民地化後の東南アジア…〔⑯　　　　　〕経済が進展，インド・中
国からの移民の流入で多民族社会が形成

ポイント
ベトナムは清と冊封関係にあり，〔⑭〕は宗主権を主張する清と戦い，宗主権を放棄させ植民地とした。

Exercise イギリスによるインド植民地化について，以下の問いに答えよう。

1 1757年にイギリスがフランスの支援を受けたベンガル太守軍を破った戦いを何というか。

〔　　　　　　　　　　　　　〕

2 19世紀初頭，イギリスとインドの経済関係はどのように変化したのだろうか。

3 1877年，イギリスが成立させたインド帝国の皇帝に即位した人物はだれか。

〔　　　　　　　　　　　　　〕

4 インド帝国成立後，イギリスが英語教育を重視し，インド人エリート層を育成したのはなぜだろうか。

Check ▶ 東南アジアの植民地化を示した右の地図をみて，以下の問いに答えよう。

1 イギリスの植民地となった地域を赤で塗ってみよう。

2 フランス領インドシナ連邦を青で塗ってみよう。

3 20世紀初頭までオランダに抵抗した**A**の地域にあった王国を答えよう。〔　　　　　　　〕

4 ジャワ島で1830年にオランダがはじめた制度を何というか，内容を含めて説明してみよう。

5 シャム(タイ)はなぜ独立を維持できたのだろうか。その地理的要因を地図から読みとってみよう。

Try ヨーロッパ諸国の進出は東南アジア地域の経済や社会にどのような影響をもたらしたのだろうか，説明してみよう。【　モノカルチャー経済　　多民族社会　】

17　アヘン戦争の衝撃

教科書 p.72〜73

| 清の動揺 | アヘン戦争 | 太平天国と洋務運動 |

〔①　　　　　　　　　〕の乱(18世紀末)→団練の協力で鎮圧

イギリスとの貿易

- 18世紀後半　貿易を広州1港に限定
- イギリスは〔②　　　　　　　　〕やアマーストを派遣，対等な貿易を
  要求→清は認めず

<18世紀後半>

| イギリス | →　　　銀　　　→ | 清 |
| | ←茶・陶磁器← | |

- 19世紀初めからイギリスは〔③　　　　　　　　〕をおこない，銀を回収
  →清の対英貿易はアヘンにより輸入超過→銀価格が高騰

アヘン戦争(1840〜42年)

〔④　　　　　　　〕が広州でアヘンを没収，廃棄→開戦

┌─────────────────────────────────┐
│ 〔⑤　　　　　　〕条約(1842年)
│ ・〔⑥　　　　　　〕の割譲　　・上海など5港開港
│ ・自由貿易の実施(公行の廃止)
├─────────────────────────────────┤
│ 追加条約(1843年)…領事裁判権，協定関税，最恵国待遇
└─────────────────────────────────┘

1844年　アメリカ(望厦条約)，フランス(黄埔条約)
→清は一時的譲歩の立場，華夷思想放棄せず

対中貿易が期待ほど利益上がらず　　　　　賠償金支払いなどのため重税

ポイント
このころ日本では幕府が異国船打払令を撤回し，薪水給与令を出した(1842年)。

ポイント
このころ日本では幕府が，アメリカと日米和親条約(1854年)，日米修好通商条約(1858年)を締結した。

アロー戦争(1856〜60年)

⇓　　　　　　　　　　　　　　　　⇓

〔⑨　　　　　　　　〕の乱(1851〜64年)

- 拝上帝会を組織した〔⑩　　　　　　〕が挙兵
- 「〔⑪　　　　　　　　〕」を掲げ〔⑨〕を樹立
- 南京を占領，都とする
  ↓
  漢人官僚の〔⑫　　　　　　　〕，
  〔⑬　　　　　　　〕指揮の義勇軍や外国の援助で鎮圧

┌─────────────────────────────────┐
│ 〔⑦　　　　　　〕条約(1858年)
│ 〔⑧　　　　　　〕条約(1860年)
│ ・天津など11港開港
│ ・外国公使の北京常駐
│ ・キリスト教布教の自由
│ ・九龍半島南部の割譲
└─────────────────────────────────┘

ロシア…調停の代償に沿海州獲得

ポイント
ロシアの極東進出
・アイグン条約(1858)：黒竜江以北領有
・〔⑧〕条約(1860)：沿海州獲得，ウラジオストク港建設

〔⑭　　　　　　　　〕…欧米技術の導入による近代化改革

- 〔⑫〕，〔⑬〕らが推進
- 理念：「〔⑮　　　　　　　〕」…政治や思想改革は認めず

Check❶▶ 右の風刺画で，乾隆帝はどんな風に描かれているだろうか。次の会話の空欄に入る文章や語句を答えよう。

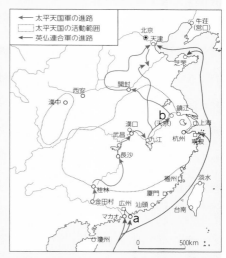

先　生：まず，イギリス使節マカートニーが派遣された目的を考えてみよう。何を皇帝に求めたのかな？

生徒A：〔①

　　　　　　　　　　　　　　　　　〕ですね。

先　生：そうだね。当時の清はどのような貿易の方式をとっていた？

生徒B：〔②　　　　　　　〕貿易が原則で，西洋との貿易は〔③　　　　　　　〕1港のみで特許商人組合の〔④　　　　　　　〕を通しておこなっていました。

先　生：当時のイギリスでは，〔⑤　　　　　　　　〕を飲む習慣が広がって輸入量が増加していた。でも要求は拒否され，中国式の儀礼も求められて交渉は決裂したんだ。

生徒A：そうか，だからイギリス人は乾隆帝を〔⑥　　　　　　　〕イメージで描いたんですね。

Check❷▶ 19世紀なかばの中国の状況を示した右の地図について，以下の問いに答えよう。

1　地図中**a**の地名を答えよう。　　　〔　　　　　　〕

2　アヘン戦争の講和条約による開港場に赤で印をつけよう。

3　アロー戦争の講和条約による開港場に緑で印をつけよう。

4　次の文章の空欄①・②に入る語句を下の**ア・イ**より選び，空欄③・④に入る語句を考えてみよう。

　　アヘン戦争後もイギリスの対中貿易はイギリスが期待したほど増えなかった。イギリスはその理由の一つとして開港場が中国の〔　①　〕にかたより，都の北京から離れているためと考えた。そこで，アロー戦争後には，内陸部や，都より〔　②　〕にも開港場が設けられた。また，外国公使の北京常駐が規定されるなど，列強は，清を従来の〔　③　〕体制から対等な〔　④　〕国家どうしの外交に転換させようとしていた。

　　ア　北部　　**イ**　南部　　　〔①　　　〕〔②　　　〕〔③　　　〕〔④　　　〕

5　太平天国の活動範囲をオレンジで塗り，都とした地図中**b**の都市名を答えよう。　　〔　　　　　　〕

Try　アヘン戦争以降の欧米諸国の進出は，中国にどのような変化をもたらしただろうか，次の文章の空欄に入る語句を答えよう

　清はアヘン戦争でイギリスとむすんだ〔①　　　　　〕条約を一時的譲歩ととらえ〔②　　　　　〕思想も放棄しなかった。しかしアロー戦争の敗北後，欧米諸国との外交のため，外務省にあたる〔③　　　　　〕を設けた。さらに〔④　　　　　〕の乱後，漢人官僚の〔⑤　　　　　〕や〔⑥　　　　　〕らが西洋技術導入による強国化をめざし，〔⑦　　　　　〕を推進した。これは清の最初の近代化改革であるが，「〔⑧　　　　　〕」の理念のもと政治の改革には至らなかった。

18 ゆらぐ幕藩体制

教科書 p.74〜75

ポイント
ロシアはナポレオンのロシア遠征があってしばらく日本にあらわれない。一方でイギリス軍艦の長崎侵入もナポレオン戦争の影響である(→教p.74)。

ポイント
林子平は『三国通覧図説』で蝦夷地・琉球・朝鮮を日本の周縁とし(「三国」とはこの3地域をさす)、その理解を訴えたが、このことは、これらの地域が外国との接点であり緩衝地帯であったことをあらわす。

ポイント
〔⑩〕の背景には、天候不順による天保の大飢饉、大塩の乱といった国内の疲弊や混乱に加え、〔⑫〕戦争で清がイギリスに敗れるなど、江戸幕府成立以来の内外の危機があった。

▌対外問題と蝦夷地政策

●列強の接近と幕府の対応

- ロシア：君主〔①　　　　　　　　　〕のもとで発展
  - 〔②　　　　　　　　〕は根室(1792)，**レザノフ**は長崎(1804)に来航
  - →通商要求→日本は拒絶(「鎖国」は「祖法」)→ロシア，蝦夷地と樺太襲撃
- イギリス軍艦が長崎侵入(〔③　　　　　　　　〕)(1808)など
  - →幕府は〔④　　　　　　　〕を出して対応
- アメリカ商船への砲撃事件(〔⑤　　　　　　　　　〕)(1837)への批判
  - →打払い見直しの機運→幕府批判の取り締まり＝〔⑥　　　　　　　〕

●蝦夷地と琉球

- 隣国との接触回避のための緩衝地帯…蝦夷地は〔⑦　　　　　〕が生活
  - →ロシアによる積極的な同化の動きに幕府は危機感→幕府は蝦夷地を調査
  - →直轄地に…〔⑦〕に日本語・日本風服装⇔独自文化・習慣否定

▌天保の改革と雄藩の成長

- 19世紀前半：派手な〔⑧　　　　　〕**文化**と財政悪化
  - →老中〔⑨　　　　　〕による〔⑩　　　　　　　　〕

庶民に対する政策	ぜいたくの禁止・娯楽の抑制→庶民の不満
大名に対する政策	〔⑪　　　　　　　　　　〕…幕府の権威回復のため川越・庄内・長岡の3藩の領知入れ替え→大名の反発
対外政策	〔⑫　　　　　〕戦争に学び，打払令撤回 →〔⑬　　　　　　　　〕を出すと同時に軍備強化
財政・社会政策	〔⑭　　　　　　　〕…対外戦争に備え江戸・大坂周辺を直轄地に→大名などの反発→〔⑨〕失脚

- 西南日本の諸藩が成長：〔⑮　　　　　〕や長州藩
  - →強引な借財整理・産物の専売化による藩財政・経済の立て直し
  - →洋式軍事工業の振興→〔⑯　　　　　〕として国政にも参加

▌さまざまな学問の広がり

- 〔⑰　　　　〕：**杉田玄白**らによる
- 〔⑱　　　　〕：**本居宣長**らによる
- 〔⑲　　　　　〕：正学となる(1790)，湯島聖堂を官学化
  - →〔⑳　　　　　　　　　〕(**昌平黌**)として整備
- 各地で藩校や〔㉑　　　　　〕がつくられる
- 〔⑱〕から**平田篤胤**などの尊王思想
- 水戸藩では尊王思想に攘夷思想がむすびつき〔㉒　　　　　　　〕**論**に
  - →幕末の〔㉒〕運動の思想的基盤に

Check❶▶ 18世紀末から19世紀前半の世界の様子と日本について，折込３の地図と説明文をみながら，次の文章の空欄に入る国名や語句を答えよう。

　18世紀の世界では，北アメリカや，〔①　　　　　　　〕帝国ほか諸勢力が分立するインドなどで，〔②　　　　　　　〕と〔③　　　　　　　〕が植民地や商業利権の獲得競争をおこなっていた。〔②〕はこれに勝利し，19世紀には「世界の工場」となり，「〔④　　　　　　　　　　〕」とよばれる覇権を確立した。一方，東アジアでは，清の北方に領土を広げてきた〔⑤　　　　　　〕と〔②〕が接近し，日本とも関わるようになる。

Check❷▶ 右の絵をみて，以下の問いに答えよう。

1　これは佐賀（肥前）藩の何という施設だろうか。

〔　　　　　　　〕

2　これはどのような施設か，説明しよう。

〔
　　　　　　　　　　　　　　　　　　　　　　　　　　　　　　
〕

3　このような施設をつくる土台となる知識はどこから得られたか，次の**ア**〜**ウ**から一つ選ぼう。

　ア　朱子学　　**イ**　国学　　**ウ**　蘭学

〔　　　　　　　〕

Exercise　18世紀末から19世紀前半にかけての日本について述べた文章①〜⑤それぞれの正誤を答えよう。

① 　蝦夷地や琉球は，日本が直接支配する対象とはされていなかった。　　　　　　　　〔　　　　〕
② 　ロシアの動きに危機感を持った幕府は，蝦夷地を調査して直轄地とした。　　　　　〔　　　　〕
③ 　幕府はアイヌに日本語や日本の文化を教える一方，アイヌの文化や習慣も尊重した。〔　　　　〕
④ 　江戸などでは華麗な化政文化が栄え，庶民は寺子屋で読み・書き・そろばんを教わった。〔　　　　〕
⑤ 　長州藩や薩摩藩などは産物の専売化で経済を立て直し，親藩とよばれるようになった。〔　　　　〕

Try　18世紀以降の日本をめぐる諸外国の動きと日本の対応を，次の語句を用いて説明してみよう。

【　レザノフ　　フェートン号　　モリソン号　　アヘン戦争　　薪水給与令　　上知令　】

19 開国

ペリー来航と和親条約

●開国

- 〔①　　　　　　　〕の活発化・中国市場の開拓→西洋船が日本近海に出没
- アメリカ合衆国国土の西海岸到達→太平洋への進出
  →燃料や食料補給の寄港地，漂流民保護の必要から日本に国交せまる
- 1853年，アメリカ東インド艦隊司令長官〔②　　　　　　〕，浦賀へ
  …開国を要求→翌年再来航の〔②〕と〔③　　　　　　　〕締結
  〔④　　　　〕と〔⑤　　　　〕を開港

●幕政への影響

- 老中〔⑥　　　　　　〕，アメリカ大統領国書を世間に公開し意見求める
  →有力大名と家臣を中心に政治参加の拡大求める動き

通商条約と勅許問題

●通商をめぐって

- 1856年 アメリカ総領事〔⑦　　　　　　〕，〔④〕に着任
  - 反対論：祖法の変更は恥…下級武士，公家の多く
  - 賛成論：対等な関係をむすび世界秩序に参入すべき…儒学の合理主義や
    最新の西洋知識による外交交渉による
  →老中〔⑧　　　　　　〕，〔⑨　　　　　　　〕の勅許求め上京→失敗
  →大老〔⑩　　　　　　〕，〔⑪　　　　　　　　　〕締結
- 将軍の後継者をめぐる対立
  〔⑫　　　　　　〕（＝能力主義により一橋慶喜を推挙）は退けられる
  →〔⑬　　　　　　〕（＝血統を重視し紀伊藩主の徳川慶福を推挙）に軍配
  ➡〔⑭　　　　　　〕：有力大名・下級武士による幕政批判を〔⑩〕が弾圧

開国の経済的・社会的影響

●安政の五か国条約：オランダ・ロシア・イギリス・フランスとも通商

- 開港場：神奈川→〔⑮　　　　　〕・兵庫（神戸）・長崎・〔⑤〕・新潟
  〔⑮〕は外国貿易の中心地・最大の貿易港に
- 不平等な条項…片務的〔⑯　　　　　　　　〕・領事裁判権・協定関税制

●開港による経済的影響

- 輸出品：〔⑰　　　　〕・茶・蚕卵紙　輸入品：〔⑱　　　　　〕・綿織物
- 金銀交換比率の違い→〔⑲　　　〕貨の国外流出 ｜
  ヨーロッパで蚕の伝染病→輸出増加　　　　　　　　｝物価上昇
  比較的高い〔⑳　　　　〕→輸入は輸出下回る　　　 ｜
  →幕政批判，尊王攘夷運動の背景

●開港による文化的・社会的影響

- 〔㉑　　　　　　〕など文化財の海外への紹介→ジャポニスム
- 国際的な伝染病の流行…〔㉒　　　　　　〕が長崎から流行→江戸で死者多数

ポイント
〔①〕はランプに用いる鯨油を得るためであった。このころのアメリカには，まだ太平洋方面への領土的な野心はなかった。ハワイを領有しフィリピンを植民地とするのは19世紀末である。（→教 p.99）

ポイント
教 p.76の藤間柳庵『太平年表録』には，相模の沿岸警備にあたった大名のリストや和親条約の条文も記されている。幕府から茅ヶ崎を治める旗本戸田氏，さらには名主の柳庵にまで情報が公開されていたことがわかる。

ポイント
〔⑫〕には薩摩藩・肥前藩など開明的な大名が多く，〔⑬〕には〔⑩〕のほかには譜代大名が多かった。

ポイント
〔⑳〕は別冊の協定により定められ，品目ごとに5％か20％のものが多く，酒類は35％であり，当初は必ずしも低くおさえられていたわけではなかった。

ポイント
開港によって貿易がはじまったことで動いたのは物資だけではない。人が動くことで伝染病が伝播して検疫の必要が生じることや，文化の交流がともなうことにも着目しよう。

Check❶▶ どのような場所が開港場に選ばれたのだろうか。次の文章の空欄に入る開港場の名称（地名）を答え，その場所を右の地図から選ぼう。

　政治の中心地の近くの〔　ア　〕，経済の中心地・都の近くの〔　イ　〕，日本海側の〔　ウ　〕，ロシアに近い〔　エ　〕，そして大陸や朝鮮半島に近い〔　オ　〕と，四方を海に囲まれた日本列島から偏りなく開かれていた。なお，〔　ア　〕は，東海道の宿場であったことから外国人との接触が危険視され，〔　ア　〕にかわって横浜が開港された。

◉日米和親条約(1854)による開港場
●安政の五か国条約(1858)による開港場

〔ア　　　，　　　〕〔イ　　　，　　　〕〔ウ　　　，　　　〕
〔エ　　　，　　　〕〔オ　　　，　　　〕

Check❷▶ 開港後の貿易についての右のグラフをみて，以下の問いに答えよう。

1 日本からの輸出品を，多い順に三つあげよう。
〔　　　　　　　　　　　　　　　　　　　　　　〕

2 日本への輸入品を，多い順に三つあげよう。
〔　　　　　　　　　　　　　　　　　　　　　　〕

3 教科書p.77 **5** のグラフをみると，当初は輸出超過だったのが，1866年には輸入超過に逆転している。その理由を考えてみよう。
〔　　　　　　　　　　　　　　　　　　　　　　〕

4 貿易相手国にアメリカがないのはなぜだろう。教科書p.61を参考に考えてみよう。
〔　　　　　　　　　　　　　　　　　　　　　　〕

●品目　　　　　　　　　　　　　　(1865年)

海産物 2.9　その他
蚕卵紙 3.3
3.9
茶 10.5
輸出　生糸 79.4%

綿糸 5.8　その他 7.1
艦船 6.3
武器 7.0
輸入　毛織物 40.3%
綿織物 33.5

●横浜港における相手国　　(1865年)

フランス 9.6　その他 2.1
輸出　イギリス 88.3%

フランス 6.2　その他 1.1
オランダ 9.9
輸入　イギリス 82.8%

Try　幕府がアメリカとむすんだ条約と，清がイギリスとむすんだ条約（いずれも要約）を比べてみよう。共通点と相違点を説明し，相違点が生じる原因を考えてみよう。

幕府とアメリカの条約（日米修好通商条約）
・神奈川・長崎・新潟・兵庫を開港し，神奈川開港後に下田港は閉鎖する。江戸と大坂を開市する。
　＊箱館港を合わせて５港となった。
・(付属協定)関税は品目別に決める。
　＊日用品５％，酒類35％，他20％
・領事裁判権を認める。

清とイギリスの条約（南京条約および付属協定）
・清はアヘンの賠償金・戦費等2100万ドルをイギリスに支払う。
・広州・福州・厦門・寧波・上海の５港を開港する。
・(付属協定)領事裁判権を認める。
・香港島を永久にイギリスに割譲する。
・(付属協定)関税は5％で一定とする。

20 幕末政局と社会変動

教科書 p.78〜79

■ 攘夷運動と政局の混乱

- 1860年，〔①　　　　　　　　　〕…水戸藩等を脱藩した浪士が井伊直弼暗殺
  - →幕府は〔②　　　　　　　　〕はかる…朝廷との関係修復

    孝明天皇の妹〔③　　　　　　〕を将軍〔④　　　　　　　　　〕に嫁がせる
  - →通商条約破棄をめざす攘夷論の台頭，〔⑤　　　　　　　　　〕**運動**へ
- 1862年，薩摩藩の**島津久光**上京…朝廷優位の〔②〕めざす

  文久の改革：一橋派復権，参勤交代緩和など諸藩の負担軽減，軍備強化
  - →鹿児島への帰途，武蔵国生麦村でイギリス人殺傷＝〔⑥　　　　　　　　　〕
- 1862年，長州藩方針転換…過激な攘夷政策へ→各地で攘夷派が蜂起
  - →〔④〕，〔②〕のため上京し天皇に謁見→攘夷実行せまられる

■ 八月十八日の政変と条約勅許

- 1863年8月，〔⑦　　　　　　　　　〕…薩摩藩・会津藩が長州藩・攘夷

  派公家を京都から追放
  - →長州藩，挽回はかるが〔⑧　　　　　　　　〕で敗北，幕府は征討軍派遣
- 長州藩の下関砲台，〔⑨　　　　　　　　〕に砲撃される

  薩摩藩，鹿児島でイギリス軍と交戦＝〔⑩　　　　　　　　〕
  - →西洋勢力の軍事力を経験→武力による攘夷路線は打撃
- 幕府の動き：西洋技術の導入を整備…製鉄所（反射炉）の建設など
- 西洋列強：孝明天皇に圧力＝英仏蘭米四か国艦隊が〔⑪　　　　　〕沖侵入
  - →天皇，議論の末〔⑪〕開港…開国と西洋国際秩序への参入確定
  - →イギリスは薩長両藩に接近，フランス公使〔⑫　　　　　　　〕は幕府援助

■ 公議政体論と王政復古

- 1866年，〔⑬　　　　　　　　〕…〔⑭　　　　　　　　〕らの仲介で薩摩藩は長州

  藩を支援する密約
  - →第2次長州征討：長州藩の〔⑮　　　　　　〕に幕府軍苦戦

    　　　　　　　　　　　…多様な身分を効率よく組織した軍
  - →14代将軍〔④〕没→15代将軍〔⑯　　　　　　　〕，征討を中止
  - →孝明天皇亡くなる（明治天皇即位）
  - →不安定な社会情勢：打ちこわし，世直し一揆，「〔⑰　　　　　　　　　　〕」
- 長州藩と薩摩藩などは幕府との対決（討幕）の動き
  - →1867年，〔⑱　　　　　　〕：〔⑲　　　　　　〕藩の**山内豊信**の意見による

    〔⑳　　　　　　　〕論…言論による新たな統一政府・議会めざす
  - →〔㉑　　　　　　　　〕の大号令：薩摩藩・長州藩と〔㉒　　　　　　　〕

    御所を封鎖し，幕府や旧来の制度（摂政や関白）を廃止

    天皇中心の新政府を樹立する宣言

ポイント

井伊直弼を暗殺したのが尊王論のさかんな水戸藩など出身の浪士であったことから，幕府は〔②〕をすすめるが，尊王論は（開港後に盛り上がりをみせた）攘夷論とむすびつき，外国人殺傷事件が続いた。

ポイント

まず，〔②〕をめざす薩摩藩の動きに注目しよう。会津藩などと攘夷派を追放したが，前年の攘夷（〔⑥〕）の報復を受け〔⑩〕，この事件を契機にイギリスと接近する。

ポイント

京都から追放された長州藩は挽回にも失敗し，薩摩藩同様，外国船の報復を受ける。イギリスが長州藩にも接近したことは，〔⑬〕に向けた動きでもあった。

ポイント

〔⑭〕は長崎で亀山社中という貿易会社を立ち上げ，イギリスの武器商人グラバーともつながっていた。長州藩にとってはイギリスと接近した薩摩藩と盟約をむすぶ利益は大きかった。

ポイント

第2次長州征討の中止により武力討幕に向けた機運が盛り上がるが，〔⑯〕は〔⑳〕論により徳川家中心の統一政府を構想し〔⑱〕をおこなった。〔㉑〕の大号令において討幕派は新政府の中心を天皇とすることを宣言し，同日に〔⑯〕から官職と領地を取り上げた。

Check ▶ 西洋列強の進出に直面したオスマン帝国や清の近代化への動きと，幕末にはじまる日本の近代化への動きについて，以下の問いに答えよう。

1 オスマン帝国と清の近代化への動きをそれぞれ教科書から書き出してみよう。

オスマン帝国
（教科書p.68）
[   ]

清（教科書p.73）
[   ]

2 オスマン帝国，清，日本（幕府）の近代化への動きを比較してみよう。

[   ]

Exercise① 次の出来事を年代の古いものから順に並べかえよう。

① 長州藩の砲台が四国連合艦隊から砲撃を受けた。

② 薩摩藩の島津久光が上京し，さらに幕府に文久の改革をおこなった。

③ 坂本龍馬の仲介で，薩摩藩は長州藩を支援する盟約をむすんだ。

④ 将軍徳川家茂が天皇に謁見したが，攘夷の実行を迫られた。

⑤ 薩摩藩や会津藩などによって長州藩や攘夷派の公家が京都から追放された。

〔　　　〕→〔　　　〕→〔　　　〕→〔　　　〕→〔　　　〕

Exercise② 1860年代後半の政局について述べた文章①～④それぞれの正誤を答えよう。

① 長州藩士の精鋭からなる奇兵隊の活動などで，幕府の長州征討はうまくいかなかった。〔　　　〕

② 幕藩体制や身分の枠をこえ言論による新たな統一政府をめざす方針を公武合体論という。〔　　　〕

③ 貿易拡大の思惑からイギリスは薩長に接近し，フランスは幕府に財政・軍事援助を行った。〔　　　〕

④ 徳川慶喜は大政奉還をおこなうことで政局の主導権を維持しようとしたが，王政復古の大号令により天皇中心の新政府が発足した。〔　　　〕

Try 尊王攘夷運動の転換点となった出来事をあげ，それぞれの出来事のもつ意味を説明してみよう。

[   ]

21 新政府の成立と諸改革

教科書 p.80〜81

ポイント

戊辰戦争によって新政府に抵抗する勢力がなくなったことは，新政府によって日本が軍事的に統一されたことを意味し，〔⑧〕によって新政府の意向が全国に浸透するようになったことは，新政府によって日本が政治的に統一されたことを意味する。ヨーロッパでは，このころイタリアとドイツが統一されている。新政府による統一過程とイタリア・ドイツの統一過程を比べてみよう（→教 p.56〜57）。

｜明治維新 ＊天皇のもとの臣民という一体感をもつ国民国家を形成する過程

●戊辰戦争

・王政復古後の会議において徳川慶喜の土地・地位の返上を決定

→1868年1月，〔①　　　　　　　　〕で幕府軍と薩摩長州軍が交戦

→4月，江戸が無血開城→東北・箱館での戦闘続く

　徳川家は徹底抗戦せず→新政府によるすみやかな体制づくりが可能に

●新政府の発足

・1868年3月，〔②　　　　　　　　〕…公議世論・開国和親の重視

　　　　　　⇔〔③　　　　　　　　〕…道徳のすすめ・キリスト教禁止

・閏4月，〔④　　　　　　〕…太政官制が復活，アメリカを参考に三権分立

｜藩から県へ

・1869年，〔⑤　　　　　〕へ遷都

〔⑥　　　　　　　　〕…藩主は土地と人民を返上，知藩事の地位を保証

・〔⑦　　　　　〕の設置…薩摩・長州・土佐3藩1万人，廃藩への抵抗を抑止

→〔⑧　　　　　　　〕…旧知藩事（もと藩主）は東京に集住

　　　　　　　　　府知事・県令（府県の長）は政府が任命

→新政府の意向が全国に浸透

｜身分制の廃止

・1869年，身分制の廃止

…（公家・大名→）華族，（武士→）士族，（そのほか→）平民

→〔⑨　　　　　　　〕…平民の苗字使用，身分こえた結婚，職業・居住の自由

・1871年，「〔⑩　　　　　　〕」…えた・非人など差別的呼称廃止，職業も平民同様

→「〔⑩〕」反対一揆がおこり，以後もより深刻な差別が残る

ポイント

「〔⑩〕」後も差別を被った人々の問題が大きく提起されるのは第一次世界大戦後であった（→教 p.146）。

｜地租改正

・国民の義務として平等に税負担をさせる必要

→〔⑪　　　　　　〕**条例**（1873年）

…〔⑫　　　　　〕を発行→土地の〔⑬　　　　　〕・面積・地価を確定

　土地の〔⑬〕は，地価の〔⑭　　　〕％を〔⑮　　　　　〕として

〔⑯　　　　〕で納める

・豊作・凶作にかかわらない一定額の納税や税率〔⑭〕％は重い負担

→三重県などで〔⑪〕**反対一揆**

→1877年，〔⑮〕の税率を〔⑰　　　　　〕％に

・地価が固定であったので，政府は毎年安定した財源を得る

ポイント

〔⑪〕の影響は，政府・土地の〔⑬〕（地主）・小作人それぞれの立場に着目して考察し，まとめておくこと。

Check❶ ▶ 下の「地券」に書かれたことを読んでみよう。

地　　　　　番：

地目・面積：

地　　　　　主：

地　　　　　価：

地　　　　　租：

Check❷ ▶ 身分制の廃止は，フランスと日本でどのようにすすんでいったのか比較し，次の表を参考に説明してみよう。

	フランス（教科書p.48〜49）	日本（教科書p.80〜81）
背景	ブルボン朝の絶対王政下での旧体制に対する不満が高まる。	明治政府は，天皇のもとにある国民（臣民）という一体感をもつ国民国家をつくろうとした。その前提として平等が重要な意味をもった。
主体	第三身分…ブルジョワ（商工業市民層）・都市民衆・農民	明治政府
経過	国民議会の発足 バスティーユ牢獄の襲撃	公家・大名を華族，武士を士族，その他を平民とする。職業・居住の自由を認める（四民平等），えた・非人などの差別的な呼称を廃止（「解放令」）
結果	人権宣言の発出，国王の処刑	戸籍の作成

Try 明治維新の結果，幕藩体制と身分制度はどのように変わったか，説明してみよう。

22 富国強兵と文明開化

徴兵制の導入

●明治政府による国家体制

- 経済力と軍事力の強化が急務

  →「〔①　　　　　　　　〕」というスローガンとなってあらわれる

- 兵役制度…1872年の〔②　　　　　　　〕と翌年の〔③　　　　　〕

  〔④　　　　　〕歳以上の男子に等しく兵役検査実施

  →武士層による兵力独占体制の解体

  　徴兵逃れや〔⑤　　　　　〕一揆も各地でおこる

ポイント

徴兵制度は長州出身の大村益次郎が企図し，山県有朋によってその基礎が確立された。国民皆兵とされたが，代人料として270円払えば徴兵が免除されるなど，多くの免役規定があった。そのため，兵役の義務を果たす多くの者は農村の次男や三男であった。

殖産興業政策

●近代産業の育成

近代産業育成のため〔⑥　　　　　　　　〕**政策**を展開
・造船所や軍事工場の設立，鉱山の官営化 　生糸のモデル工場として〔⑦　　　　　　　　〕設立 　技術指導のため外国から〔⑧　　　　　　　　〕をまねく
貨幣制度
・1871年に〔⑨　　　　　　　〕制定 ・円銭厘の単位，貨幣相互の換算比率が定まる 　〔⑩　　　　　　　　〕によって兌換銀行券が発行される
通信制度
・1871年に〔⑪　　　　　　　〕が建議→郵便制度発足 ・東京〜大阪間に電信開通

ポイント

〔⑦〕では全国から募集した工女がフランス人技師らの指導のもと働いていた。その多くが旧旗本の子女であるなど上流階級の女性がほとんどであった。教育体制も充実していて，労働環境にも恵まれていた。こうして〔⑦〕で技術を習得した工女はその後，各地の製糸場の指導者として活躍した。

文明開化と新しい思想

- 福沢諭吉らが設立した〔⑫　　　　　　　〕…西洋の政治制度などを紹介
- 新橋〜横浜間に鉄道開通（1872年）
- 太陰太陽暦→〔⑬　　　　　〕に改められる

  ⇒**文明開化**は人々に戸惑いや反発もひきおこした

学制の公布

- 〔⑭　　　　　　〕の公布…人々を文明化，6歳以上のすべての男女に初等教育

  →就学率向上せず，女子の就学率低い

- 〔⑮　　　　　　　　〕…〔⑭〕に反対する運動

ポイント

太陰太陽暦は，月が欠けていたのが満ちそして再び欠けるまでを「1か月」とし，それを12回繰り返すことで1年としている。これで計算すると太陰太陽暦の場合，1年間は約354.3671日となり，〔⑬〕の1年（約365.2422日）と比べて約11日短い。そのため3年間に1回の割合で閏月というものを設けていた。

Check ▶ 富岡製糸場の内部を描いた絵（左）と，富岡製糸場で働く工女の日記（右）について述べた文章X・Y・Zそれぞれの正誤を答えよう。

諸国より入場致されました工女と申しまするは，一県十人あるいは二十人，少きも五六人と，ほとんど日本国中の人…。その内多きは上州・武州・静岡等の人は早くより入場致し…静岡県の人は旧旗本の娘さん方でありまして，上品でそして東京風と申し実に好いたらしい人ばかり揃って居りました。上州も高崎・安中等の旧藩の方々はやはり上品でありました。武州も川越・行田等の旧藩の方々は上品で意気な風でありました。…さて長野県はと申しますと，…小諸・飯山・岩村田・須坂等の方々は中々上品でありました。…

X　製糸場はレンガ造りの建物で，機械はフランスから輸入したものが用いられ，生産の指導は日本人技師がおこなった。　　　　　　　　　　　　　　　　　　　　　　　〔　　　〕

Y　上州（高崎・安中）・武州（川越・行田）・静岡出身の女性は，農家から集められた上品な女性であった。　　　　　　　　　　　　　　　　　　　　　　　　　　　　　　　〔　　　〕

Z　工女が日本全国から集められた理由は，帰国後に各地の製糸場の指導者になることが期待されていたからである。　　　　　　　　　　　　　　　　　　　　　　　　　　　　〔　　　〕

Exercise①　明治政府が導入した徴兵制について述べた次の文のうち，内容が正しいものの組合せを①〜④から一つ選ぼう。　　　　　　　　　　　　　　　　　　　　　　　　　　　　〔　　　〕

a　18歳以上の男子に等しく徴兵検査が課されることになった。

b　四民平等の原則のもと，身分によらない兵役負担であった。

c　徴兵の免役規定などをわかりやすく解説した冊子が刊行された。

d　軍隊での待遇改善をもとめる血税一揆が各地でおこった。

①　a・c　　　②　a・d　　　③　b・c　　　④　b・d

Exercise②　文明開化と新しい思想について述べた次の文X・Yの正誤の組合せとして正しいものを，①〜④から一つ選ぼう。　　　　　　　　　　　　　　　　　　　　　　　　　　　　〔　　　〕

X　物質面での文明化がみられたが，それは都市や開港地に限られたことであった。

Y　違式詿違条例が定められ，その条例により仏教の信仰が禁止された。

①　X—正　Y—正　　　②　X—正　Y—誤　　　③　X—誤　Y—正　　　④　X—誤　Y—誤

Try　新政府による急速な文明化を人々はどう受け止めたのだろうか。考えてみよう。

文明化と向き合う東アジア諸国

歴史を資料から考える

教科書 p.84〜85

① 教科書p.84の資料1・2を読んで考えてみよう。次のチャート図は，旧平の考えを示したものである。

なぜ朝鮮が中国の暦を使うのか？
なぜ琉球が日本の暦を使うのか？

➡

その理由は
朝鮮は中国の，琉球は日本の
〔　　　〕だからである。

日本がヨーロッパの太陽暦を使う→日本はヨーロッパの〔　　　　〕となる。

STEP 1　　**STEP 2**

1　上のチャート図の〔　　〕に入る漢字二字の同じ言葉を，資料1より抜き出して答えよう。〔　　　　　〕

2　資料1の旧平は，1873年の改暦に対して賛成か反対か答えよう。　　　　　　　　〔　　　　　〕

STEP 3

1　資料2を読んで，以下のア〜エは陽暦と陰暦のどちらで営まれていたと考えられるか答えよう。

ア　学校の行事予定など　　〔　　　　　〕

イ　役所からの通知の日付　〔　　　　　〕

ウ　会社のスケジュール　　〔　　　　　〕

エ　先祖をまつる宗教行事　〔　　　　　〕

2　あなたが，もし資料2のような陽暦と陰暦がともに用いられている社会にいたならば，何か困ることはあるだろうか。

② 教科書p.85の李鴻章と森有礼の対談を読んで考えてみよう。

STEP 1

1　「中体西用」とはどのような考え方か，教科書p.73を参考にして，次の文章の空欄に入る語句を答えよう。

儒教を中心とする中国の〔①　　　　　　　　〕を基礎として，〔②　　　　　　　　　〕を利用するという考え方で，中国の政治や思想などの改革を認めないものであった。

2 儒教は，「長幼の序」や「祖先崇拝」などの思想を発展させ中国社会に定着させてきた。このような儒教の教えに沿った衣服についての李鴻章の発言を，資料中より1か所抜き出してみよう。

[   ]

3 また，「中体西用」の「西用」の部分に沿った李鴻章の発言を，資料中より1か所抜き出してみよう。

[   ]

STEP 2 森有礼の洋服に対する見解をまとめた次の文章の空欄に入る語句を，資料中より抜き出して答えよう。

わが国旧来の衣服は，ゆったりとして気持ちがよいが便利ではなく，〔①   〕には合っているが〔②   〕には合わない。〔①〕は貧困のもとであり，〔②〕は富裕のもとである。我が国は〔②〕により富裕となることを望む。

STEP 3 他国の文化を導入することについて，李鴻章と森有礼の考え方の違いを説明してみよう。

[   ]

Try

1 欧米諸国の生活・文化が自国に入ってきたことに対して，日本・朝鮮・中国(清)の人々はどのように対応したのだろうか。共通点や相違点をまとめてみよう。

[共通点：   ]

[相違点：   ]

2 もしこの時代に生きていたら，他国の生活・文化の流入にどう対応しただろうか。

[   ]

23 近代的な国際関係と国境・領土の画定

教科書 p.86〜87

ポイント

旧幕府と締結された不平等条約は，1872年7月から改定の時期をむかえ，1年の通告を待って条約を改正できることになっていた。

岩倉使節団

●岩倉具視らによる欧米視察（1871〜73年）

全権大使	岩倉具視
副　　使	〔①　　　　　　　〕・大久保利通・伊藤博文 など
役　　割	不平等条約改正の予備交渉
結　　果	・役割は果たせず。植民地化した東南アジア各地の実情を知る ・国家体制づくりが急務→留守政府との意識のずれ

清や朝鮮との関係

●清と日本

- 〔②　　　　　　　　　　　〕締結…日本と清は対等な関係で国交樹立
  - →このあと朝鮮の開国・開港をめぐって対立

ポイント

明治政府が〔②〕を締結した背景には，朝鮮に対して宗属的支配権をもつ清国と対等な関係をむすぶことで，朝鮮に対して優位な立場に立とうとしていたことがある。

●朝鮮と日本

- 清の冊封体制に組みこまれてきた朝鮮
  - →国王〔③　　　　　〕の父の大院君はこの体制を維持
- 日本政府の対応
  - 〔④　　　　　　　〕を主張する〔⑤　　　　　　　　〕らと内政優先派が対立
  - →結果，征韓派は政府を去る（〔⑥　　　　　　　　　　〕）

●朝鮮の国内状況

- 〔③〕の妃である〔⑦　　　　　　〕一族が台頭
- 日本との間で〔⑧　　　　　　　　〕がおきる（1875年）
  - →朝鮮にとって不平等な〔⑨　　　　　　　　　〕締結
- 〔⑩　　　　　　　　〕（1882年）
  - …軍隊の西洋化をすすめる閔妃政権に対する兵士たちの反乱
- 〔⑪　　　　　　　　〕（1884年）
  - …清からの独立をめざし，〔⑫　　　　　　　　〕らがおこしたクーデタ
  - →この2つの事件を通して日清は一触即発の状態
  - →〔⑬　　　　　　　　〕を締結し，日清両軍は朝鮮から撤退

ポイント

〔⑦〕は真霊君という宗教家を信奉し，宗教儀式などに熱中し多額の国費を出費していた。〔⑩〕の結果，政敵の大院君が清によって天津に幽閉されると，〔⑦〕は親日から次第に清にたよる事大主義にかわった。

国境と領土

- 蝦夷地…北海道と改称，開発などを担当する〔⑭　　　　　　　　〕設置
- ロシアと〔⑮　　　　　　　　　　　〕締結（1875年）
- 〔⑯　　　　　　〕諸島の領有宣言（1876年）
- 琉球王国→琉球藩とされる（1872年）
- 〔⑰　　　　　　　　〕…台湾での琉球民殺害事件を機に日本は台湾へ軍隊派遣
  - →1879年，琉球藩と王府を廃止して沖縄県設置（〔⑱　　　　　　　　〕）
  - しかし，琉球をめぐる日清の対立は続く

ポイント

琉球は沖縄県となったが，旧慣温存策がとられ旧来の人頭税など古い慣習などは残された。また，衆議院議員選挙の選挙法も1912年まで沖縄には適用されなかった（北海道に適用されたのは1903年）。

Check ▶ 東南アジアに関する岩倉使節団の記録を読み，以下の問いに答えよう。

> …ヨーロッパ人による大航海が始まって以来，熱帯の弱い国々はみな欧州諸国が争って食うところとなり，植民地の豊かな物産が欧州本国に送られるようなった。はじめは〔　ア　〕，ポルトガル，およびオランダの三国がまず専ら利益を上げたが，原住民への対応は暴慢残酷で，収奪が苛烈だったため，反乱も頻発し，…〔　イ　〕人はその轍を踏まないようにしようと，植民地に対して寛容を旨とし，まず教育を普及させて懐柔することによって，今日の隆盛を達成した。（中略）
> いま，日本人は西洋人の手で導かれて海外に出るいとぐちを開かれ，争って欧州に行くが，その視野から南洋は脱落してしまっている。…欧州への道筋のまだ半ばの地域に，非常に多くの潜在的な利益が転がっているということについて，日本人はとりわけ無知である。…象牙や籐は安南（現ベトナム）でできる。そのように手近な国にかえってゆたかな産物があるのだ。

1　資料の空欄**ア・イ**に入る国についての説明として正しいものをそれぞれ選ぼう。

A アメリカ大陸で産出した銀をマニラに運び，中国の絹や陶磁器と交換し，莫大な利益を上げた。

B 交易活動がもたらす利益に注目し，地租にかえて関税や消費税を徴税の中心に位置づけた。

C 東インド会社を設立し，香辛料・香料貿易で莫大な利益を上げ，首都アムステルダムが世界経済の中心となった。

D 日本の種子島に鉄砲を伝え，その後も宣教師が中心となりキリスト教の布教をおこなった。

〔ア　　　〕〔イ　　　〕

2　下線部について，日本の「潜在的な利益」につながる産物（商品の原料）としてふさわしいものを，次の**a〜d**から一つ選ぼう。　　　　　　　　　　　　　　　　　　　　　　　〔　　　〕

a コーヒー豆　　**b** 茶　　**c** 綿花　　**d** 羊毛

Exercise　　明治政府が近隣諸国とむすんだ条約について述べた次の文のうち，内容が正しいものの組合せを①〜④から一つ選ぼう。　　　　　　　　　　　　　　　　　　　　　　　　　　　〔　　　〕

a 日清修好条規は日本が清国より優位に立つ不平等条約だった。

b 日朝修好条規によって朝鮮は清の宗主権を否定した。

c 天津条約によって清国は日本の琉球領有を認めた。

d 樺太・千島交換条約によって千島列島は日本領となった。

①　a・b　　②　a・c　　③　b・c　　④　b・d

Try　沖縄やアイヌの人々にとって，日本の国境画定はどのような意味をもっていたのだろうか。

24 自由民権運動の高まり

教科書 p.88〜89

ポイント

征韓派参議であった板垣退助らは政府を去った後，愛国公党を結成し，〔①〕を政府(太政官の左院)に提出した。建白書の署名者は8名で，板垣退助のほかに副島種臣，後藤象二郎，江藤新平らがいた。江藤新平は，士族反乱(佐賀の乱)の首謀者として処刑された。なお，〔①〕はイギリス人のブラックが創刊した『日新真事誌』に掲載された。

ポイント

〔④〕・〔⑧〕は，言論統制法で，〔④〕は政府の破壊や国家の転覆などを説く論説を掲載する新聞を取り締まるものであったが，雑誌も対象であった。〔⑧〕は政治結社や集会の届け出制，警察に集会の解散権を与えた。

ポイント

大隈重信が下野した後，松方正義が大蔵卿として財政政策を主導した。軍事費を除く歳出を削減する一方で増税を実施した。デフレが発生し，農作物価格が下落したものの，地価は変わらなかったため，定額地租金納を課せられた地主の負担が大きく，土地を売却し小作に転じる者がうまれた。

ポイント

世界で発生した「大不況」の影響により，フランス向け生糸を生産していた秩父地方は大打撃を受けた。

士族の反乱と自由民権運動　　**高まる自由民権運動**

●**士族反乱の限界**

明治六年の政変(1873年)　　征韓派参議が政府を去る

| 言論による政府への対抗 | 武力による政府への対抗 |

〔①　　　　　　　　　　〕
が政府に提出される
〔②　　　　　　　〕が土佐で結成
〔③　　　　　　　〕が大阪で結成　　〔④　　　　　　　　〕・讒謗律で対抗
　　　　　　　　　　　　　　　　　　漸次立憲政体樹立の詔
　　　　　　　　　　　　　　　　　　廃刀令・〔⑤　　　　　　　〕

天賦人権思想にもとづく

| 憲法と国会を設けて立憲国家の樹立を試みる**自由民権運動** |

〔⑥　　　　　　　　〕がおこる
政府軍に鎮圧される

国会の開設をめぐる対立

〔⑦　　　　　　　　　　〕(1880年)◀━〔⑧　　　　　　　〕で対抗
　　　　　　　　　　　　　　　　国会開設をめぐる政府内部での対立
　　　　　　　　　　　　　　　　早期開設を主張：大隈重信
　　　　　　　　　　　　　　　　時期尚早として反対：伊藤博文
　　　　　　　　　　　　　　〔⑨　　　　　　　　　　〕(1881年)
　　　　　　　　　　　　　　大隈重信を罷免
　　　　　　　　　　　　　　10年後の国会開設を約束(**明治十四年の政変**)
政党の結成
〔⑩　　　　　　　〕(党首：板垣退助)…フランス流の急進的な自由主義
〔⑪　　　　　　　〕(党首：大隈重信)…イギリス流の漸進的な立憲主義

運動のゆく末と民衆

政府のすすめるデフレ政策(〔⑫　　　　　　　〕)
　　生糸価格の下落により現金収入を減らした農民が困窮する
　　相次ぐ**激化事件**
　　　福島事件 ⇒ 群馬事件 ⇒ 加波山事件 ⇒ **秩父事件**など
〔⑬　　　　　　　〕…朝鮮への内政干渉と日本の専制政府の打倒をはかる

Check❶▶ 下の絵では，手前に立っている女性の心の内が，うしろの円のなかに写しだされている。手前に立っている女性のセリフとしてふさわしいものを二つ選ぼう。

ア　女性は，男性のように働くことができないので，作家になるために人気作家の講演会に参加して話を聞いてみたい。

イ　いつの日か女性も政治に参加する日が訪れると思われるので，その日に備えて，政治に関する勉学に励みたい。

ウ　西洋化は日本になじまないので，傘や靴などの日用品は多少不便であってもやはり日本古来のものを利用した方がよい。

エ　実用的なものであれば，日本・西洋の物を問わずに積極的に利用した方がよい。

〔　　　　　　　〕

Check❷▶ 天賦人権思想は，アメリカの独立宣言（→教科書p.47）やフランスの人権宣言（→教科書p.48）ではどのように表現されているのだろうか。空欄に入る語句を答えよう。

【アメリカ独立宣言】
　われわれは，以下の原理は自明のことと考える。まず，人間はすべて〔①　　　　　　　〕に創造されており，創造主から〔②　　　　　　　〕の諸権利をあたえられており，それらのなかには，〔③　　　　　〕，〔④　　　　　　〕，〔⑤　　　　　　　〕の権利がある。(後略)

【フランス人権宣言】
第1条　人間は〔⑥　　　　　〕で権利において〔⑦　　　　　　〕なものとして生まれ，かつ生きつづける。(後略)

第2条　あらゆる政治的結合の目的は，人間の持つ絶対に取り消し不可能な〔⑧　　　　　〕を保全することにある。これらの権利とは，〔⑨　　　　　〕，〔⑩　　　　　　〕，〔⑪　　　　　〕，および〔⑫　　　　　〕への抵抗である。

第3条　すべての〔⑬　　　　　〕の根源は，本質的に〔⑭　　　　　　〕のうちに存する。

Try　民権派の人々は，なぜ困民党などの要求を「自己中心的」とみなしたのだろうか。教科書p.91の記述も参考にして，困民党の主張と民権派の主張の相違点をもとに考えてみよう。

25 立憲国家の成立

憲法制定の準備

●民権派と政府の動き

民権派	政府
1881年前後に**私擬憲法**を作成 ・〔①　　　　　〕 　幅広い人権規定をもつ ・東洋大日本国国憲按 　〔②　　　　　〕が提唱 　革命権や抵抗権を認める	伊藤博文が憲法調査のために渡欧 ・グナイスト・シュタインに学ぶ ・〔③　　　　〕が強いプロイ 　セン憲法を学ぶ

ポイント
〔①〕は千葉卓三郎ら民間の青年たちが勉強会を重ねて作成したものである。

ノルマントン号事件（86年）
三大事件建白運動　保安条例（87年）

帰国後，憲法草案作成へ
井上毅・伊東巳代治
〔④　　　　　〕の助言
1884年　〔⑤　　　　　〕を制定
1885年　**内閣制度を創設**

憲法草案を新設の〔⑥　　　　〕で審議
大日本帝国憲法として1889年2月11日発布
〔⑦　　　　　〕，民法も制定

ポイント
内閣制度が創設され，初代総理大臣に伊藤博文が就任した。〔⑥〕が新設されると伊藤は議長となり，総理大臣の座を黒田清隆に譲った。大日本帝国憲法が発布された際，黒田首相は明治天皇から憲法を受けとった。

憲法と諸法典の成立

●大日本帝国憲法の特徴

・天皇の名によって制定（〔⑧　　　　　　〕）
・天皇は〔⑨　　　　　〕で，統治権の総攬者と規定
・天皇がもつ大きな権限（〔⑩　　　　　　〕）
　宣戦・講和・条約締結などの外交権
　陸海軍の指揮・命令などの〔⑪　　　　　〕
　緊急勅令の発布
・兵役や納税の義務を負った国民（〔⑫　　　　　〕とよばれる）の権利は限定的
　⇒第29条を参照（法律ノ範囲内ニ於テ…）

・プロイセン憲法の影響を色濃く受ける
・ミドハト憲法につぐアジアで2番目の憲法
・〔③〕の強い立憲君主制にもとづく立憲国家
・地方自治の明確な規定はなし
・天皇をもとに国民の一体化を試みる（**軍人勅諭**，〔⑬　　　　　〕）

ポイント
大日本帝国憲法では，三権が分立していたが，天皇のもとに独立しており，現行憲法とは異なり抑制と均衡は不十分であった。また，天皇が軍を指揮・命令する〔⑪〕は軍令機関（陸軍の参謀本部，海軍の海軍軍令部）が輔弼（代行）すると理解されていた。〔⑫〕の権利は限定的で，第29条にみられるように法律の範囲内で認められ，これを「法律の留保」とよぶ。

ポイント
〔⑬〕は学校に頒布され，奉読式がおこなわれた。1891年，第一高等中学校の奉読式で拝礼をおこなわなかった教員の内村鑑三は教壇を追われることになった。これを内村鑑三不敬事件とよぶ。なお，〔⑬〕は1948年の衆参両院で失効の決議がおこなわれた。

帝国議会の開設と初期議会

●予算をめぐる政府と議会（衆議院）の対立

帝国議会	衆議院	選挙によって国民から選出される	民党 吏党
	貴族院	華族から選出される	

予算を巡り**藩閥政府**と激突，解散➡第2回選挙で〔⑭　　　　　〕も民党勝利

Check❶▶ 右の絵は，雑誌（『頓智協会雑誌』）に掲載されたものである。以下の問いに答えよう。

1 この絵が掲載された雑誌が発行された時期としてふさわしいものを選ぼう。　　　　　　　　　　　　　　　　〔　　　〕

 W　伊藤博文が憲法調査のためにヨーロッパに渡る

 X　華族令が出される

 Y　内閣制度が創設される

 Z　第1回帝国議会が開催される

 ア　Wより前　　　　**イ**　WとXの間　　　**ウ**　XとYの間
 エ　YとZの間　　　**オ**　Zより後

2 作者は，ある出来事に対するパロディーとして，笑いを誘おうとして描いたと考えられる。絵に描かれている物事は，それぞれ何を描いたものと考えられるか。以下の空欄に入る語句を答えよう。

 ①　骸骨…〔　　　　　　　　〕

 ②　骸骨が右手に持ち手渡している文書…〔　　　　　　　　　　〕

 ③　骸骨の文書を両手で受け取っている人物…〔　　　　　　　　〕

3 この絵が掲載された雑誌は発行停止処分となり，終刊となった。発行停止処分の根拠となった法律を次の**ア〜エ**から一つ選ぼう。　　　　　　　　　　　　　　〔　　　〕

 ア　保安条例　　　**イ**　集会条例　　　**ウ**　新聞紙条例　　　**エ**　讒謗律

Check❷▶ 大日本帝国憲法とミドハト憲法（→教科書p.68）を比較して，①国家元首，②議会，③人民の権利に注目して，日本とオスマン帝国の政治体制に関係する共通点を説明してみよう。

 ①

 ②

 ③

Try　大日本帝国憲法にある「強い君主権」と，現行の日本国憲法の三権分立を比べてみよう。

議場が語る立憲制

① かつてイギリス首相を務めたウィンストン=チャーチルは，イギリス議会の建て替えの際，次のように述べた。「われわれは建物をつくるが，できあがると今度は建物がわれわれの行動様式を形づくる」。ここにあらわされているように，議場の形は，その国の議会制度と密接に関係している。日本が国会を創設した際に参考としたイギリスやドイツの議会制度や政治制度と比較して，日本の議会，政治を考えていこう。

STEP①

1 教科書p.94の資料1と資料2をみて，建物（議場）の内装，議員の性別や服装，議員たちがどのように座っているかを表にしてみよう。その際，教科書p.54やp.93も参照してみよう。

	議場の内装	議員の様子・男女比	座り方
イギリス	①	②	左右に対面
日本	③	④	⑤

2 資料1のイギリスと，資料2の日本を比べて，似ているところ，ちがっているところを探してみよう。

STEP②

1 次の文章の空欄に入る語句を答えよう。

　　資料3に示されていることは，内閣（行政府）は，〔①　　　　　〕により選ばれ，〔①〕に対して責任をもつことと同義であると考えられる。イギリスで発展したこのような仕組みは，〔②　　　　　〕とよばれる。

2 資料3を書いた大隈重信は，どのような国会のあり方をめざすべきだと主張しているのだろうか。

STEP③

教科書p.54にあるように，イギリスでは二大政党による政治がおこなわれており，国会は，資料1のように与野党が左右に分かれて論戦をおこなっていた。資料2の日本の国会想像図，そして資料3の「国会についての意見書」から，当時の人々がどのような国会の姿を求めていたか，考えてみよう。その際，教科書p.93も参考にしてみよう。

② 教科書p.95の資料1〜4をみて，ドイツと日本の帝国議会の様子から，日本がどのような政治をめざしていたか考えてみよう。

STEP 1

1 次の文章の空欄に入る語句を答えよう。

　　アの人物に対して，人々は右手を挙げて賛同を示す，もしくは〔①　　　　　〕をしているようにみえる。**ア**の人物の周囲には衛兵らしき人も描かれている。**イ**の人物の座っている場所は，議員たちに対して最も奥まった〔②　　　　〕い場所である。

2 資料1の**ア**と資料3の**イ**は，だれだろうか。　　　　　　　〔**ア**　　　　　　　〕〔**イ**　　　　　　〕

STEP 2　資料2・3・4を比べて，似ているところを探してみよう。

〔　　〕

STEP 3

1 19世紀末ごろのイギリス・ドイツ・日本の政治制度，政策決定について，以下の表をまとめてみよう。

	上院の選任	下院の選任	首相の選任	君主権
英	任命制	男性制限選挙による	①	弱い
独	任命制	②	③	④
日	任命制	⑤	⑥	⑦

2 **①**の資料2のような議会も検討していた日本が，**②**の資料3・4のような議会をつくったのはなぜだろうか。考えてみよう。

〔　　〕

Try

1 **①**の資料2のような議会と**②**の資料3・4のような議会には，それぞれどのようなメリットとデメリットがあるだろうか。考えてみよう。

〔　　〕

2 **②**の資料3の議場2階席の左端に，女性の姿がみえる。この女性たちは，議論に参加しているのだろうか。議会の議論に女性が参加していないとしたら，それはなぜだろうか。考えてみよう。

〔　　〕

1 次の文を読んで，下の問1〜問10に答えよう。

　18世紀末から19世紀なかば，①欧米諸国はたがいにしのぎを削りながら，自国の権益を確保するべくアジアの各地へと進出した。アジア諸国は，②欧米諸国に対抗する戦いにやぶれ，あるいは戦いのなかで経済力や軍事力を大きく損なったことで，③欧米諸国の植民地や経済圏に組みこまれていった。東アジアでは，冊封体制の中心に位置し続けてきた清が，④アヘン戦争・アロー戦争にあいついでやぶれるなか，⑤朝鮮は清との関係維持をはかった。これに対して，⑥日本は欧米諸国と和親・通商条約を締結し，欧米を中心とした国際秩序に足をふみいれた。

　一方，日本の国内では，政治・経済への不信感が⑦倒幕運動の引き金となり，⑧明治維新という政治・社会変革が生じた。新たに政権をにぎった明治政府は，⑨漸進的な政治・社会体制の近代化，国民国家の形成をはかり，⑩憲法発布と国会開設によって立憲制を成立させた。

問1　下線部①に関連して，ヨーロッパ諸国の係争地となったオスマン帝国が，1839年に着手した近代化改革を何というか。　〔　　　　　〕

問2　下線部②について，インド大反乱の鎮圧後に成立したインド帝国の初代皇帝とはだれか。　〔　　　　　〕

問3　下線部③について，東南アジア諸国と植民地化した欧米諸国の組合せとして誤っているものを，次のa〜dより一つ選ぼう。
　　　a　インドネシア―オランダ　　b　ベトナム―フランス
　　　c　フィリピン―スペイン　　　d　タイ―イギリス　　　〔　　　　　〕

問4　下線部④の戦争について述べた次の文中の〔　ア　〕〜〔　カ　〕に入る語句を答えよう。
　　　アヘン戦争ののち，1842年に結ばれた〔　ア　〕条約で，清はイギリスに〔　イ　〕島を割譲し，上海など5港を開いた。またアロー戦争に際して清は，イギリス・フランスと1858年に〔　ウ　〕条約，1860年には〔　エ　〕条約をむすび，〔　オ　〕の北京常駐などを認め，イギリスに〔　カ　〕南部を割譲した。
　　　〔ア　　　　　〕〔イ　　　　　〕〔ウ　　　　　〕〔エ　　　　　〕〔オ　　　　　〕〔カ　　　　　〕

問5　下線部⑤で，清との関係を維持しようとした高宗の父で，摂政でもあったのはだれか。
　　　　　　　　　　　　　　　　　　　　　　　　　　　　　　　　〔　　　　　〕

問6　下線部⑥に関連して，日米修好通商条約をむすんだ大老はだれか。また，この人物が殺害された事件を何というか。　大老〔　　　　　〕　事件〔　　　　　〕

問7　下線部⑦に関連して，この運動の過程でおこった次のa〜dの出来事を，年代の古いものから順に並べかえよう。
　　　a　薩英戦争　　b　薩長同盟の成立　　c　八月十八日の政変　　d　大政奉還
　　　　　　　　　　　　〔　　　　　〕→〔　　　　　〕→〔　　　　　〕→〔　　　　　〕

問8　下線部⑧に関連して，明治政府が行った次の(1)〜(4)の政策の名称を，それぞれ漢字4字で答えよう。
　　(1)　身分制を廃止し，華族，士族，平民に再編成した。　〔　　　　　〕
　　(2)　土地と人民を政府に返上させる一方，知藩事として藩主の地位を保証した。　〔　　　　　〕
　　(3)　土地の所有者を画定させ，地価の3％を税として現金で納めさせた。　〔　　　　　〕
　　(4)　261あった藩を3府72県に再編成し，府県の長を政府が任命した。　〔　　　　　〕

問9 下線部⑨に関連して,「富国強兵」について述べた次の文中〔 ア 〕~〔 オ 〕に入る語句を答えよう。

　　軍事力の強化をめざす明治政府は,1872年の〔 ア 〕と翌年の徴兵令で徴兵制度を定めたが,これに反対する〔 イ 〕一揆も各地でおこった。また政府は,近代産業を育成する〔 ウ 〕政策を展開し,1872年には生糸のモデル工場として群馬県に〔 エ 〕が設けられた。また1872年には〔 オ 〕条例により,兌換銀行券の発行が認められた。

〔ア　　　　　　　　　〕〔イ　　　　　〕〔ウ　　　　　　〕〔エ　　　　　　　　　〕〔オ　　　　　　　〕

問10 下線部⑩に関連して,次の(1)(2)に答えよう。

(1) 1874年に板垣退助らが議会の開設を求めて政府に提出した建白書を何というか。

〔　　　　　　　　　　〕

(2) 憲法を審議するために設けられ,大日本帝国憲法で天皇の最高諮問機関と規定された組織を何というか。　　　　　　　　　　〔　　　　　　〕

2 次のA・Bの資料をみて,下の問1・問2に答えよう。

A

B

問1 二つの資料について述べた次のa・bの正誤の組合せとして正しいものを,①~④から選ぼう。
　　a　A・Bともに和装の人と洋装の人が描かれている。
　　b　描かれている交通機関に注目すると,AはBよりも先に描かれたと考えられる。
　　　　① a正 b正　　② a正 b誤　　③ a誤 b正　　④ a誤 b誤　　〔　　　　〕

問2 Bに描かれた化け物はコレラを示しているが,この化け物は「支那へ行こう」と言っている。この背景にあると考えられる,日本が朝鮮に押しつけた不平等条約を何というか。　〔　　　　　　〕

3 19世紀の欧米諸国の進出に対してインド,中国,日本でみられた対応について,次の語句を用いてまとめてみよう。　【 インド帝国　　太平天国の乱　　明治維新 】

26 帝国主義と世界分割

むすびつく国家と企業

20世紀初め，電信が世界中をむすび，〔①　　　　　〕運河の開通で大西洋と太平洋が連結

〔②　　　　　　〕**革命**

電気・石油を動力源に鉄鋼・機械・化学産業が成長

アメリカ，ドイツが国家主導で重工業振興

↓

欧米諸国で〔③　　　　　〕の形成

1870年代からの不況下，企業の集中・独占が進行

→大銀行と結び〔③〕が国策を左右

→国外に資源と市場，資本の投下先を求める

↓

アフリカ・太平洋地域での植民地獲得へ＝〔④　　　　〕**主義の時代**

アフリカの分割

〔⑤　　　　　　　　　　　〕，**スタンリー**らの探検

↓

〔⑥　　　　　　〕**会議**（1884〜85年）
- ベルギー王のコンゴ領有をめぐって開催
- 「アフリカの土地〔⑦　　　　　〕権」を承認

分割競争の激化　↓

《イギリス》　ケープ植民地から北進→〔⑧　　　　　〕**（ブール）戦争**に勝利，〔⑧〕連邦成立
エジプトから南進→スーダンでの抵抗：〔⑨　　　　　〕の反乱

《フランス》　アルジェリアから東進→エジプトから南下したイギリスと衝突：〔⑩　　　　　〕**事件**（1898年）→ドイツ皇帝〔⑪　　　　　〕の進出策に対抗し〔⑫　　　　　〕（1904年）成立

⇒20世紀初頭までに〔⑬　　　　　〕と〔⑭　　　　　〕を除くアフリカ大陸全域を列強が分割

太平洋の分割

《イギリス》　19世紀　オーストラリア：先住民〔⑮　　　　　〕を圧迫
ニュージーランド：先住民〔⑯　　　　　〕の抵抗を制圧

《アメリカ》　ハワイ併合（1898年）
アメリカ＝スペイン戦争→〔⑰　　　　　〕を事実上の保護領とし，フィリピン・グアム・プエルトリコを獲得

《　日　本　》　日清戦争・日露戦争を経て太平洋地域への進出に参入

ポイント
アフリカ分割をめぐる〔⑥〕会議はドイツのビスマルクが主宰した。

ポイント
イギリスのエジプト支配（1882年）もアフリカ分割のきっかけとなった。

ポイント
この後，アメリカは〔①〕運河の開通（1914年）で太平洋地域への影響力を強めていった。

Check❶▶ 右の風刺画は何をあらわしているの
だろうか。以下の問いに答えよう。

1 後ろの傍聴席を占めている人々は何をあら
わしているのだろうか。〔　　　　　　〕

2 後ろの巨体の人々に対して議員が小さく描
かれ，傍聴席の上のプレートには「独占の
独占による独占のための上院」と書かれて
いる。このことから，この風刺画が何をあ
らわしているのか説明してみよう。

〔

〕

Check❷▶ 下の絵の人物が電信線をむすぼうとしているアフリカの都市はどこだろうか。次の文章の
空欄に入る語句を答えよう。

　この絵の人物はケープ植民地の首相〔①　　　　　　　　〕で，彼が
電信線でむすぼうとしている都市は，左足をおいている〔②　　　　　　〕
と右足をおく〔③　　　　　　　　〕である。これはアフリカを縦断する
イギリスの植民地政策を示している。また，銃を背にしている姿は
〔④　　　　　〕主義期の武力侵略を暗示している。彼の退任後，イギリス
は〔⑤　　　　〕とダイヤモンドの支配をめぐる〔⑥　　　　　　　〕戦争に
勝利し，オランダ系移民の子孫ブール人のたてた国を併せ，南アフリカ連
邦を成立させた。

Check❸▶ 列強によるアフリカ分割を示した右の地図をみて，
以下の問いに答えよう。

1 イギリスとフランスの進出方向を，それぞれ青と赤でた
どってみよう。

2 地図上のaでおきた事件は何か，答えよう。

〔　　　　　　　　　　　〕

3 20世紀はじめに独立を維持した国を赤で囲もう。

Try 列強によるアフリカ・太平洋地域の分割に対し，どのような抵抗運動がおきたのだろうか。イギ
リスの進出に対してアフリカとニュージーランドでおきた抵抗の動きを説明してみよう。

〔

〕

27 帝国主義期の欧米社会

教科書 p.100〜101

第2次産業革命下の生活と社会

第2次産業革命

↓

| 事務職（〔①　　　　　　　　　　　　〕）の創出
国家機能の拡大により官僚・兵士の増加 | → | ・都市のデパートへ
・新聞・雑誌の発行
　部数増加 |

階層の分化

社会の中心が農村から都市へ移る
→都市人口の急増で都市問題深刻化
→過酷な労働環境，感染症の蔓延，劣悪な住環境

↓

各国で社会主義政党結成→〔②　　　　　　　　　　　　　〕創設（1889年）

世界的な人口移動
・カリブ海地域・南米で奴隷制廃止→〔③　　　　　〕（インド・中国からの移民）が低賃金・過酷な労働に従事
・インドからアフリカへの移民
・東南アジアでの〔④　　　　　　〕増加
・日本から南北アメリカへの移民→移民排斥の動きも生じる

ポイント
〔②〕はドイツ社会民主党が主導し，日本も加盟した。帝国主義戦争に反対したが，第一次世界大戦で加盟政党が自国の戦争を支持し，事実上崩壊した。

国民統合の試み

●国家間競争の激化する帝国主義期…国家としてのまとまりが必要
・都市問題や移民流入による国内の不満を抑制
→社会福祉政策，参政権の拡大，労働組合合法化
・学校教育，兵役→〔⑤　　　　　　　　〕の浸透

弱者への優越感と不安

●帝国主義期の世界進出→人種・民族への差別意識
《弱者，多民族への優越感》
・〔⑥　　　　　　　　　〕の『種の起源』が示した〔⑦　　　　　〕論
→人間社会に流用した〔⑧　　　　　　　〕論
→非欧米民族・人種の支配を正当化
・ユダヤ人に対する人種差別意識（〔⑨　　　　　　　　〕主義）のひろがり
《人種，民族への優越感の揺らぎ》
・イギリス，南アフリカ戦争で苦戦
・日清戦争→アジア人への不安から〔⑩　　　　　〕論がひろがる
・労働者や移民の出生率の高さへの不安

ポイント
1880年代前半，ロシアではユダヤ人に対するポグロム（組織的虐殺）がおこった。

Check❶▶ 人の移動を示した右の地図をみて，次の文章の空欄に入る語句を答えよう。

19世紀後半，人口の急増と労働力需要の高まりから世界的な人口移動がおこった。カリブ海地域や南米では〔①　　　　　　〕や中国から〔②　　　　　　〕に代わる労働力として移民が流入した。東南アジアでは〔①〕人移民のほか〔③　　　　　　〕が増加した。日本からも農村の困窮から〔④　　　　　　〕や〔⑤　　　　　　〕へ，さらに植民地とした台湾や朝鮮にも移民が渡った。

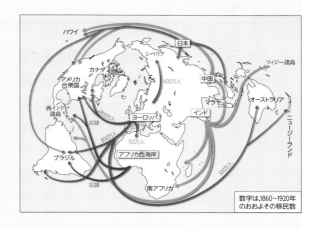

数字は，1860～1920年のおおよその移民数

Exercise　第2次産業革命によって，人々の生活・社会はどう変わっただろうか。以下の問いに答えよう。

1　教科書p.100**3**の図版のようなデパートで買い物を楽しんだのは，どのような人々だったろうか。

〔　　　　　　　　　　　　　　　　　　　　　　　　　　　　　　　　〕

2　労働運動の高まりや都市問題に対する人々の不満をおさえるため，欧米諸国の政府はどのような政策を実施したのだろうか。

〔　　　　　　　　　　　　　　　　　　　　　　　　　　　　　　　　〕

3　2のような政策，また学校教育や兵役を通じて政府が目的としたことは何だろうか。

〔　　　　　　　　　　　　　　　　　　　　　　　　　　　　　　　　〕

Check❷▶ 右の風刺画は，大天使ミカエルが東方からせまる脅威に対し，ヨーロッパ諸国を暗示する女神たちに戦いをよびかける姿を描いている。東方からの脅威とは何を意味しているのだろうか。また，この風刺画はどのような考えをあらわしているのだろうか，説明してみよう。

Try　帝国主義期に他民族への迫害や支配がおこなわれた背景にはどのような考え方があったのだろうか。次の語句を用いて説明してみよう。【　ダーウィン　　社会進化論　】

28 条約改正

教科書 p.102～103

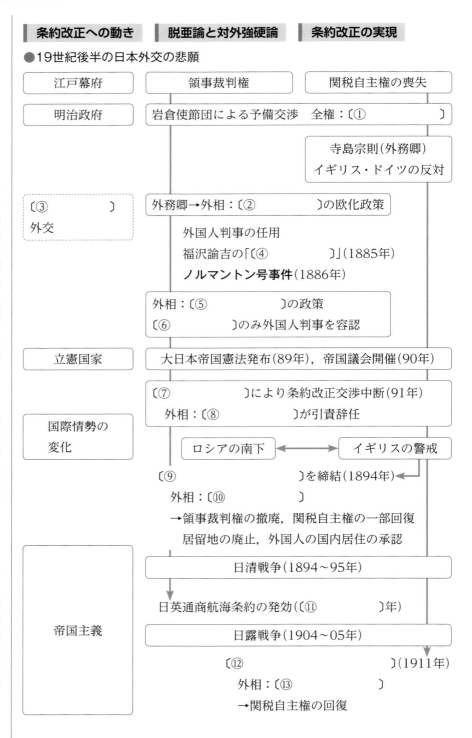

| 条約改正への動き | 脱亜論と対外強硬論 | 条約改正の実現 |

●19世紀後半の日本外交の悲願

| 江戸幕府 | 領事裁判権 | 関税自主権の喪失 |
| 明治政府 | 岩倉使節団による予備交渉　全権：〔①　　　　　〕 | |

寺島宗則(外務卿)
イギリス・ドイツの反対

〔③　　　　　〕
外交

外務卿→外相：〔②　　　　　　〕の欧化政策

外国人判事の任用
福沢諭吉の「〔④　　　　　　〕」(1885年)
ノルマントン号事件(1886年)

外相：〔⑤　　　　　　〕の政策
〔⑥　　　　　　〕のみ外国人判事を容認

| 立憲国家 | 大日本帝国憲法発布(89年)，帝国議会開催(90年) |

〔⑦　　　　　　〕により条約改正交渉中断(91年)
　外相：〔⑧　　　　　　〕が引責辞任

国際情勢の
変化

ロシアの南下 ⟷ イギリスの警戒

〔⑨　　　　　　　　　　〕を締結(1894年)
　外相：〔⑩　　　　　〕
→領事裁判権の撤廃，関税自主権の一部回復
　居留地の廃止，外国人の国内居住の承認

| | 日清戦争(1894～95年) |

日英通商航海条約の発効(〔⑪　　　　〕年)

| | 日露戦争(1904～05年) |

帝国主義

〔⑫　　　　　　　　　〕(1911年)
　外相：〔⑬　　　　　　〕
→関税自主権の回復

Check ▶ 下の絵についての会話を読んで，空欄に入る語句を答えよう。

生徒A：この絵は，〔①　　　　　　〕が描いたものですね。絵の下にフランス語で「社交界に出入りする紳士淑女」と書かれています。いつ描かれたものかな？

生徒B：明治20(1887)年に刊行された『トバエ』という雑誌に掲載されているそうなので，その近辺でしょうね。

生徒A：そのころの日本は，〔②　　　　　　〕で舞踏会が開催されていたことが知られていますね。この絵の左には「名磨行」と書かれています。「なまいき」と読み，粋でないという意味らしいです。

生徒B：内面は〔③　　　　　〕であるにもかかわらず，外面だけ西洋化している様を皮肉っていると考えるのが妥当ですね。

Exercise①　条約改正に関する政策を述べた下のカード①〜④について，それぞれの政策に関わりが深い責任者(外務大臣)を答えよう。また，年代の古いものから順に並べかえよう。〔　　　→　　　→　　　→　　　〕

① 欧米と対等な文明国と認識されるために，極端な欧化政策をとった。

② 日英通商航海条約が調印され，領事裁判権が撤廃されることになった。

③ 改正日米通商航海条約が調印され，関税自主権を完全に回復した。

④ 大審院に限って外国人判事の任用を容認したが，問題化した。

〔　　　　　〕　〔　　　　　〕　〔　　　　　〕　〔　　　　　〕

Exercise②　条約改正が実現した背景について，対外的な側面と国内的な側面からそれぞれ説明しよう。

Try　欧米と対等になろうとする要求は，隣国である中国や朝鮮に対してはどのような形であらわれたのだろうか。

29 日清戦争

日清戦争

背景	• 朝鮮の開国，開港をめぐる日本と清の主導権争い 　→19世紀末には朝鮮の内政や外交への干渉を含むものとなる • 民衆宗教の〔①　　　　　〕を信仰する農民が，日本の侵略阻止をか 　かげて武装蜂起（〔②　　　　　　　　〕） • 朝鮮政府が清に軍隊の派遣を要請 • 日本も朝鮮に派兵し，朝鮮王宮を襲撃し，開化派の新政権を樹立
経過	• 日清双方が宣戦布告→〔③　　　　　　　〕がはじまる 　　豊島沖海戦，黄海海戦 　　旅順・威海衛の占領
結果	• 1895年4月，〔④　　　　　　　　〕をむすぶ 　…清の〔⑤　　　　　〕と日本の伊藤博文・〔⑥　　　　　　　〕との 　　間でむすぶ

開化派の新政権には，国王の父，大院君を擁立した。

●下関条約

• 〔⑦　　　　　〕の独立承認／〔⑧　　　　　　　〕・〔⑨　　　　　〕・澎湖諸島の日本への割譲／賠償金2億両（清の〔⑩　　　〕年分の歳入に相当）の支払い，など
• 〔⑨〕では，〔⑨〕民主国を樹立して日本の支配に激しく抵抗（〔⑨〕征服戦争）

賠償金の一部で，日本は金と紙幣の兌換を可能とする金本位制（→教p.108）を確立した。1円は金0.75gと設定された（貨幣法）。

三国干渉と加速する中国侵略

• ロシアが日本の中国東北部進出を警戒→ドイツ・フランスとともに〔⑧〕の清への返還を求める（〔⑪　　　　　　　〕）
• 清の日本への賠償金の資金調達…租借地・鉄道敷設権などの利権を提供
【〔③〕と〔④〕の結果】冊封体制の崩壊，列強による**中国分割**の加速

国民の形成

●初の政党内閣

• 藩閥政府の軍備拡張に対抗するべく〔⑫　　　　　　〕が組織される
　→日本初の〔⑬　　　　　　　〕の誕生（大隈首相，板垣内相）
• 藩閥政府による対抗策：**治安警察法**，〔⑭　　　　　　　　　　　　〕を制定

〔⑭〕により，軍部大臣を辞任させ，軍部が後任大臣を推薦しないことで，軍部に非協力的な内閣を倒すことが可能となった。1913年に現役規定が削除されたが，1936年の二・二六事件の後に現役規定が復活した。

●文明国としての意識

• 戦地あるいは国内で一人一人が主体的に担う感覚を芽生えさせる
• 清に対する勝利は，〔⑮　　　　　　　　〕に対する勝利として理解
　→列強による中国分割を目にしてアジアに対する優越意識を抱く

Check ▶ 日清戦争の展開について，右の地図をみ
ながら次の文章の空欄に入る語句を答えよう。

- 出撃の拠点が〔①　　　　〕で〔②　　　　〕を経由
  して朝鮮半島に出兵している。
- 朝鮮半島を北上し，首都である〔③　　　　〕・平
  壌を経て中国領内に進軍している。
- 〔④　　　　〕，続いて〔⑤　　　　〕と二度にわ
  たって海戦がおこなわれている。
- 旅順を拠点に大連方面と山東半島の威海衛，
  〔⑥　　　　〕へ進軍している。
- 〔⑥〕には，〔①〕から佐世保・沖縄を経て進軍して
  いる。
- 下関条約が結ばれた後，〔⑥〕では〔⑥〕民主国が樹
  立され，日本の支配に対抗した。

Exercise 政党の変遷について，以下の問いに答えよう。

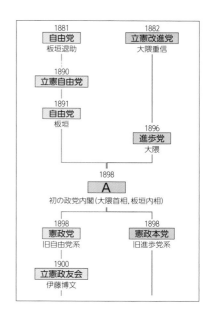

1 右図の空欄**A**にあてはまる政党名を答えよう。

〔　　　　　　　〕

2 1の政党は，当時の政府の政策に対抗するために結成された。
　この政策を簡潔に答えよう。

〔　　　　　　　〕

3 なぜ，新たに結成された政党は**2**に対抗する必要があったのだ
　ろうか。議会政治の観点から簡潔に答えよう。

〔　　　　　　　　　　　　　　　　　　　　　　　　　　〕

Try 自分たちを「文明国の国民」であると人々が自覚するにあたって，教育はどのような役割を果たし
　たのだろうか。教科書p.105のClose Up「日本の教育制度の変遷と就学率」と次の語句をもとに考
　えてみよう。【　就学率　　新聞　　ジャーナリズム　】

〔①　　　　　　　〕が向上することで，識字率も高くなり，かつて知識人とよばれた以外の多くの人が，
〔②　　　　〕や雑誌の記事を読むことが可能となった。〔③　　　　　　　　〕では，日清戦争が「文明」
対「野蛮」の戦いであると説いていたこともあり，日清戦争の勝利によって「文明国の国民」を自覚するよう
になった。

30 日露戦争から韓国併合へ

教科書 p.106〜107

ポイント

光緒帝は，改革の反対派を袁世凱(→教 p.113)の力を借りて抑えようとしたものの，袁世凱は〔②〕に密告して失敗に終わった。改革派の〔①〕は，日本に亡命した。

戊戌の政変と義和団戦争

中国	朝鮮

列強による租借地や勢力範囲の設定→中国分割の危機

● 改革の試み(戊戌の変法)と失敗

改革派 〔①　　　　　〕	光緒帝	保守派 〔②　　　　　〕

親露派の台頭

大韓帝国(1897年)

保守派の反対で失敗(〔③　　　　　〕)(1898年)

ポイント

〔⑤〕後は，光緒新政(→教 p.113)を実施。

● 列強に対する民衆の反発

「扶清滅洋」を唱える〔④　　　　〕 外国公使館を包囲 清の保守派が各国に宣戦布告	→	列強(日本を含む)
		〔⑤　　　　　〕(1900年)

ポイント

〔⑥〕で日本は北京駐留権を獲得した。これにより，後に日中両軍が北京郊外で衝突した盧溝橋事件(→教 p.160)につながることになる。

【結果】〔⑥　　　　　　　〕の締結(1901年)
　　　　賠償金の支払い，外国軍の北京駐留

日露戦争と韓国併合

ポイント

イギリスは，フランスとの間でアフリカの勢力争いを展開しており，極東方面でのロシアの勢力拡大阻止を日本に期待したことが〔⑦〕の締結をもたらす。

● 日露の対立構図

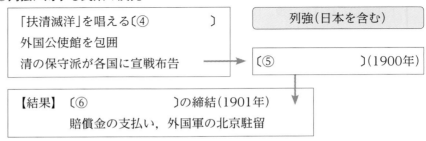

ポイント

〔⑧〕は，戦争費用を外債(約7億円)と内債(約3億円)，増税(約3億2千万)でまかなったため，国民の負担が重かった。多数の戦死者をもたらしたこともあり，賠償金なしの講和条約に国内では反対の声があがったが，もはや戦争を継続する余力はなかった。

● 日露戦争

大韓帝国をめぐるロシアと日本の対立→〔⑧　　　　　〕

アメリカ大統領〔⑨　　　　　　　　　　　〕の調停

→〔⑩　　　　　　　　〕の締結

　　国内では条約に反対する〔⑪　　　　　　　　　　　〕が発生

● 韓国併合

第2次日韓協約　→　ハーグ密使事件　→　伊藤博文暗殺　→〔⑫　　　　　　　〕

　外交権を奪う　　　内政権を奪う　　　**安重根**

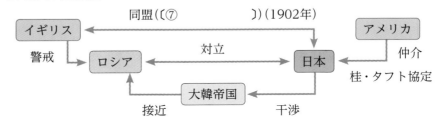

Check❶▶ 中国分割をあらわした左の絵について，次のア～ウは，「CHINE」とフランス語で書かれたパイを切り分けている人物①～⑤のいずれかの気持ちだと考えられる。ふさわしいものをそれぞれ選ぼう。

ア 憲法を制定し，議会を開設した我が国が，文明国であると認められる必要がある。 〔 　　 〕

イ 世界に先駆けて産業革命を達成し，「世界の工場」の立場を維持するために中国が必要不可欠である。 〔 　　 〕

ウ クリミア戦争で地中海方面での南下政策がうまくいかなったので，中国への進出で挽回したい。 〔 　　 〕

Check❷▶ 中国分割を示した右の地図をみて，以下の問いに答えよう。

1 列強の租借地を確認し，共通点を指摘しよう。

イギリス：
フランス：
ドイツ：
ロシア：
共通点：

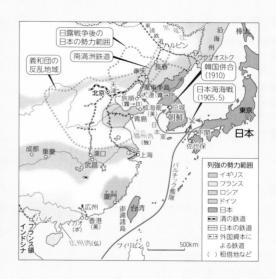

2 南満洲鉄道の敷設範囲（南端～北端）を指摘しよう。
南端〔 　　 　 〕 北端〔 　　 　 〕

Exercise 次の出来事を年代の古いものから順に並べかえよう。〔 　 → 　 → 　 → 　 → 　 〕

① 日本とロシアを主力とする連合軍にやぶれた清は北京議定書をむすんだ。

② 扶清滅洋を唱える義和団が，排外運動をおこした。

③ 大韓帝国をめぐって日本とロシアが対立し，開戦した。

④ 康有為らによる立憲君主制などの近代化をはかる運動が，保守派の反対で失敗に終わった。

⑤ 日本は大韓帝国を植民地化し，行政機関を設置した。

Try 日露戦争での日本の勝利は，その後の国際関係やアジア諸地域の民族運動，日本の進路にとって，どのような意味をもったのだろうか。

31 日本の産業革命と社会問題

教科書 p.108〜109

産業革命と交通の変化　　**都市と農村の社会問題**　　**社会主義運動と「冬の時代」**

● 産業革命とその影響

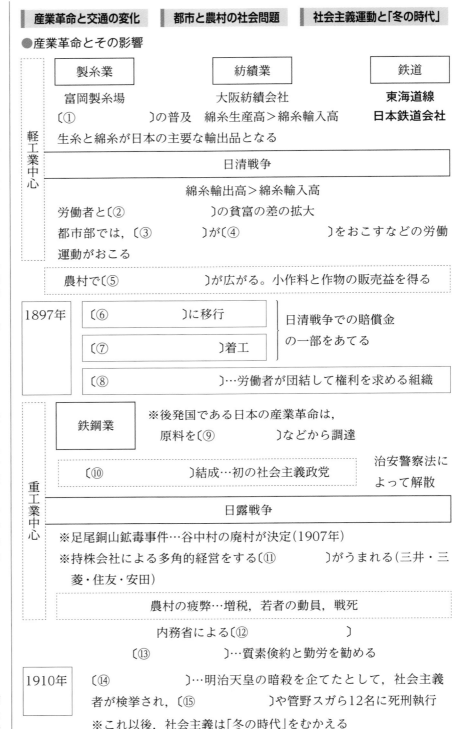

	製糸業	紡績業	鉄道
軽工業中心	富岡製糸場 〔①　　　　　〕の普及 生糸と綿糸が日本の主要な輸出品となる	大阪紡績会社 綿糸生産高＞綿糸輸入高	**東海道線** **日本鉄道会社**

日清戦争

綿糸輸出高＞綿糸輸入高

労働者と〔②　　　　　　　　〕の貧富の差の拡大
都市部では、〔③　　　　〕が〔④　　　　　　　　〕をおこすなどの労働運動がおこる

農村で〔⑤　　　　　　　〕が広がる。小作料と作物の販売益を得る

1897年	〔⑥　　　　　　　〕に移行	日清戦争での賠償金の一部をあてる
	〔⑦　　　　　　　〕着工	

〔⑧　　　　　　　　　〕…労働者が団結して権利を求める組織

重工業中心	鉄鋼業	※後発国である日本の産業革命は、原料を〔⑨　　　　　〕などから調達
	〔⑩　　　　　　〕結成…初の社会主義政党	治安警察法によって解散

日露戦争

※足尾銅山鉱毒事件…谷中村の廃村が決定（1907年）
※持株会社による多角的経営をする〔⑪　　　　　〕がうまれる（三井・三菱・住友・安田）

農村の疲弊…増税，若者の動員，戦死

内務省による〔⑫　　　　　　　　〕
〔⑬　　　　　　　〕…質素倹約と勤労を勧める

1910年	〔⑭　　　　　　　〕…明治天皇の暗殺を企てたとして，社会主義者が検挙され，〔⑮　　　　　　　〕や管野スガら12名に死刑執行 ※これ以後，社会主義は「冬の時代」をむかえる

ポイント

製糸業の原料である繭は国内で自給が可能であり，農村では養蚕が副業となった。紡績業の原料である綿花は安価な輸入に依存していたことから，国産生糸が日本の最大の輸出品となり，製糸業は最大の外貨獲得産業に成長した。

ポイント

鉄道業では，1889年には民営の営業距離が官営を追い抜いたが，1906年に鉄道国有法が制定され，主要な民営鉄道が買収されたことで国有鉄道が圧倒的な比重を占めた。

ポイント

〔⑧〕を結成した高野房太郎，片山潜はいずれもアメリカで学んだ経験をもつ。〔⑧〕は労働組合の母体となり，職業別の組合（鉄工組合，日本鉄道矯正会など）が結成された。労働運動を中心とした社会運動は，やがて社会主義とむすびつき，片山潜らによって〔⑩〕が結成された。

ポイント

〔⑭〕に対して徳冨蘆花は，第一高等学校（一校）の弁論部生徒の依頼で「謀反論」と題する講演をおこない，政府を批判した。〔⑮〕らを志士扱いした徳冨の演説を文部省は問題視した。

Check ▶ 紡績業の発達を示した下のグラフについて，グラフ中のア〜ウは，綿糸の生産高，輸出高，輸入高のいずれかをあらわしている。次の会話を参考にして答えよう。

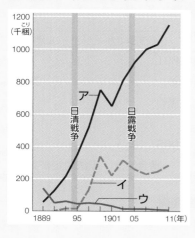

生徒A：日清戦争の前後に軽工業の産業革命がおきたと習ったよ。繊維産業は外貨獲得に欠かせなかったそうだよ。

生徒B：ということは，増加傾向がみられるのはアとイだから，このどちらかが，【生産】か【輸出】をあらわしていると考えられるね。

生徒A：国内生産がすすめば，【輸入】は減るはずだよね。

生徒B：グラフで年を追うごとに低下傾向がみられるのはどれかな。

生徒A：国内の生産以上に【輸出】が上回ることは考えにくいね。そうなると，アとイの関係が分かるね。

〔ア　　　　〕〔イ　　　　　〕〔ウ　　　　　〕

Exercise①　日本の主要な輸出品に関連する説明として誤っているものを一つ選ぼう。　　　〔　　　〕

①　生糸は開港直後から日本の主要な輸出品であった。

②　綿織物業の回復とともに綿糸の国内製造が活発になった。

③　大阪紡績会社の開業により，生糸の大量生産が可能になった。

④　綿糸の原料となる綿花は外国からの輸入に依存していた。

Exercise②　世界経済における日本の位置が大きく変化した背景と，日本の産業革命が一気にすすんでいった理由について，次の文章の空欄に入る語句を答えよう。

　日本は，日清戦争の賠償金の一部を〔①　　　　　　　〕への移行と〔②　　　　　　　　〕の設立に用いた。前者は，日本がアジア諸国に先んじて〔③　　　　　　　　〕に参入することを可能にし，後者は，〔④　　　　　　〕の成長をうながし，原料を〔⑤　　　　　　　〕などから調達することで生産費用を抑えることを可能とした。

Exercise③　貧富の差が拡大する都市と農村の動きについて述べた文として誤っているものを，①〜④から一つ選ぼう。　　　〔　　　〕

①　都市に出ても十分な収入を得られなかった人々は，スラムとよばれる一定の地域に集住した。

②　都市部の劣悪な労働・生活環境で伝染病に罹患した者が帰村することで農村に広めた。

③　農村では寄生地主制のもと，小作人は農作物の販売益によって小作料の負担は小さかった。

④　農村の疲弊を解消するために，政府は戊申詔書を発布し，地方改良運動をすすめた。

Try　産業の発展にともない拡大した社会問題について，現代の社会との共通点や相違点を考えてみよう。

32 アジア諸民族の独立運動・立憲革命

教科書 p.112〜113

■ オスマン帝国とイランの立憲運動

オスマン帝国	イラン（カージャール朝）
19世紀後半	1891
スルタン〔①　　　　　　　　　　　　〕	〔④　　　　　　　　　　　　　〕
・〔②　　　　　　　〕憲法停止	運動
・言論統制など専制政治が続く	
1908 〔③　　　　　　　　　〕**革命**	1905 〔⑤　　　　　　　〕**革命**
→立憲制を実現	→議会開設，憲法制定が実現

■ インドの民族運動　　■ 東南アジアの民族運動

ポイント

〔⑥〕は反英運動の激化で1911年に撤廃された。

●インド

・イギリス，〔⑥　　　　　　　　　　　　〕公布（1905）

　→〔⑦　　　　　　　　〕派，４綱領の〔⑧　　　　　　　　　　〕（**国産品愛用**）・

　　〔⑨　　　　　　　　　　　〕（**自治獲得**）・**英貨排斥・民族教育**を掲げ抵抗

・ムスリムは親英政党の〔⑩　　　　　　　　　　　　　　〕を結成（1906）

●インドネシア

・〔⑪　　　　　　　　　　　　〕（イスラーム同盟）成立（1911）：独立と社会

　主義を掲げる→オランダが弾圧

●ベトナム

・〔⑫　　　　　　　　　　　　〕らが独立と立憲君主制の樹立をめざして

　〔⑬　　　　　　　　〕（**東遊**）**運動**推進→フランスの要請で日本は留学生を追放

■ 辛亥革命

《清の動き》

近代化改革：〔⑭　　　　　　　　　　〕

・科挙の廃止

・憲法大綱公布・国会開設の公約

幹線鉄道国有化，外国資本での鉄道敷設を計画（1911）

《革命派の動き》

満洲人の専制王朝である清の打倒

・東京で**孫文**を総理とする

　〔⑮　　　　　　　　　　　〕結成（1905）

・〔⑯　　　　　　　〕**主義**を掲げる

民族資本家の反発

〔⑰　　　　　　　〕**革命**　武昌で軍隊が蜂起（1911）

　→1912.1〔⑱　　　　　　　　　〕成立　臨時大総統：孫文

1912.2 清滅亡

〔⑲　　　　　　　　〕が〔⑳　　　　　　　　　　〕（溥儀）の退位と共和政維持を条件に臨時大総統就任

→〔⑲〕が帝政復活に失敗し死去　→地方政権（軍閥）の乱立

Check ▶ アジア各地の民族運動を示した下の地図をみて，以下の問いに答えよう。

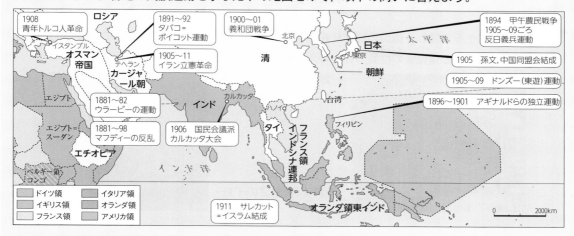

1 日露戦争での日本の勝利が影響を与えたとされる民族運動を赤で囲ってみよう。

2 アジアの民族運動について述べた以下の問いに答えよう。

① 1906年の国民会議派カルカッタ大会で採択されたものは何だろうか。

〔　　　　　　　　　　　　　　　　　　　　　　　　　〕

② 地図中の以下の運動を，それがおこった国と線でむすんでみよう。

ウラービーの運動　　マフディーの反乱　　サレカット＝イスラム結成　　ドンズー（東遊）運動

③ ドンズー（東遊）運動で留学生の派遣先となったのはどこだろうか。また，なぜその国が選ばれたのだろうか。

派遣先〔　　　　　　〕

理　由〔　　　　　　　　　　　　　　　　　　　　　　　　　〕

④ カージャール朝イランをめぐっては，とくにヨーロッパの列強2か国が勢力拡大を狙っていた。その2か国とはどこか，地図をみて答えよう。　　　　　　　〔　　　　　　　　　　　〕

Exercise　光緒新政について述べた文として正しいものを，a〜eからすべて選ぼう。　〔　　　　　　〕

a　立憲君主制を説く康有為が改革の中心となった。

b　改革は「中体西用」の理念のもとですすめられた。

c　憲法大綱の公布や国会開設の公約が掲げられた。

d　西太后ら保守派のクーデタで改革は挫折した。

e　科挙が廃止された。

Try　日露戦争における日本の勝利がアジアの民族運動に影響を与えたのはどうしてだろうか。また，日露戦争後，日本はどのような政策をすすめていったのか，説明してみよう。

〔

　　　　　　　　　　　　　　　　　　　　　　　　　　　　　　　　　〕

歴史を資料から考える
博覧会にみる近代

1 産業技術や文化を披露し，他国の様相を知る機会となるのが万国博覧会である。スタートしたばかりの明治政府にとっての博覧会の位置づけを考えてみよう。

←資料2のア

資料4（資料2のイ）→
の拡大図

STEP1 教科書p.114の資料2の**ア**は，名古屋城から取り外され1871年に明治政府に献納されたものである。**イ**に描かれているものは，縁起物として知られるものである。**ア**は何だろうか，また**イ**には何が描かれているだろうか。　　　　　〔ア　　　　　　　〕〔イ　　　　　　　〕

STEP2 湯島聖堂博覧会は，その後のウィーン万国博覧会の準備とも位置づけられていた。ウィーン万国博覧会に出品されたものは，湯島聖堂博覧会でどのような評価を受けていたものだろうか。

STEP3 **ア**・**イ**ともに大きく彩りも華やかなものである。展示室入り口近くにおくことで，訪れた人々は日本館に対してどのような気持ちをもつだろうか。

STEP4 ウィーンの万国博覧会に日本政府が出品したものは以下の通りである。
- 陶器・七宝・漆器・織物などの伝統的工芸品。
- 巨大物品として金のシャチホコ，鎌倉大仏の紙の張抜，谷中天王寺五重塔雛形。
- 陳列とは別に神社を配した日本庭園を造成。

　また，日本館の土産物は飛ぶように売れたという。日本は何を目的に万博に参加したのだろうか。また，これらの展示物をみたヨーロッパの人々は，日本を西欧的な近代国家ととらえただろうか，それとも自分たちの知らない東洋の優れた文化をもつ国家ととらえただろうか。考えてみよう。

2 19世紀末から20世紀にかけて，「人間の展示」とよばれる展示が催されることがあった。

STEP 1

1 第5回内国勧業博覧会での「学術人類館」で展示されたのは，アイヌ・台湾の先住民・朝鮮人・ジャワ人・トルコ人・アフリカ人・琉球人であった。当時の日本本土の人々は，これらの人々に対してどのような意識をもっていただろうか。

〔　　　　　　　　　　　　　　　　　　　　　　　　　　　　　　　　　　　　　　〕

2 「学術人類館」は見せ物小屋として設置されたが，この「学術人類館」をみることで，日本はどのような国だと人々に思わせようとしたのか。

〔　　　　　　　　　　　　　　　　　　　　　　　　　　　　　　　　　　　　　　〕

STEP 2　　**STEP 3**

1 教科書p.115の資料3・4を読んで，次のチャート図の空欄に入る語句を考えてみよう。

●沖縄の人々は

| ・人間を見せ物とすること　　→〔①　　　　　　　　　　　　　　　　　　　　　〕 |
| ・沖縄県民を見せ物とすること　→〔②　　　　　　　　　　　　　　　　　　　　〕 |

また

〔③　　　　　　　　〕
〔④　　　　　　　　〕
とともに沖縄人が展示されること

〔⑤
という理由で侮辱である。

●朝鮮の人々は

| 人類館は〔⑥　　　　　　　　　　〕を取り上げるもの |

また

| 東西の国々の人種が展示されればその理は当然（問題ない） | しかし | 〔⑦
というのは問題だ。 |

2 資料3と資料4の共通点は何だろうか。また，現在の私たちからみて，沖縄や朝鮮の人々の抗議に含まれる問題点とは何だろうか。

〔　　　　　　　　　　　　　　　　　　　　　　　　　　　　　　　　　　　　　　〕

Try

1 この時代の日本にとって，博覧会とは何だったのだろうか。「文明」と「野蛮」という言葉を使って説明してみよう（日本は西洋の近代化をめざしていたことに留意して考えよう）。

2 この時代の欧米諸国でも**2**のような例がないか調べてみよう（万博の歴史を調べよう）。

1 次の文を読んで，下の問1〜問11に答えよう。

　19世紀末から20世紀初頭にかけて，欧米諸国の①アフリカ・②オセアニア・中南米への勢力拡大と植民地化が急速にすすみ，③帝国主義がひろがった。それにあわせて，④世界規模で人々が移動するようにもなった。人々は，教育や兵役などの経験をとおして国民としての意識をいだき，⑤欧米諸国では他民族に対する優越感が広がった。立憲制を成立させた日本は，⑥幕末以来の不平等条約を改正し，⑦欧米諸国と対等の文明国となることを急いだ。そのためには，⑧産業革命と経済的な成長が欠かせなかったが，急速な近代化はまた，貧富の差や地域間格差などの社会矛盾をうみだしもした。⑨そうしたなかでおこった戦争は，一時的に矛盾をみえにくくすることもあれば，⑩植民地などに矛盾を押しつけることにもつながった。

　一方，⑪植民地では，不利な立場におかれた人々が民族の団結にもとづき，帝国主義的な支配からの解放を求めて独立運動を展開し，民族を核に国民国家の形成が急がれることとなった。

問1　下線部①に関連して述べた次の文中の〔　ア　〕〜〔　カ　〕に入る語句を答えよう。

　1884〜85年の〔　ア　〕会議で，列強はアフリカ分割に合意した。イギリスは，ケープ植民地から北進し，金とダイヤモンドをめぐる〔　イ　〕戦争に勝利し，〔イ〕連邦を成立させた。一方アルジェリアから東進したフランスは，エジプトから南下していたイギリスと1898年に〔　ウ　〕で衝突した。その後，皇帝〔　エ　〕ひきいるドイツが進出すると，イギリスとフランスは協調に転じ，1904年に〔　オ　〕をむすんだ。こうして1880年代から1910年ころまでに，〔　カ　〕とリベリアをのぞいて，アフリカ大陸は列強によって分割された。

〔ア　　　　　　〕〔イ　　　　　　　〕〔ウ　　　　　　　〕〔エ　　　　　　　　　〕
〔オ　　　　　　〕〔カ　　　　　　　〕

問2　下線部②に関連して，19世紀にイギリスが開拓を進めたオーストラリアとニュージーランドの先住民をそれぞれ何というか。オーストラリア〔　　　　　　　　　　〕ニュージーランド〔　　　　　　　　〕

問3　下線部③について，帝国主義時代の1889年に成立した，各国の社会主義政党が結集した国際組織を何というか。　　　　　　　　　　　　　　　　　　　　　　　　〔　　　　　　　　　　　〕

問4　下線部④に関連して，カリブ海地域や南米で半強制的に働かされた，インドや中国からの移民を何というか。　　　　　　　　　　　　　　　　　　　　　　　　　　　　〔　　　　　　　　〕

問5　下線部⑤に関連して，他民族の差別を正当化するために用いられた，『種の起源』でダーウィンが示した理論を何というか。　　　　　　　　　　　　　　　　　　　　　　　〔　　　　　　　　〕

問6　下線部⑥に関連して，日本で領事裁判権の撤廃が切実な問題として認識される契機となった，1886年におこった事件を何というか。　　　　　　　　　　〔　　　　　　　　　　　〕

問7　下線部⑦に関連して，1885年の「脱亜論」で，脱亜入欧を主張した人物はだれか。〔　　　　　　〕

問8　下線部⑧に関連して，日本の重工業の成長をうながした，日清戦争の賠償金の一部を使って設立された官営工場を何というか。　　　　　　　　　　　　　　　　〔　　　　　　　　〕

問9　下線部⑨について，日清・日露戦争に関連した次のa〜dの出来事を，年代の古いものから順に並べかえよう。

　　a　ポーツマス条約の締結　　b　甲午農民戦争　　c　三国干渉　　d　隈板内閣の成立

　　　　　　　　　　　　　〔　　　　〕→〔　　　　〕→〔　　　　〕→〔　　　　〕

問10 下線部⑩に関連して，日本が韓国を植民地化する過程について述べた次の文中の〔 ア 〕〜
〔 カ 〕に入る語句を答えよう。

　　日露戦争後，日本は1905年に第2次〔 ア 〕を締結し，韓国の外交権をうばい，翌年に〔 イ 〕を
設置した。1907年のハーグ密使事件をきっかけに，日本は〔 ウ 〕を強制的に退位させ，韓国の内政
権もうばった。この間，韓国では〔 エ 〕とよばれる反日武装抵抗運動がおこり，ナショナリズムが高
まった。1909年に安重根により初代統監だった〔 オ 〕がハルビン駅で射殺され，翌年，日本は韓国
を植民地化し，行政機関として〔 カ 〕を設置した。

〔ア　　　　　　　〕〔イ　　　　　　　〕〔ウ　　　　　　　〕〔エ　　　　　　　〕
〔オ　　　　　　　〕〔カ　　　　　　　〕

問11 下線部⑪に関連して，次の(1)〜(4)の民族運動がおこった地域を，下から記号で選ぼう。

(1)　ドンズー(東遊)運動　　(2)　辛亥革命　　(3)　青年トルコ人革命　　(4)　国民会議派の運動
　　a　オスマン帝国　　b　インド帝国　　c　フランス領インドシナ連邦　　d　清

〔(1)　　　　〕〔(2)　　　　〕〔(3)　　　　〕〔(4)　　　　〕

2 次のA・Bの資料をみて，下の問1・問2に答えよう。

A

B

問1　Aの資料でイギリスの象徴「ブリタニア」はアフリカと戦っている。1899年にイギリスが開始した
戦争を何というか。　　　　　　　　　　　　　　　　　　　　　〔　　　　　　　　　　　〕

問2　Bの資料は義和団戦争における8か国共同出兵に際して撮影されたものである。ここに英領インド
からの兵士が写っている理由を，Aの資料をもとに説明しよう。

3 帝国主義時代のオスマン帝国，中国，日本でみられた国民国家の形成の動きについて，次の語句を使っ
てまとめてみよう。　　【　不平等条約　　青年トルコ人革命　　中華民国　】

33 緊迫する国際関係

教科書 p.126〜127

緊迫する国際関係

●ビスマルク外交の時代…フランスの外交的孤立と現状維持

バルカン半島でロシアとオーストリアが対立→〔②　　　　〕条約（1887）

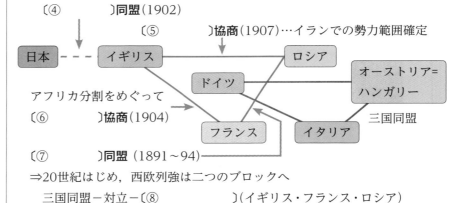

イギリス
《光栄ある孤立》

フランス
外交的孤立

●1890年以降の国際関係

ドイツ皇帝〔③　　　　　　　　　　〕が「世界政策」を掲げ対外進出

・〔②〕条約の更新拒否→ロシアはフランスと連携

・オスマン帝国やアフリカ，アジアに勢力範囲を拡大→英・仏・露との対立

〔④　　　　〕**同盟**（1902）

〔⑤　　　　　〕**協商**（1907）…イランでの勢力範囲確定

日本　　イギリス　　　　　　　ロシア　　　オーストリア=ハンガリー

ドイツ

アフリカ分割をめぐって

〔⑥　　　　〕**協商**（1904）　　フランス　　イタリア　　三国同盟

〔⑦　　　　〕**同盟**（1891〜94）

⇒20世紀はじめ，西欧列強は二つのブロックへ

三国同盟－対立－〔⑧　　　　　〕（イギリス・フランス・ロシア）

バルカン半島の危機

●19世紀以降，列強はオスマン帝国の分割をめぐり対立

→20世紀はじめ〔⑨　　　　　〕半島が「〔⑩　　　　　　　　　　　〕」ともいえる地域に

・〔⑪　　　　　　　　　〕革命（1908）→オーストリアが〔⑫
　　　　　　　　　　　〕併合（←〔⑬　　　　　　　〕**主義**を掲げるドイツが支持）→**バルカン同盟**（セルビア・ブルガリア・モンテネグロ・ギリシア）結成（1912）（←〔⑭　　　　　　　〕**主義**を支援するロシアが支持）

・〔⑬〕**主義**と〔⑭〕**主義**の対立が激化

・**第１次バルカン戦争**　バルカン同盟 × オスマン帝国 －敗北

　→オスマン帝国から獲得した領土をめぐりバルカン諸国が対立

・**第２次バルカン戦争**　バルカン同盟3か国 × ブルガリア －敗北

　→オスマン帝国とブルガリアはドイツ・オーストリアに接近

ポイント
日本は韓国での権益をめぐってロシアと対立し，ロシアと対立するイギリスと同盟を締結した。そしてイギリスの支援で日露戦争に勝利した。

ポイント
〔⑤〕協商の成立でバルカン半島・中央アジア・東アジアでのイギリスとロシアの対立が収束した。

ポイント
列強の関心がバルカン半島に向いていた状況のなか，1910年，日本は韓国を植民地化した（韓国併合）。

Check❶▶ 右の風刺画について述べた文章①〜④それぞれの正誤を答えよう。

① ヨーロッパ各国首脳との外交で苦労するビスマルクが，今にも倒れ落ちそうな状況にみえる。〔　　　〕

② ヨーロッパの平和と戦争のバランスをビスマルクがコントロールしているようにみえる。〔　　　〕

③ 弾薬の入った樽を踏みつけにしていることから，ビスマルクが軍事力によらない平和国家構築をめざしているようにみえる。〔　　　〕

④ ビスマルクが平和的な外交よりも軍事力増強による外交をより意識しているようにみえる。〔　　　〕

Check❷▶ 右の地図について，以下の問いに答えよう。

1 オーストリアが1908年に併合した地域を青で囲ってみよう。

2 オーストリアが1の地域を併合する要因となった出来事は何だろうか。〔　　　　　　　　　　　〕

3 1の併合から激化していったバルカン半島での対立の軸は何だったのだろうか。
〔　　　　　　　　　　　　　　　　　　　〕

4 バルカン同盟を結成した国の国名を赤で囲ってみよう。

5 バルカン半島が「ヨーロッパの導火線」ともいえる地域になったというのはどういう意味だろうか，説明してみよう。

Try 19世紀末から20世紀初頭の各国の対立・同盟関係はどのような目的でそれぞれ成立したのだろうか。以下の問いに答えよう。

1 a〜dの同盟・協商の成立した時期を，古いものから順に並べかえてみよう。

a イギリスとロシアがイランでの勢力範囲を調整し，英露協商をむすんだ。

b 露仏同盟の成立により，ロシアにフランス資本が流入した。

c イギリスとフランスがアフリカ分割で協調し，英仏協商をむすんだ。

d イギリスはロシアと対立する日本と同盟し，中国と韓国における相互の利権を承認した。

〔　　　〕→〔　　　〕→〔　　　〕→〔　　　〕

2 三国協商が成立する背景となったドイツの対外政策について説明してみよう。

34　第一次世界大戦

教科書 p.128〜129

| 大戦の勃発 | 総力戦 | 日本の参戦 | 戦争の終結 |

〔①　　　　　　　　　〕事件（1914.6）

↓

1914.7　オーストリアが〔②　　　　　　　　〕に宣戦 ⇒ **第一次世界大戦**勃発

| 同盟国
ドイツ・オーストリア・
ブルガリア・トルコ | 対 | 協商国（連合国）
ロシア・フランス・イギリス・日本・
イタリア（1915）など |

日本の参戦（1914.8）

第2次大隈重信内閣，〔③　　　　　　〕同盟を理由にドイツに宣戦

- 山東省青島を攻略，ドイツ領南洋諸島占領
- 中国に〔④　　　　　　　　〕（1915）→

| 中国の反発
アメリカが警戒 |

　　山東省ドイツ権益の継承

　　旅順・大連の租借地と南満洲鉄道の権益99年間延長

　　中国政府への日本人顧問の採用など

〔⑤　　　　　　　〕内閣（1916成立）

- 中国政府に巨額の借款→日本の影響力拡大をめざす
- 石井・ランシング協定（1917）：中国での利害を調整

ポイント
中国も協商国側で第一次世界大戦に参戦した（1917年）。

東部戦線，西部戦線ともに勝敗がつかず長期戦へ

↓

〔⑥　　　　　　　〕体制へ

- 政府主導で軍需中心の産業統制，女性の労働動員，食糧配給制
- 政府と労働組合・社会主義政党の協力
- 植民地からも兵士，労働者，物資を供給
  ⇒戦後，福祉政策の拡大，女性参政権の実現へ
  　植民地では民族意識が高揚

ドイツの〔⑦　　　　　　　　〕作戦

↓

1917.4　アメリカが協商国側で参戦→戦局は協商国側が有利に

ポイント
1917年にロシア革命でソヴィエト政権が成立，1918年3月にドイツと講和し，大戦から離脱した。

キール軍港の水兵反乱→〔⑧　　　　　　〕革命（1918.11）

　　　　　　　　皇帝〔⑨　　　　　　　　　　〕が亡命

↓

1918.11　ドイツ臨時政府が休戦条約調印 ⇒ 第一次世界大戦終結

※長期にわたる戦争と飛行機・潜水艦・戦車・毒ガスなど新兵器の登場で戦争
　犠牲者は膨大な数となった

Check❶▶ 第一次世界大戦はどのような戦争だったのだ
ろうか。大戦中につくられた右のポスターをみながら，
以下の問いに答えよう。

1 第一次世界大戦勃発のきっかけとなった，1914年6
　月におこった事件は何か。〔　　　　　　　　　〕

2 ドイツ，オーストリア＝ハンガリーとともに同盟国側
　で参戦した二つの国はどこだろうか。
　　　　　〔　　　　　　　〕〔　　　　　　　　〕

3 ポスターを手がかりに，女性が大戦に果たした役割とその結果を説明してみよう。

〔　　　〕

4 教科書p.128 **3** の写真について，戦争長期化の一因となったこのような戦いを何というか。

　　　　　　　　　　　　　　　　　　　　　　　　　　　　　〔　　　　　　　　　〕

5 ヨーロッパだけでなくアフリカ，さらに中国なども戦場となったのはなぜだろうか。

〔　　　〕

Check❷▶ 日本は第一次世界大戦にどのような目的で
参戦したのだろうか。右の地図をみながら，以下の問
いに答えよう。

1 第一次世界大戦中に日本が占領した地域を赤で囲
　んでみよう。

2 日本は何を理由に参戦したのだろうか。
　　　　　　　　　　　〔　　　　　　　　　〕

3 日本が参戦した目的は何だろうか。
　〔　　　　　　　　　　　　　　　　　　　〕

4 大戦中，日本政府が中国政府に対しておこなった
　ことは何だろうか。
　〔

Try 第一次世界大戦がそれまでの戦争と異なっていた点は何だろうか。次の語句を用いて説明してみ
　　よう。【　長期戦　　植民地　　新兵器　】

〔

35 ロシア革命とシベリア出兵

教科書 p.130〜131

ロシア革命 **干渉戦争・シベリア出兵**

日露戦争

1905 ロシア第一革命

- 専制体制への批判，戦況の悪化
- 首都〔①　　　　　　　〕で〔②　　　　　　　　　〕**事件**
  - →革命運動全国に拡大，〔③　　　　　　　　　〕の結成
- 皇帝〔④　　　　　　　　〕は日本と講和，憲法発布と国会開設を約束

第一次世界大戦

1917.3 二月革命

- 戦争の長期化，食料不足深刻化
- 首都〔⑤　　　　　　　　　　〕で労働者がパンを求めるデモ
  - →大規模なストライキ，皇帝専制や戦争への反対運動拡大
- 臨時政府発足，皇帝〔④〕退位

| 臨時政府
戦争を継続 | 対立 | 〔⑥　　　　　　　　　　　〕を指導する
〔⑦　　　　　　　〕は戦争に反対 |

1917.11 十月革命

- 〔⑦〕らが武装蜂起し臨時政府を打倒
  - →史上初の社会主義政権樹立
- 「**土地に関する布告**」，「〔⑧　　　　　　　〕**布告**」を発表

　　1918.3 〔⑨　　　　　　　　　　　　　〕**条約**でドイツと単独講和

1918〜22 〔⑩　　　　　　　〕戦争

- 〔⑦〕が憲法制定議会を解散→〔⑥〕独裁へ
  - →革命軍（赤軍）と反革命軍（白軍）との内戦
- 英・仏・アメリカなどが反革命軍（白軍）を支援し出兵
- 日本も〔⑪　　　　　　　〕に出兵
  - →沿海州からバイカル湖周辺に及ぶ地域を占領
    - 他国の撤退後も駐兵，樺太北部を占領（〜1925）
- ソヴィエト政府は〔⑫　　　　　　　　　〕体制をしく
- 1919 〔⑬　　　　　　　　〕を組織

1922.12 〔⑭　　　　　　　　　　　　　　　　　〕（ソ連）の成立

 ポイント

二月革命のきっかけとなったデモは，繊維工場の女性労働者からはじまり，大規模なストライキとなった。3月8日（ロシア暦2月23日）は国際婦人デーであった。

 ポイント

ソヴィエト政権が「〔⑧〕布告」を出した翌年1918年1月，アメリカ大統領ウィルソンが十四か条の平和原則を発表した。

Check❶▶ 教科書p.131の文字資料「レーニンの演説の描写」を読み，なぜ人々がレーニンを支持したのか，また大衆社会において指導者に必要とされる能力は何かについて述べた文として適切でないものを，①～⑥から一つ選ぼう。　　　　　　　　　　　　　　　〔　　　〕

① レーニンは複雑な政治問題をやさしい言葉でわかりやすく説明したため。

② レーニンの演説内容は自然で，しかも話に無駄がなかったから。

③ レーニンは資本主義を批判し，農民に迎合する政策をかかげたから。

④ 指導者には，財産や教育の有無に関係なくあらゆる層の支持を得る能力が必要となる。

⑤ 指導者には，理解しやすい言葉で人々に訴えかける演説の才能が求められるようになる。

⑥ 指導者には，より幅広い人々に直接訴えかけるためにマス=メディアを活用する能力が必要となる。

Check❷▶ 日本のシベリア出兵は，革命打倒のほかにどのような目的があったのだろうか。下の地図をみながら，以下の問いに答えよう。

1 日本軍の占領地域を赤で囲ってみよう。

2 日本の対外膨張に関する次の出来事を，年代の古いものから順に並べかえよう。

　a 東清鉄道の長春・旅順口間の利権を獲得した。

　b 韓国を植民地とした（韓国併合）。

　c シベリア出兵をおこなった。

　d 義和団戦争に8か国連合軍として参戦した。

　〔　　　〕→〔　　　〕→〔　　　〕→〔　　　〕

Exercise① ロシア第一革命について，次の語句を用いて説明してみよう。
【　血の日曜日事件　ソヴィエト　】

Exercise② ロシア革命に関する次の出来事を，年代の古いものから順に並べかえよう。

a ブレスト=リトフスク条約をむすんだ。

b レーニンらが武装蜂起し，臨時政府を打倒した。

c ニコライ2世が退位した。

d 「平和に関する布告」が発表された。　　　　　〔　　　〕→〔　　　〕→〔　　　〕→〔　　　〕

Try ロシア革命の意義とその影響を説明してみよう。

36 大戦景気と米騒動

ポイント

日本の輸出の拡大は，アジア市場向けの繊維製品のほか，ヨーロッパ向けの軍需品に支えられていた。こうしたなかで巨利を手にする〔①〕が登場した。なかでも，鉄・船・貿易の分野で大規模な〔①〕が出現した。貿易では商社である鈴木商店が，鉄を買い占めて，船舶を発注し売却する手法で業績を伸ばした。アメリカが鉄材の輸出を禁じると，鉄材の輸入の見返りに船舶を製造してアメリカに輸出する銑鉄交換契約を造船会社とともにむすんだ。

ポイント

〔⑤〕は，士族の出身であったが爵位をもたなかったことから「平民宰相」とよばれ親しまれた。四大政綱の一つである教育制度の拡充では，高等教育の拡充を求める声に対して「大学令」が出され，私立の専門学校などが大学として承認された。
例：慶應義塾→慶應義塾大学，東京専門学校→早稲田大学

ポイント

民本主義と〔⑩〕は〔⑦〕を支えた理論であったが，昭和の時代となり，経済不況が続くなかで政党内閣に対する国民の不信が高まると，「昭和維新」を唱える軍部から〔⑩〕が攻撃され，岡田啓介内閣（→教 p.159）は，「国体明徴声明」を出して〔⑩〕を否定した。

第一次世界大戦下の好景気　　**米騒動**

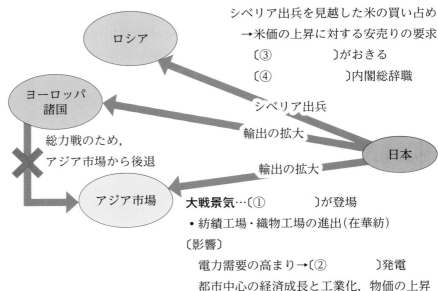

シベリア出兵を見越した米の買い占め
→米価の上昇に対する安売りの要求
〔③　　　　　〕がおきる
〔④　　　　　　　〕内閣総辞職

シベリア出兵
輸出の拡大
輸出の拡大

ロシア
ヨーロッパ諸国
総力戦のため，アジア市場から後退
アジア市場
日本

大戦景気…〔①　　　　　〕が登場
・紡績工場・織物工場の進出（在華紡）
〔影響〕
　電力需要の高まり→〔②　　　　　〕発電
　都市中心の経済成長と工業化，物価の上昇

本格的な政党内閣の成立

●〔③〕が日本の政治と社会に与えた影響
　・社会運動の活発化→41節を参照
　・本格的な政党内閣である〔⑤　　　　　〕内閣の成立
　　→外務大臣と軍部大臣以外を政友会会員が占める
●〔⑤〕内閣の四大政綱
　・教育制度の拡充　・交通機関の整備　・産業の育成　・国防の充実
●〔⑥　　　　　　〕に関しては時期尚早であるとの態度をとる

大正デモクラシーの思想

●第一次世界大戦後の社会運動：〔⑦　　　　　　　　〕とよばれる

前期	←〔③〕→	後期
民本主義		改造の思想

民本主義…〔⑧　　　　　　　　　　　　　〕との考え方にもとづく
主権は天皇におく一方，憲法の運用にあたって民意を取り入れる
〔⑨　　　　　〕が雑誌『中央公論』に論文を発表
　　　→「憲政の本義を説いて其有終の美を済すの途を論ず」
美濃部達吉の〔⑩　　　　　　　〕
　　　→国家を法人とし，天皇は国家の一つの機関とする考え
●〔⑦〕の性格…「内に〔⑪　　　　　〕，外に〔⑫　　　　　〕」
　〔⑬　　　　　〕は「小日本主義」を提唱

Check❶▶ 第一次世界大戦後に好景気となった日本とアメリカの共通点とちがいを考えてみよう。

Check❷▶ 日本の貿易額の推移（左）と物価・賃金の推移（右）を示したグラフに関する説明文**X・Y**について正誤を答えよう。

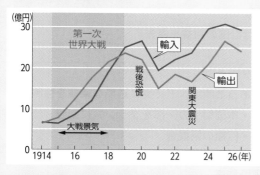
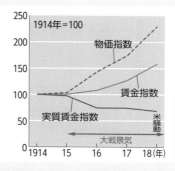

X〔　　　〕

Y〔　　　〕

X 日本の輸出が輸入を上回っていた第一次世界大戦中に，大戦景気とよばれる好景気が到来した。

Y 第一次世界大戦中に，日本では物価に比べて賃金の上昇が上回ったので，都市労働者の生活が豊かになった。

Exercise❶ 米騒動が発生した背景と政治やアジア世界に与えた影響について，次の文章の空欄に入る語句を答えよう。

〔①　　　　　　　　　〕を見越した商人たちが米を買い占めて売り惜しみしたことで米価が急上昇し，日本中で〔②　　　　　　〕とよばれた米の安売りを要求する運動がおこった。軍隊を出動させて鎮圧させた〔③　　　　　　〕内閣は混乱の責任をとって辞任し，東南アジアでは〔④　　　　　　〕が，香港では暴動が発生した。

Exercise❷ 原敬内閣について述べた文章①〜③それぞれの正誤を答えよう。

①　原内閣は，外務大臣と軍部大臣以外を立憲政友会会員が占めていた。　　　　　　　　〔　　　〕

②　原内閣は，地域社会の有力者を基盤とした政策を展開した。　　　　　　　　　　　　〔　　　〕

③　原内閣は，四大政綱の一つである普通選挙の早期実施を主張した。　　　　　　　　　〔　　　〕

Try 大日本帝国憲法のもとでの社会運動であった大正デモクラシーの特徴とは，どのようなものだったのだろうか。

37 ヴェルサイユ体制とワシントン体制

教科書 p.134〜135

大戦後の国際秩序　　ヴェルサイユ体制

●第一次世界大戦による国際秩序の変化

ヨーロッパ中心の時代が終わり，アメリカやソ連が国際政治の中心へ

〔①　　　　　　〕講和会議(1919.1)

原則：アメリカ大統領〔②　　　　　　　〕の十四か条の平和原則と，その後に彼が提唱した〔③　　　　　　〕

→イギリス・フランスは自国の利益を優先

↓

〔④　　　　　　〕条約(1919.6)

大戦の責任はすべてドイツにあると断定，ドイツに過酷な条件を強制
- すべての植民地の放棄　　・本国領土の一部をフランスに割譲
- 軍備制限　　　　　　　　・巨額の賠償金

↓

〔④〕体制…ヨーロッパの新国際秩序
- 多民族帝国オーストリア・ロシア・オスマン帝国が崩壊
- ソ連やドイツ帝国崩壊後に〔⑤　　　　　　〕共和国が成立
- 〔③〕の原則
  →東ヨーロッパに新たな共和国が誕生
  →アジア・アフリカには適用されず，植民地・従属国では民族運動が高揚

国際連盟

十四か条の平和原則にもとづき〔⑥　　　　　　〕発足
- 〔⑦　　　　　　　〕の理念：連盟規約違反国を他の加盟国が制裁
- 一国一票の原則　　・日本が常任理事国入り

《実効性への課題》
- 〔⑧　　　　　　〕の不参加　・ドイツとソ連を当初除外
- 委任統治領(旧ドイツ植民地・オスマン帝国のアラブ地域)
  →統治国の事実上の植民地
- 侵略国への有効な対抗手段なし(経済制裁のみ)

ワシントン体制

〔⑨　　　　　　〕体制…アジア・太平洋地域の新国際秩序

〔⑨〕会議(1921〜1922)…アメリカの主導で開催
- 〔⑩　　　　〕条約：米・英・仏・日，太平洋地域の領土の現状維持
  →〔⑪　　　〕同盟廃棄
- 〔⑫　　　　〕条約：中国の独立，主権尊重と門戸開放を確認
- 〔⑬　　　　　　〕条約：主力艦の保有制限

ポイント
〔①〕講和会議は戦勝国による会議で，ドイツを含め，敗戦国は出席を認められなかった。ソヴィエト政権も除外された。

ポイント
敗戦国とはそれぞれ講和条約が結ばれた。

ポイント
発足時の常任理事国はイギリス・フランス・イタリア・日本であった。

Check❶▶ ヴェルサイユ条約の調印を描いた右の絵で，敗戦国はどのように扱われているだろうか。
ウィーン会議の様子を描いた左の絵と見比べて，次の文章の空欄に入る語句を答えよう。

　　ウィーン会議の絵では，フランス外相を含め各国代表が議論している様子が描かれている。パリ講和
会議では，アメリカ大統領〔①　　　　　　　〕の提唱した〔②　　　　　　〕と〔③　　　　　　〕が会
議の原則となったが，アメリカとともに会議を主導した〔④　　　　　〕と〔⑤　　　　　〕は戦争の
責任はすべて〔⑥　　　　　〕にあるとして厳しい制裁を求めた。ヴェルサイユ条約調印の絵からは過酷
な条件を強制された〔⑥〕の様子がうかがえる。また，調印がおこなわれたヴェルサイユ宮殿鏡の間は，
〔⑦　　　　　　　　　〕戦争に勝利したビスマルクが〔⑥〕帝国成立を宣言した場所であった。

Check❷▶ 第一次世界大戦後のヨーロッパは大戦前とどのように変わったのだろうか。右の地図をみ
て，以下の問いに答えよう。

1　大戦前のオーストリア＝ハンガリー帝
　　国の領土を赤で囲ってみよう。
2　地図中の**a**の国名を答えよう。
　　　　　　　　　　　〔　　　　　　　〕
3　地図中の**b**の国名を答えよう。
　　　　　　　　　　　〔　　　　　　　〕
4　地図中の**c**の国名を答えよう。
　　　　　　　　　　　〔　　　　　　　〕
5　地図中の**d**はどのような区域とされた
　　のだろうか。　　〔　　　　　　　〕

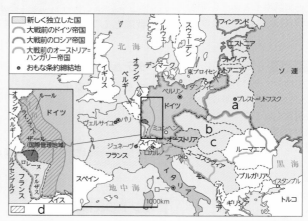

Try　第一次世界大戦後，世界は平和に向けてどのような試みをおこなったのだろうか。国際連盟の意
義と実効性への課題を説明してみよう。

38　西アジア・南アジアの民族運動

教科書 p.138～139

列強によるアラブ地域の分割・統治　　トルコ・イラン・アフガニスタン

ポイント
イギリスは第一次世界大戦を優位に戦うために，相互に矛盾した外交政策をおこない，今日に続く〔②〕問題の原因をつくった。

●第一次世界大戦中のイギリスの矛盾した外交政策

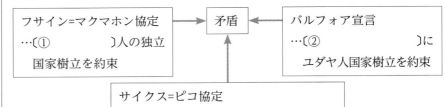

```
┌─────────────────────┐      ┌──────┐      ┌─────────────────────┐
│ フサイン=マクマホン協定  │ ──→ │ 矛盾 │ ←── │ バルフォア宣言         │
│ …〔①          〕人の独立 │      │      │      │ …〔②          〕に    │
│   国家樹立を約束         │      └──────┘      │   ユダヤ人国家樹立を約束 │
└─────────────────────┘                         └─────────────────────┘
              ┌─────────────────────────────┐
              │ サイクス=ピコ協定              │
              │ …イギリス・フランス・〔③      〕 │
              │   によるオスマン帝国領の分割    │
              └─────────────────────────────┘
```

ポイント
委任統治とは，戦勝国が国際連盟の委託を受けて，敗戦国の領土や人々の統治を引き継ぐ制度。民族自決の理念に反するものであり，戦勝国による植民地の再分割としての性格が強かった。

●第一次世界大戦後

アラブ地域 { 〔④　　　　　〕・〔②　　　〕→イギリスの**委任統治領**
　　　　　　　 シリア・レバノン→フランスの委任統治領

エジプト	アラビア
〔⑤　　　　　〕**党**がイギリスと独立交渉→名目的な独立（1922年）…スエズ運河一帯にはイギリスが駐兵	〔⑥　　　　　〕がワッハーブ派と協力→サウジアラビア王国を建国

ポイント
ワッハーブ派は18世紀にうまれたイスラームの一派で（→**教** p.68），イスラームの原点回帰をめざし，シーア派やイスラーム神秘主義（スーフィズム）を否定した。

トルコ	イラン
敗戦国としてセーヴル条約をむすぶ〔⑦　　　　　〕（**ケマル=アタテュルク**）による祖国解放運動→スルタン制廃止，〔⑧　　　〕条約〔⑨　　　　　〕樹立→カリフ制廃止，政教分離などの改革	〔⑩　　　〕が〔⑪　　　〕**朝**をひらく→近代化を推進

ポイント
〔⑦〕は，アラビア文字を廃してローマ字を採用し，女性解放をおこなって女性参政権を認め，一夫一婦制を導入した。

アフガニスタン
イギリスから独立

インドの反英運動

- 第一次世界大戦でイギリスに協力
  →イギリスはインドの自治要求に反して，インド統治を継続
  →〔⑫　　　〕**法**で反英運動を弾圧

ポイント
〔⑫〕法は，逮捕令状のない逮捕と，裁判をおこなわない投獄を認める法であり，反英運動の弾圧に用いられた。

- 国民会議派の抵抗
  ガンディー：〔⑬　　　　　〕（**サティヤーグラハ**）運動
  ネルー：ラホール大会で〔⑭　　　　　〕（**完全独立**）を決議

ポイント
サティヤーグラハとは「真理の把握」を意味するヒンディー語の造語。

Check❶▶ 第一次世界大戦後の西アジア・インドを示した右の地図をみて，以下の作業をやってみよう。

① 教科書p.125やp.128の地図を参考に，第一次世界大戦前のオスマン帝国の領域を鉛筆で囲ってみよう。

② イギリスの委任統治領を赤で塗ってみよう。

③ フランスの委任統治領を青で塗ってみよう。

④ オスマン帝国の首都とトルコ共和国の首都の場所を，地図に書き入れよう。

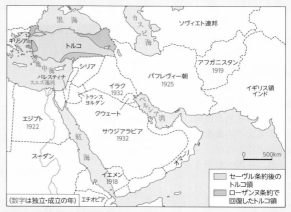

Check❷▶ 右の写真についての会話を読んで，空欄に入る語句を答えよう。

先生：この写真の人物はだれでしょうか？

生徒：トルコ共和国の大統領となった〔① 　　　　〕ですね。

先生：黒板に文字を書いていますね。これは〔② 　　　　〕の書き方を教えている様子です。

生徒：何のために〔②〕を教えているんでしょうか？

先生：トルコではそれまで〔③ 　　　　　　〕が用いられていましたが，これを廃してトルコ語を表記しやすい〔②〕に変更したのです。

生徒：なるほど，そういえば〔①〕は〔④ 　　　　〕分離をすすめましたね。イスラームと関係の深い〔③〕を廃止したのも，それと関係があったのかもしれませんね。

Exercise 第一次世界大戦後の西アジアについて述べた文として正しいものを，①～④から一つ選ぼう。

〔 　　　 〕

① フランスの保護国であったエジプトでは，ワフド党が結成された。

② ワッハーブ派と協力したイブン=サウードが，サウジアラビア王国を樹立した。

③ オスマン帝国の滅亡後も，カリフ制度は今日に至るまで維持されている。

④ アフガニスタンは，ロシアとの戦争に勝利して独立国となった。

Try 西アジア・南アジアにおける列強の支配や勢力争いは，その後の世界でさまざまな問題をうみだした。その一つが，パレスティナをめぐるアラブ人とユダヤ人の対立である。この対立の原因となったイギリスの外交政策について説明しよう。

39 東アジア・東南アジアの民族運動

教科書 p.140～141

ポイント

〔①〕運動は雑誌『新青年』を刊行した陳独秀が中心となって展開された運動。口語による文学活動を推奨する白話運動のほか，マルクス主義の中国への紹介もおこなわれた。

ポイント

〔③〕運動後，李承晩らは上海に大韓民国臨時政府を樹立した。集会の自由などを拡大した日本の新しい統治政策は，文化政治とよばれる。

ポイント

〔⑥〕は，〔⑤〕党員が党籍を残したままで〔④〕党に加入するという形式で実施された。孫文は，合作に際して「連ソ・容共・扶助工農」というスローガンを掲げた。

ポイント

〔⑦〕は，共産主義を嫌う列強資本や中国の浙江財閥の支援を受けていた。

ポイント

〔⑦〕のひきいる〔⑧〕軍と日本軍は，1928年の済南事件で衝突した。

ポイント

〔⑨〕は北京を脱出した後，日本の関東軍によって爆殺され，子の張学良は〔⑦〕に合流した。

ポイント

ビルマの民主化運動をひきいたスー＝チーは，〔⑱〕の娘。

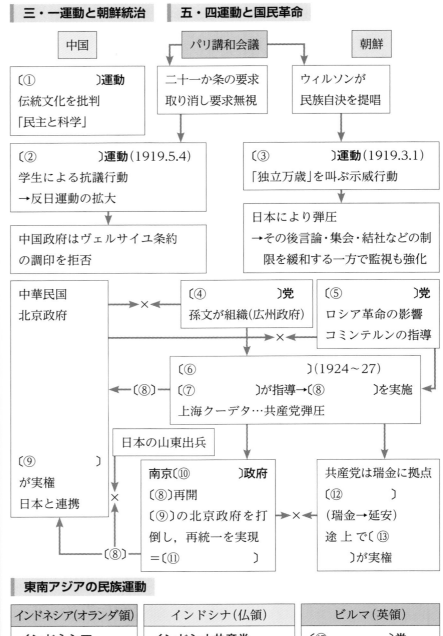

三・一運動と朝鮮統治　**五・四運動と国民革命**

中国　　　パリ講和会議　　　朝鮮

〔①　　　〕運動
伝統文化を批判
「民主と科学」

二十一か条の要求
取り消し要求無視

ウィルソンが
民族自決を提唱

〔②　　　〕運動（1919.5.4）
学生による抗議行動
→反日運動の拡大

〔③　　　〕運動（1919.3.1）
「独立万歳」を叫ぶ示威行動

中国政府はヴェルサイユ条約の調印を拒否

日本により弾圧
→その後言論・集会・結社などの制限を緩和する一方で監視も強化

中華民国
北京政府

〔④　　　〕党
孫文が組織（広州政府）

〔⑤　　　〕党
ロシア革命の影響
コミンテルンの指導

〔⑥　　　　　　〕（1924～27）
〔⑦　　　　〕が指導→〔⑧　　〕を実施
上海クーデタ…共産党弾圧

日本の山東出兵

〔⑨　　　〕
が実権
日本と連携

南京〔⑩　　　〕政府
〔⑧〕再開
〔⑨〕の北京政府を打倒し，再統一を実現
＝〔⑪　　　　　〕

共産党は瑞金に拠点
〔⑫　　　〕
（瑞金→延安）
途上で〔⑬　　　〕が実権

東南アジアの民族運動

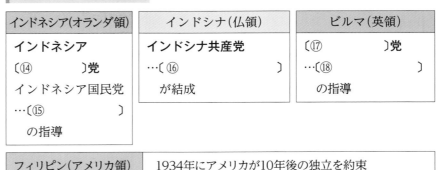

インドネシア(オランダ領)	インドシナ(仏領)	ビルマ(英領)
インドネシア 〔⑭　　　〕党 インドネシア国民党 …〔⑮　　　〕 　の指導	**インドシナ共産党** …〔⑯　　　　　〕 　が結成	〔⑰　　　　　〕党 …〔⑱　　　　　〕 　の指導

フィリピン(アメリカ領)	1934年にアメリカが10年後の独立を約束

Check❶▶ 右の絵のAには「廃(廃)除二十一條(条)」，Bには右から左へ「廃(廃)除不平等條(条)約」と書かれている。この絵に描かれた運動について述べた文として正しいものを，次の①〜④から一つ選ぼう。

〔　　　〕

① 日本からの独立を求める運動である。
② パリ講和会議の結果に反対している。
③ この運動は南京から全国に波及した。
④ 清の打倒を訴えている。

Check❷▶ 右の地図をみて，以下の問いに答えよう。

1　次の文章の空欄に入る語句を答えよう。

　　オレンジ色の線で示された移動をおこなったのは〔①　　　　　　　〕であり，Eの〔②　　　　　〕からBの〔③　　　　　〕へと根拠地を移した。この移動は〔④　　　　　〕とよばれる。

2　緑の点線で示された軍事行動は，一時中断された。その原因となった出来事の名称と，その地図中の位置を記号で答えよう。

出来事〔　　　　　　　〕
位　置〔　　　　〕

3　地図中の「**あ**」は，ある国のおこなった軍事行動である。これをおこなった国名を答えよう。〔　　　　　〕

Exercise　東南アジアの民族運動に関連して，地域名，その地を支配していた国，運動を指導した人物，その人物が率いた組織の組合せとして正しいものを，次の①〜③から一つ選ぼう。〔　　　〕

① インドネシア　―　オランダ　―　スカルノ　　　―　インドネシア国民党
② インドシナ　　―　アメリカ　―　アウン=サン　―　インドシナ共産党
③ ビルマ　　　　―　イギリス　―　ホー=チミン　―　タキン党

Try　第一次世界大戦後の世界において，日本は他のアジアの諸地域とは異なった立場にあった。その違いについて簡単に説明しよう。

〔

〕

40 戦間期の欧米

ポイント
〔①〕は，1931年のウェストミンスター憲章で成立した。自治領とは白人系の植民地であり，カナダやオーストラリアなどが自治領にあたる。

ポイント
ドイツの賠償支払い遅延を理由に，フランスがベルギーと共同でドイツ最大の工業地帯である〔②〕地方を占領した。

ポイント
レーテはロシア革命におけるソヴィエトに該当する組織。

ポイント
ドイツの通貨マルクの価値は，1兆分の1にまで下落した。〔⑥〕は新たに不動産収入などを担保とするレンテンマルクを発行し，1レンテンマルク＝1兆旧マルクとした。

ポイント
〔⑧〕条約では，フランスの外相ブリアンとアメリカの国務長官ケロッグが中心となり，戦争を違法とすることを定めた。ブリアン・ケロッグ条約ともよばれる。

ポイント
白人支配層は，白人（White）・アングロサクソン（Anglo-Saxon）・プロテスタン（Protestant）から，ワスプ（WASP）とよばれる。

ポイント
第一次世界大戦後のアメリカは，共和党政権の下で孤立主義をとり，国際連盟にも参加しなかった。

▌戦間期のヨーロッパ ┃**ヴァイマル共和国** ┃**1920年代のアメリカ**

イギリス
- 女性参政権の実現
- インドなどの独立は認めず
- 〔①　　　　　　　〕の形成
  …自治領は本国と対等な地位

フランス
- 戦争による荒廃→対独強硬策
- 〔②　　　〕**地方**を占領
  （1923〜25年）
- →対独協調策に転換

イタリア
- ヴェルサイユ体制に不満
- 〔③　　　　　　〕党の台頭
- 〔④　　　　　　〕が指導
- 北部の中産階級や南部の地主層が支持
- ローマ進軍（1922年）で〔④〕政権成立

ドイツ
- 労働者・兵士の評議会（レーテ）成立
  →社会民主党による連立政権
- 民主的な〔⑤　　　　　〕の制定
  →ヴァイマル共和国
  …男女平等の普通選挙など
- 〔②〕占領に生産停止で抵抗
  →激しいインフレ，混乱
- 〔⑥　　　　　　　　〕内閣
  新紙幣を発行してインフレ克服
- ドーズ案でアメリカから資本が流入
- 〔⑦　　　　　〕**条約**（1925年）
- ラインラントの非武装化
  →国際連盟加盟
- 〔⑧　　　　　〕**条約**にも関与
- 国民の多くはヴェルサイユ条約を受け入れたヴァイマル共和国に不満

アメリカ
- 債務国から債権国となる→世界大国へ
- アメリカ社会の二つの側面

労働組合の成長 女性参政権の実現 大量生産・大量消費社会 映画やプロスポーツなどの娯楽	白人支配層の規範の押しつけ 〔⑨　　　　　〕の制定 〔⑩　　　　〕主義の強化，社会主義の廃除 →アジア系・南東欧系移民排斥

Check❶▶ 右の写真に示された状況と，第一次世界大戦後のドイツに関する次の出来事①～④を，年代の古いものから順に並べかえよう。

① ヴァイマル憲法が制定された。
② ロカルノ条約が締結された。
③ シュトレーゼマン内閣が成立した。
④ 国際連盟に参加した。

〔　　　〕→〔　　　〕→〔　　　〕→〔　　　〕→〔　　　〕

Check❷▶ 右の図は，1920年代の国際経済における資金の流れを示したものである。以下の問いに答えよう。

1　図中の空欄a・bに入る語句を答えよう。
　a〔　　　　　〕
　b〔　　　　　〕

2　cは1924年に〔　　　　　　〕案が示されたことで，本格的におこなわれることになった。空欄に入る語句を答えよう。

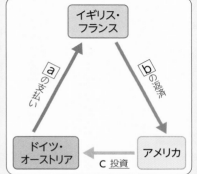

Exercise　第一次世界大戦後のアメリカについて述べた文として誤っているものを，①～④から一つ選ぼう。　　　　　　　　　　　　　　　　　　　　　　〔　　　〕

① 禁酒法が制定された。
② ラジオ放送がおこなわれた。
③ 人種による移民制限が撤廃された。
④ 女性参政権が認められた。

Try　アメリカ合衆国が繁栄していた1920年代のドイツとイタリアでは，経済的な苦境を背景に新たな政権が誕生した。両国の経済状況と新政権の成立について説明しよう。

41 ひろがる社会運動と普通選挙の実現

教科書 p.146〜147

ポイント

『改造』は1919年に発刊された総合雑誌。総合雑誌とは，政治・社会・経済評論を掲げる雑誌で労働問題なども扱った。これに対して『キング』は，大衆雑誌とよばれ，娯楽性が強かった。『改造』は，1942年の横浜事件で廃刊に追いこまれた。

ポイント

1918〜20年に「スペイン風邪」(スペインインフルエンザ)ともよばれる感染症が世界的に猛威をふるい，日本では1918年に著名な劇作家の島村抱月が感染し，亡くなったことで話題となった。

ポイント

金子文子はアナーキストとよばれた〔⑧ 〕者で，皇太子に対する爆弾投げつけ計画の疑いで，死刑判決が出たが(のちに無期懲役に減刑)獄中で亡くなった。

ポイント

治安維持法が定める刑罰や制度の変遷に注意したい。導入当初は，「10年以下の懲役・禁固」であったが，普通選挙法による初の総選挙で社会主義政党ら無産政党勢力が8議席を得た後の1928年に，「死刑」が追加された。また，思想の取り締まりが強化されるなか，1941年に政治犯・思想犯で思想を変えない者は，予防のために引き続き拘束することを可能とする「予防拘禁制」が追加された。なお，アジア太平洋戦争の敗戦後の1945年にはGHQの意向で廃止された。

社会運動の広がり | **普通選挙法と治安維持法**

● 「改造の時代」 さまざまな立場からの社会運動が展開される

1910年代後半	ロシア革命	
	シベリア出兵	
	〔① 〕…米の安売りを要求	

物価の上昇に賃金の上昇が追いつかない

経済的に困窮する人々，平準化を求める人々
- 労働者：〔② 〕
- 農民：〔③ 〕
- 女性：**新婦人協会**(〔④ 〕，市川房枝)
- 被差別部落：〔⑤ 〕

→ 社会主義思想の展開
- 〔⑥ 〕(1922年結成)
- 金子文子：朝鮮の人々と連携

〔⑦ 〕(1923年9月1日)

37万戸の被害，10万人以上の死者・行方不明者
流言による朝鮮人の虐殺，社会主義者の取り締まり
〔⑧ 〕者の大杉栄や伊藤野枝らが虐殺される

1920年代
社会・経済

外交・政治

日ソ基本条約	**普通選挙法**	**治安維持法**
社会主義思想の国内波及を警戒	〔⑨ 〕歳以上の〔⑩ 〕に選挙権を与え，「国民」としての権利を認める	「〔⑪ 〕」の変革や私有財産の否認を目的とする結社を禁止，取り締まる

大衆化の文化

1920年代後半		
	学校教育の普及	〔⑫ 〕能力の向上 大衆雑誌『キング』，女性雑誌『主婦之友』 1冊1円の〔⑬ 〕の普及
	ラジオ放送	1925年にはじまる ニュース，天気予報，相撲や野球の中継

Check ▶ 下の図版に関係する出来事①〜③は，いずれも1920年代のことである。年代の古いものから順に並べかえよう。　　　　　　　　　　　　　　〔　　→　　→　　〕

①

（創刊号）

②

③

（第1回開催時）

Exercise　　1920年代の出来事の説明として誤っているものを，①〜⑧からすべて選ぼう。

〔　　　　　　　　　　〕

① 社会運動の中心を担ったのは労働者や農民で，日本労働総同盟や日本農民組合が結成された。

② 平塚らいてうらが発刊した『青鞜』（発刊は1911年）は，「良妻賢母」という女性の自覚をうながすもので，これが新婦人協会の活動の中心であった。

③ 被差別部落に対する差別の撤廃を訴える団体が結成された。人間の尊厳や自由と平等を求める動きは朝鮮でもみられた。

④ 関東大震災では流言（デマ）が発生し，多数の朝鮮人が虐殺され，社会主義者らが取り締まられ，無政府主義者の大杉栄は殺害された。

⑤ 日ソ基本条約の締結によりソ連との国交が回復したことで，社会主義思想が日本国内に波及する恐れがなくなった。

⑥ 普通選挙法が制定され，25歳以上の男女に選挙権が与えられ，「国民」としての権利が認められた。

⑦ 天皇を中心とする秩序である「国体」の変革や私有財産制度の否認を目的とする結社を禁止するために，治安警察法が制定された。

⑧ 大衆雑誌『キング』や『主婦之友』などの女性雑誌が発行部数を伸ばし，1冊1円の円本も登場した。

Try　第一次世界大戦前後の欧米と日本での権利拡大をめざす動きの共通点と相違点を考えてみよう。

42 政党内閣の時代

教科書 p.148〜149

ポイント

日本初の政党内閣「隈板内閣」(→教 p.105)，本格的な政党内閣「原敬内閣」(→教 p.133)という言葉が出てくる。政党内閣とは議会内で多数を占める政党により組織された内閣をいう。「隈板内閣」の大隈首相は議会に議席をもっていなかったが，原敬は衆議院に議席をもっていたので本格的な政党内閣という。

ポイント

〔⑥〕条約は無事に締結されたが，このあと海軍内部では条約批准推進の条約派と条約反対の艦隊派が対立。海軍は艦隊派が主流となり，日本は対米強硬路線を突きすすむことになる。

ポイント

〔⑧〕とは天皇大権の一つで軍隊の指揮統率権のこと。陸軍省や海軍省の軍政機関からも独立するものと解釈されていた。

ポイント

〔⑪〕は3回にわたり実施されているが，在留日本人保護という目的のほかに蒋介石による北伐阻止という目的があった。

ポイント

〔⑭〕は国民政府とともに台湾に移って軟禁状態で生涯を送り，2001年にホノルルで死去，享年100歳。1990年，NHKは〔⑭〕のインタビューに成功した。

政党内閣の時代

●第2次護憲運動（1924年）

目的	・特権内閣の打倒，政党内閣の樹立，〔①　　　　　　　　〕の実現
結果	・護憲三派の代表〔②　　　　　　　〕による政党内閣が成立
	・憲政会（立憲民政党）と〔③　　　　　　　　　〕が交互に政権担当
	・犬養毅内閣が倒れる（1932年）まで〔④　　　　　　　　〕が続く
	・普通選挙法成立→政治の大衆化がすすむ
	・無産政党も公然と活動開始

平和と軍縮

●第一次世界大戦後に締結されたおもな軍縮条約

- ワシントン海軍軍縮条約（1922年）…主力艦保有量の制限
- 〔⑤　　　　　　　〕条約（1928年）…「国策の手段としての戦争」を放棄
- 〔⑥　　　　　　　　　　〕条約（1930年）…補助艦保有量の制限
  - →〔⑦　　　　　　　　〕内閣がこの条約を締結すると，〔⑧　　　　　　〕干犯問題がおこった

中国情勢への対応

- 〔②〕・第1次**若槻礼次郎**内閣の外相：〔⑨　　　　　　　　　〕
  英米と協調，中国に対しては不干渉政策（〔⑩　　　　　　　〕）
  →〔③〕は軟弱外交と攻撃
- **田中義一**内閣（外相兼任）
  積極外交に転換→在留日本人保護を目的に〔⑪　　　　　　　　〕
  　　　　　　　　〔⑫　　　　　　　　〕（1928年）…北伐軍と武力衝突
  〔⑬　　　　　　　〕**事件**→息子の〔⑭　　　　　　　　〕が国民政府に合流
  　→これにより国民党による中国統一ほぼ達成
  　　このあと，田中内閣は総辞職（1929年）

金本位制への復帰

- 第一次世界大戦後の日本は慢性的不況，為替相場も不安定
  →経済界は〔⑮　　　　　　〕を要望
- 〔⑦〕内閣
  　〔⑯　　　　　　　〕財政によるデフレ政策を実施，〔⑮〕断行（1930年）直前にアメリカで株価暴落発生→〔⑰　　　　　　　　〕へと発展し，日本も巻きこまれる

Check ▶ 幣原と田中の対中国外交には，どのようなちがいがあったのだろうか。幣原と田中の演説を読んで，以下の問いに答えよう。

幣原喜重郎の演説（1927年1月）	田中義一の演説（1927年4月）
日支両国の関係に於ける諸問題の全体を通じまして，政府の方針を約言いたしますれば，第一に支那の主権及び領土保全を尊重し，其内争に付ては絶対不干渉の主義を厳守するものであります…第四に支那の現状に対しては及ぶ限り忍耐寛大の態度を執ると共に，我が正当且つ重要なる権利は飽迄も合理的手段を盡して之が擁護に務むる覚悟であります。	支那の変局は今や単純なる内争の域を越へ，東亜全局の危機を醸し…徒に内政不干渉に藉口して袖手傍観を事とするは明に帝国の東亜に於ける地位の放棄であると共に東洋大局の崩壊を顧みないものである。東亜の盟主たる我帝国は飽くまで大局保全の見地に立ち，帝国の自衛と権益の擁護を全うする為め，対支外交の刷新を期せなければならぬ。

1 二人の外交姿勢の特徴をよくあらわす言葉を抜き出してみよう。

　　　　　　　　　　　　幣原〔　　　　　　　　　　　〕田中〔　　　　　　　　　〕

2 幣原喜重郎の演説の下線部について，この方針を定めた条約で日本が締結したものを次の**ア〜エ**から一つ選ぼう。　　　　　　　　　　　　　　　　　　　　　　　　　　　　　　〔　　　〕

　　ア 四か国条約　　**イ** 九か国条約　　**ウ** ワシントン海軍軍縮条約　　**エ** 不戦条約

3 田中内閣の中国に対する外交姿勢にもとづく政策として正しいものを，次の**ア〜エ**から一つ選ぼう。　　　　　　　　　　　　　　　　　　　　　　　　　　　　　　　　　　〔　　　〕

　　ア ロンドン軍縮条約の調印　　**イ** 不戦条約の調印　　**ウ** 北伐の実施　　**エ** 山東出兵

4 二人の外交姿勢のちがいについて，歴史的事象をあげながら100字以内で説明しよう。

Exercise 浜口雄幸内閣の政策について説明した次の文のうち，内容が正しいものの組合せを①〜④から一つ選ぼう。　　　　　　　　　　　　　　　　　　　　　　　　　　　　　　　　　〔　　　〕

　a 主力艦の保有量を制限するワシントン海軍軍縮条約に調印した。

　b ロンドン海軍軍縮条約に調印した結果，統帥権干犯であると攻撃された。

　c 金解禁を断行するとともに，産業合理化政策を推進した。

　d 金融恐慌に際し，緊急勅令により事態の収拾をはかろうとした。

　　① **a・c**　　② **a・d**　　③ **b・c**　　④ **b・d**

Try 憲政会・民政党内閣と政友会内閣では，外交政策にどのようなちがいがあっただろうか。次の語句を用いて説明してみよう。【 不干渉政策　　山東出兵　　ロンドン海軍軍縮条約 】

20世紀の女性と男性

教科書 p.150〜151

① 第一次世界大戦を契機に女性の社会進出がすすんだといわれる。その背景には何があったのだろうか。

【資料1】ドイツにおける女性就業者の推移

(1914年6月＝100)

年	月	女性	男性	総計
1916	12	108.1	60.5	77.3
1917	10	116.1	60.9	80.7
1918	10	116.8	60.2	80.1

【資料2】ドイツにおける産業別女性就業者数の変化

(1917年10月時点　1914年6月＝100)

	女性	男性	総計
製鉄・金属・機械	476.1	95.5	118.4
電機	480.5	84.0	145.1
化学	450.4	117.4	155.6
繊維	73.7	33.8	54.8
木材	117.9	51.7	61.6
食料品・嗜好品	101.6	52.8	75.3
被服	59.5	34.5	47.7
建築	279.3	56.1	62.3

STEP 1　次の文章の空欄（　**ア**　）〜（　**エ**　）には「増加」と「減少」のどちらがあてはまるだろうか。また，空欄〔　①　〕〜〔　④　〕に入る語句を答えよう。

　資料1をみると，戦争の始まる前と比較して男性の就業者数は（**ア**　　　　）し，逆に女性就業者数は（**イ**　　　　）している。**資料2**をみると，そのなかでも〔①　　　　　　　　〕，そして〔②　　　　　〕，〔③　　　　　〕における女性就業者数は特に大きく（**ウ**　　　　）している。この三部門に関しては，男性就業者数はあまり（**エ**　　　　）していない。その理由は，これらの部門は〔④　　　　〕を続ける上で重要な部門だったからである。

STEP 2

1　教科書p.150の**資料3**のポスターをみてみよう。右半分に書いてあることを日本語にしてみよう。

〔　　〕

2　当時のアメリカの若い男性は，このポスターをみてどう感じただろうか。

3　当時のアメリカの若い女性は，このポスターをみてどう感じただろうか。

STEP 3　第一次世界大戦で女性はどのような役割を期待され，また実際に果たしていたのだろうか。教科書p.128も参照して考えてみよう。

STEP4 教科書p.151の**資料4**の手紙の書き手である男性は，女性にはどのような仕事をしてほしいと思っているか。また，どのような服を着てほしいと思っているか。さらに，どのような女性が好ましいと考えているだろうか。手紙の文中から書き出してみよう。

STEP5 第一次世界大戦の前後で，女性の地位はどのように変わったのだろうか。まとめてみよう。こうした社会の変化を男性はどのようにみていたのだろうか。

② 20世紀はじめころの女性たちが向き合っていた問題を考えよう。

STEP1 平塚らいてうはどのような主張をしただろうか。また，平塚の他に女性運動をすすめた人物は誰だろうか。教科書p.146〜147を参照して考えてみよう。

STEP2 教科書p.151下の文字資料中に述べられた女性を苦しませるものを考えてみよう。
①「旧時代の遺物」
　…旧時代とあることから〔　　　　　　　　　　　　　　　〕問題
②「二重，三重の現代的苦痛」…現代的とあることから，家制度などの〔　　　　　　　　
　　　　　　　　　　　　　　　　　〕にともなう問題
③「朝鮮女性を不利にするもの」…朝鮮全体を苦しめるものに直結し，全世界の不合理ともつながっているとあることから，〔　　　　　　　　　　〕問題

Try

1 女性参政権について男性はどのように考えていたのだろうか。調べてみよう。
2 20世紀のはじめのころ，世界各地における農村の女性はどのような暮らしと働きをしていたのだろうか。調べてみよう。
3 20世紀の各国・地域の主要産業を調べ，その産業で働いていた女性たちの様子を調べてみよう。

1 次の文を読んで，下の問1〜問13に答えよう。

　1914年に勃発した①第一次世界大戦は，②それまでの国際秩序を大きく変えた。大戦は参戦国の国力すべてを動員する〔　あ　〕として戦われ，これまでにない犠牲を出したため，③大戦後には国際協調体制の構築がはかられた。戦乱となった④ヨーロッパではこれまでの帝国が解体し，民族の独立がみられた。戦場からはなれた戦勝国となったアメリカと，⑤ロシア革命を経て誕生した社会主義国家であるソ連が台頭する一方で，⑥民族自決の原則も提起された。大戦末期，日本では米価の急上昇を背景に〔　い　〕がおこり，これをきっかけに⑦最初の政党内閣が成立した。また，この時期には大衆社会が形成され，メディアを軸とした文化が出現し，1925年には日本でも〔　う　〕放送がはじまった。大衆の力は政治においても発揮され，⑧世界各地で民族運動がさかんになったほか，⑨女性たちの運動も活性化し，⑩大衆の政治参加もすすんだ。こうした動きは日本でも同様にみられ，⑪「大正デモクラシー」とよばれた。しかし1920年代後半には，⑫日本も積極的な中国政策を試みるようになった。

問1　文中の空欄〔　あ　〕〜〔　う　〕に入る語句を答えよう。

〔あ　　　　　　　〕〔い　　　　　　　〕〔う　　　　　　　〕

問2　下線部①に関連して，次の(1)(2)に答えよう。
(1) 大戦のきっかけとなった，オーストリア皇位継承者夫妻がセルビア系の青年によって暗殺された事件を何というか。　　　　　　　　　　　　　　　　　　　　　　　　　　〔　　　　　　　　　　〕
(2) 大戦中に日本の大隈内閣が中国政府に受諾を求めた文書を何というか。〔　　　　　　　　　　〕

問3　下線部②に関連して，次の文中の〔　ア　〕〜〔　オ　〕に入る語句を答えよう。

　ビスマルクが皇帝〔　ア　〕と対立して宰相を辞任し，ドイツは積極的な対外進出へと政策を転換した。ドイツに〔　イ　〕の更新を拒否されたロシアはフランスとの連携を求め，〔　ウ　〕をむすんだ。その後ドイツの勢力拡大を背景に，1904年イギリスはアフリカ分割をめぐってフランスと〔　エ　〕をむすび，1907年にはロシアと〔　オ　〕をむすんでイランでの勢力範囲を定め，三国同盟に対抗する三国協商が完成した。

〔ア　　　　　　　〕〔イ　　　　　　　〕〔ウ　　　　　　　〕〔エ　　　　　　　〕
〔オ　　　　　　　〕

問4　下線部③に関連して，1921〜22年に開かれ，大戦後の東アジア・太平洋での秩序を決定した会議を何というか。　　　　　　　　　　　　　　　　　　　　　　　　　　　　〔　　　　　　　　　　〕

問5　下線部④に関連して，ドイツ帝国の崩壊後に成立した共和国を何というか。

〔　　　　　　　　　　〕

問6　下線部⑤について，この革命に関連した次のa〜dの出来事を年代の古いものから順に並べかえよう。

　a　二月革命　　　b　血の日曜日事件　　　c　ブレスト＝リトフスク条約締結　　　d　十月革命

〔　　　　〕→〔　　　　〕→〔　　　　〕→〔　　　　〕

問7　下線部⑥の原則にもとづく運動について，次の(1)(2)に答えよう。
(1) 1919年3月におこった，朝鮮の独立をめざす運動を何というか。　　　　〔　　　　　　　　　　〕
(2) 1919年5月に北京の学生の抗議行動からはじまり，全国にひろがった反日運動を何というか。

〔　　　　　　　　　　〕

問8　下線部⑦で立憲政友会を基盤に首相となったのはだれか。　〔　　　　　〕

問9　下線部⑧に関連して，次の(1)～(3)の民族運動がおこった国や地域を，下のa～cからそれぞれ記号で選ぼう。

(1)　イギリスからの独立をめざしてワフド党が結成された。

(2)　ガンディーが非暴力・不服従運動を指導した。

(3)　ムスタファ=ケマルが祖国解放運動を指導した。

　　　a　インド　　　b　トルコ(オスマン帝国)　　　c　エジプト

　　　　　　　　　　　　　　　　　　　　　　　　〔(1)　　　〕〔(2)　　　〕〔(3)　　　〕

問10　下線部⑨に関連して，平塚らいてうや市川房枝らによって1920年に結成された，女性参政権などを求めた組織を何というか。　〔　　　　　〕

問11　下線部⑩に関連して，1925年に日本で普通選挙法と同時に成立した，「国体」の変革や私有財産の否定を目的とする結社を禁止した法律を何というか。　〔　　　　　〕

問12　下線部⑪の前期を代表する，民衆の意向を無視しては政治・社会はなりたたないという思想を何というか。　〔　　　　　〕

問13　下線部⑫に関連して，在留日本人保護を目的に山東出兵をおこなった日本の首相はだれか。

　　　　　　　　　　　　　　　　　　　　　　　　　　　　　　　　　　〔　　　　　〕

2　次のA・Bの資料をみて，下の問1・問2に答えよう。

A

B

入国禁止
第13条
(c)帰化不能外国人は，以下の場合をのぞきアメリカ合衆国に入国することは認められない。…
　　　　　　　　　　　　（1924年移民法）

問1　Bの資料の「帰化不能外国人」とはどのような人のことか，Aの資料を参考に答えよう。
〔　　　　　　　　　　　　　　　　　　　　　　　　　　　　　　　　　　　　　　　〕

問2　これらの資料にみられたころのアメリカ合衆国にあてはまらないものを，次のa～dから一つ選ぼう。　〔　　　　　〕

　　　a　禁酒法の制定　　　b　国際連盟への加盟　　　c　女性参政権の実現　　　d　自動車の普及

3　第一次世界大戦をきっかけに，アメリカ合衆国や日本でみられた大衆化の動きを，次の語句を用いてまとめてみよう。　【　女性参政権　　米騒動　　学校教育　】

43 世界恐慌

教科書 p.154～155

世界恐慌と日本への波及

1929年10月　ニューヨーク証券取引所で株価が大暴落

→アメリカの資本に依存するヨーロッパなどに拡大，〔①　　　　　　　〕に

工業生産低下
→多数の失業者

日本
農産物価格暴落
→農村の窮乏・商工業不振
→失業者増加・社会不安拡大
→〔③　　　　　　　〕となる

中産階級没落・政治の不安定化
→〔②　　　　　　　〕勢力台頭

ブロック経済　　ニューディール

- 各国政府は強力なリーダーシップを発揮して経済に介入
- 積極的な国際協力ではなく，自国本位の解決策を採用

ブロック経済圏
・広大な植民地や自治領で排他的なブロック経済圏を構築
・1932年　〔④　　　　　　　　〕会議（オタワ会議）
→閉鎖的な〔⑤　　　　　　　　　〕の形成
・連邦内の商品には無税・低関税，連邦外の商品には関税
・フランスはフラン=ブロック，アメリカはドル=ブロックを構築，日本も満洲事変後は円ブロックの構築をめざす

ニューディール
・アメリカの〔⑥　　　　　　　　　〕が推進
・政府が経済に介入

農民に生産制限
→〔⑦　　　　　　〕(AAA)

企業に価格・生産の規制
→〔⑧　　　　　　〕(NIRA)

公共事業で失業者救済
→テネシー川流域開発公社（TVA）

スターリン体制

〔⑨　　　　　　　　〕
…急速な工業化による社会主義建設推進
→恐慌の影響は小さかった

農業の〔⑩　　　　　〕
・農民の小経営をまとめる
・工場労働者の創出
→農村の混乱・飢饉

粛清…反対派の処刑・処罰→〔⑪　　　　　　　〕の独裁体制確立

ポイント

〔①〕の背景には，自由放任経済によるアメリカの生産拡大があり，大戦後にヨーロッパの生産が復活したことで購買力を上回る生産過剰が生じていたことがある。ドーズ案以降，アメリカ資本による投資がすすむドイツではとくに影響が大きかった。

ポイント

ドイツでは1932年にナチ党が第1党となった。イタリアのファシスト党政権は世界恐慌前に成立。

ポイント

英・米・仏など広い国土や植民地を保有しブロック経済圏の構築が可能な「持てる国」に対し，ドイツやイタリア，日本などの「持たざる国」は，植民地の再分割を求めて対外侵出を強めた。

ポイント

政府が積極的に経済に介入する姿勢は修正資本主義とよばれる。このほか，労働組合活動を支援することなどを目的とするワグナー法も制定されたが，これは労働者の収入を維持することで，購買力の低下を防ごうとするものであった。

ポイント

ソ連では，1921年以来資本主義を一部復活させる新経済政策がおこなわれたが，〔⑪〕はこれを停止して，長期目標にもとづく計画経済である〔⑨〕を開始した。

Check❶▶ 各国の工業生産の推移を示した右のグラフに関する会話を読み，空欄XとYに入る語句ア
〜エの組合せとして最も適切なものを，次の①〜④から一つ選ぼう。　　　　　　　　〔　　　　〕

生徒A：やはり世界恐慌のあった1929年が大きな転換点になっている
　　　　ね。でも，**a**は世界恐慌の影響を受けていないようにみえる。
　　　　ということは，**a**は　**X**　だと思う。

生徒B：そうだね。それに比べれば**d**と**e**のダメージが大きいね。でも，
　　　　どちらも1933年ごろから上向いてきているから，どちらかは
　　　　　Y　じゃないかな。

ア　資本主義国との関係が少なく，第１次５か年計画で工業化をすすめ
　　　ていたソ連

イ　アメリカへの輸出への依存度が低く，すでに昭和恐慌による打撃を
　　　脱していた日本

ウ　ムッソリーニによるファシスト党政権が成立したことで，強力な経済統制策が成功したイタリア

エ　フランクリン＝ローズヴェルトが大統領になったことで，経済の立て直しがすすめられたアメリカ合衆国

　①　Ｘ−ア　Ｙ−ウ　　②　Ｘ−ア　Ｙ−エ　　③　Ｘ−イ　Ｙ−ウ　　④　Ｘ−イ　Ｙ−エ

Check❷▶ イギリス・フランス，ドイツ，日本，アメリカがそれぞれ世界恐慌にどのように対応したか，
表をみて以下の問いに答えよう。

	国内政策	対外政策
イギリス	【　Ａ　】	〔①〕の形成　　イギリス連邦経済会議の開催
フランス	【　Ａ　】	〔②〕の形成
ド　イ　ツ	国家統制による危機の打破	国外に対して侵略を推進
日　　本	【　Ａ　】	〔③〕の構築をめざす　　満洲進出をすすめる
アメリカ	〔④〕政策の推進	〔⑤〕の形成

1　表中の空欄【　Ａ　】に入る文を次のア〜ウから一つ選ぼう。　　　　　　　　　〔　　　　〕
　　ア　国家による経済への介入　　**イ**　自由主義による競争の促進　　**ウ**　農業集団化の推進

2　表中の空欄①〜⑤に入る語句を答えよう。
　　〔①　　　　　　　　　　　〕〔②　　　　　　　　　　〕〔③　　　　　　　　　〕
　　〔④　　　　　　　　　　　〕〔⑤　　　　　　　　　　〕

3　表から，各国の世界恐慌への対応の共通点と相違点を80字以内でまとめてみよう。

Try　第二次世界大戦の枢軸国となった国々は，侵略による植民地の再分割を推進した。その背景には，
　　　　一部の国がおこなった恐慌対策への不満があると考えられる。この恐慌対策とそれがうんだ対立
　　　　について説明してみよう。

44 ファシズムの時代

教科書 p.156～157

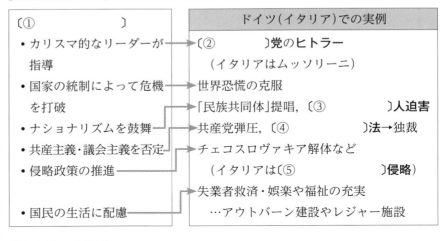

| ファシズム | ヒトラーの支配 | ドイツ・イタリアの対外侵略 |

〔①　　　　　　　〕

・カリスマ的なリーダーが指導

・国家の統制によって危機を打破

・ナショナリズムを鼓舞

・共産主義・議会主義を否定

・侵略政策の推進

・国民の生活に配慮

ドイツ（イタリア）での実例

〔②　　　　　〕党のヒトラー
　（イタリアはムッソリーニ）

世界恐慌の克服

「民族共同体」提唱，〔③　　　　　　　〕人迫害

共産党弾圧，〔④　　　　　　　　〕法→独裁

チェコスロヴァキア解体など
　（イタリアは〔⑤　　　　　　　〕侵略）

失業者救済・娯楽や福祉の充実
　…アウトバーン建設やレジャー施設

●ヒトラーの台頭

・〔②〕党（国民社会主義ドイツ労働者党）党首

・1923年の〔⑥　　　　　　　　　　〕失敗後，大衆運動拡大

　…〔⑦　　　　　　　　〕体制への不満を利用

・軍部や大資本の支持

　…左翼勢力（共産党など）の拡大をおそれる

●ヒトラー政権

・1933年　首相となる

・国会議事堂放火事件で共産党を弾圧

・〔④〕法で独裁→言論・出版抑圧

　→反対派弾圧

・1935年　〔⑨　　　　　　　〕宣言・徴兵制復活

　36年　ロカルノ条約破棄，

　　　〔⑩　　　　　　　〕進駐

　　　イタリアとともに〔⑫〕将軍を支援

　〔⑪　　　　　　　　〕内戦（1936～39年）

　〔⑫　　　　　　　　〕× 人民戦線政府

　→〔⑫〕の勝利

・1938年　〔⑬　　　　　　　〕併合

　　チェコスロヴァキアに〔⑭　　　　　　　〕地方割譲要求

　〔⑮　　　　　　　〕会談（1938年）

　　英・仏・独・伊が参加　ドイツの要求を承認

・1939年　チェコスロヴァキア解体→〔⑧〕政策の失敗が明らかとなる

イギリス・フランス

〔⑧　　　　　〕政策

…反共政策をとる
　ドイツを支持

容認

不干渉政策

ソ連・国際義
勇軍の支援

ポイント
〔⑥〕は，フランス・ベルギーによるルール占領の混乱に乗じておこされた。失敗し，逮捕されたヒトラーは獄中で『わが闘争』をあらわした。

ポイント
ヒトラーは1934年以降「総統」を称した。また，〔②〕党支配下のドイツは，神聖ローマ帝国（962～1806）・ドイツ帝国（1871～1918）に次ぐ「第三帝国」とよばれた。

ポイント
〔⑦〕条約において，ドイツの軍備は禁じられてはいなかったが，装備や人員できびしい制限が課されていた。

ポイント
〔⑪〕内戦での国際義勇軍にはヘミングウェイやオーウェルといった文化人も参加した。

ポイント
ドイツと〔⑬〕の合同は，〔⑦〕条約で禁じられていた。

ポイント
〔⑮〕会談に出席したイギリスの首相は，ドイツに対する〔⑧〕政策をすすめたネヴィル＝チェンバレンで，英・仏・独・伊の四国首脳での〔⑮〕会談は，当事国であるチェコスロヴァキア抜きでおこなわれた。

Check❶▶ 下の図はナチ党の組織が作成した宣伝ポスターであり,「君も今や旅行ができる！」「毎週5マルク貯金すれば,君も自分の車を運転できる！」と書かれている。ナチ党は人々にどのような夢を提供したのだろうか。ポスターから読みとれるナチ党の政策について,「世界恐慌」「レジャー」「自家用車」の三つの語句を用いて説明しよう。

Check❷▶ ドイツの拡大と侵略を示した右の地図をみて,以下の問いに答えよう。

1 地図中の**X**で示した国家は,1938年にドイツに併合された。この国の名を答えよう。〔　　　　　　　　〕

2 次の①～⑤の出来事を,年代順に並べよう。

① 地図中の**A**の地域にドイツ軍が進駐

② 地図中の**B**の地域をドイツが併合

③ ロカルノ条約の破棄

④ ミュンヘン会談の開始

⑤ ドイツの再軍備宣言

〔　　　　〕→〔　　　　〕→〔　　　　〕→〔　　　　〕→〔　　　　〕

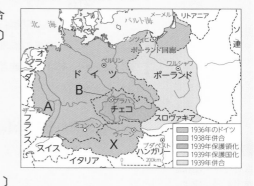

Exercise❶ スペイン内戦について述べた次の①～④の文章のうち,誤りを含むものを一つ選ぼう。〔　　　　〕

① フランコ将軍が反乱をおこし,ソ連に支援された人民戦線政府を打倒した。

② ドイツは反乱側を支援し,ゲルニカへの空爆をおこなった。

③ イギリスは不干渉政策をとったが,フランスは政府側を支援して介入した。

④ 諸外国から集まった民間人は,国際義勇軍を結成して政府側を支援した。

Exercise❷ イギリスはなぜ宥和政策をおこなったのか,説明しよう。

Try 1930年代のドイツで,選挙でナチ党に投票した人として適切ではないものを次の①～⑤から二つ選ぼう。〔　　　　〕

① ヴェルサイユ条約に不満をもつ人々　　② 恐慌で仕事を失った人々　　③ ユダヤ人の商人

④ 共産主義の立場に立つ労働者　　⑤ 左翼の勢力拡大を嫌う大資本家

45 満洲事変と軍部の台頭

満洲事変

満洲事変

- 〔①　　　　　　　〕(1931年9月18日)

  関東軍による〔②　　　　　　　　〕(満鉄)線路爆破→軍事行動開始

- 第２次〔③　　　　　　　　〕内閣…不拡大方針公表

  →しかし，民衆は戦争支持へ

「満洲国」建国

- 執政：〔④　　　　　〕

- 日本は〔⑤　　　　　　　　　〕を締結して満洲国を承認

日本の国際的孤立

- 〔⑥　　　　　　　　　〕の報告

  →日本の軍事行動と満洲占領は不当

  　日本軍の満洲からの撤収勧告

- 日本は国際連盟から脱退(その後，ドイツも脱退)

- 〔⑦　　　　　　　　　　　　〕を廃棄→国際的孤立へ

恐慌からの脱出

- 犬養内閣の〔⑧　　　　　　　〕蔵相→金輸出の再禁止を断行

  　　　　　　　　　　　　　　　　　景気回復をはかる

- 円の暴落(円安)→輸出急増，〔⑨　　　　　　〕が輸出世界第１位に

- 軍事費の増大→重化学工業の進展

- 〔⑩　　　　　　　〕などとの貿易摩擦

軍部の発言力の増大

五・一五事件(1932年)

- 政党内閣に対する不満→海軍青年将校らが〔⑪　　　　　　〕首相を暗殺

- 政党内閣の終焉

  海軍大将の〔⑫　　　　　　〕・〔⑬　　　　　　　〕らによる挙国一致内閣

二・二六事件(1936年)

- 陸軍内部の対立…〔⑭　　　　〕派と〔⑮　　　　〕派

- 急進的な国家改造をめざす〔⑭〕派→〔⑧〕蔵相らを殺害

- 反乱軍として鎮圧→しかし，軍部の発言力は強まる

広田弘毅内閣

- 膨大な軍備拡張政策

- 日独防共協定締結→〔⑯　　　　　　　　　　〕に発展(1937年)

ポイント
〔⑤〕により満洲国は日本の既得権益を認めるとともに日本軍の駐屯を認めた。また附属協定などにより関東軍が任免権をもつ日本人官吏の任用なども認めた。

ポイント
世界恐慌や昭和恐慌による輸出不振が続き，国外への金流出が続いたため金輸出の再禁止が実施された。

ポイント
来日中であったイギリスの喜劇王チャップリンは，5月15日に〔⑪〕首相主催の来日歓迎会に出席する予定であったが，直前に参加を見あわせたため難を逃れた。

ポイント
第二次世界大戦後の極東国際軍事裁判において，広田弘毅は文官でただ一人絞首刑の判決を受けた。

Check❶▶ 日本の輸出額の推移を示した下のグラフをみて，次の文章の空欄に入る語句を答えよう。

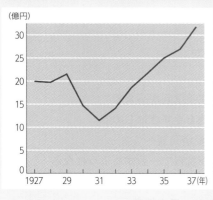

このグラフをみると，〔①　　　　　　　〕発生にともない日本の輸出額は急減するが，1931年ごろから回復していく。この背景には満洲事変のさなかに成立した犬養毅内閣の蔵相〔②　　　　　　　〕により，〔③　　　　　　　〕が断行されたため，円の価値が暴落し，いわゆる円安状態になったことがある。とくに〔④　　　　　〕輸出は1933年に〔⑤　　　　　　　〕を抜いて世界第1位となった。このため〔⑤〕との間に深刻な貿易摩擦が生じるようになった。また，重化学工業化の進展は，日本が原材料の確保を求めて〔⑥　　　　　　　〕にのりだす一因となった。

Check❷▶ 日独防共協定締結の目的は何だったのだろうか。教科書p.159の文字資料を読んで，次の文章の空欄に入る語句を答えよう。

　ドイツでは1933年に〔①　　　　　　〕を首相とする〔②　　　　　　〕政権が誕生した。この政権は反〔③　　　　　　〕的政策を実行していた。一方，ソ連を中心とする〔④　　　　　　　〕はその第七回世界大会において〔⑤　　　　〕とドイツを敵とみなすことを決議した。つまり，〔⑤〕もドイツも対ソ連及び〔④〕政策においてその立場は同じであり，国防上並びに赤化対策上ともに連携していくことが得策と考えられ，日独防共協定が締結された。なお，1937年にはこの協定に〔⑥　　　　　　〕が加わって〔⑦　　　　　　　　〕になった。

Exercise　日本の軍部が政権をにぎる過程に関する次の文章の空欄に入る語句を答えよう。

　満洲事変前後の時期には，軍人や右翼の間に政党内閣に対する不満が高まってきていた。1932年には海軍青年将校らが犬養毅首相を射殺するという〔①　　　　　　　　〕がおこった。この後は斉藤実や〔②　　　　　　　〕らの軍出身者があいついで挙国一致内閣を組織し，政党内閣の時代は終焉をむかえた。発言力を強めた陸軍の内部では，急進的な国家改造をめざす〔③　　　　　〕の青年将校と，合法的に総力戦体制を構築しようとする〔④　　　　　〕将校らの対立が激化するようになった。そして，ついに1936年に〔③〕の青年将校らは〔⑤　　　　　〕蔵相らを殺害し，首相官邸やその周辺一帯を占拠するという，いわゆる〔⑥　　　　　　　〕がおこった。この事件はすぐに鎮圧されたが，その後，軍部の政治的発言力は強まり，事件後に成立した〔⑦　　　　　〕内閣では膨大な軍備拡張政策がスタートした。

Try　日本が「国際的孤立」への道を歩んだ経緯を，次の語句を用いて説明してみよう。
【　リットン調査団　　国際連盟　　ワシントン海軍軍縮条約　】

46 日中戦争

ポイント
〔②〕事件は〔①〕と中国共産党との協力体制を構築した重要な事件である。共産党討伐の督励に〔②〕におもむいた蔣介石を〔③〕が監禁し，内戦の停止と抗日を要求した。

盧溝橋への道

● 日中戦争

【背景】
- 中国では日本の華北支配に対する批判が高まる
- 中国共産党…延安に抗日根拠地をきずきはじめる
- 米英の支援による通貨統一 →経済発展へ
- 中国共産党と〔①　　　　　　　〕が抗日で一致するようになる

- 〔②　　　　　　〕事件…〔③　　　　　　　　〕による蔣介石の監禁→抗日へ
- 〔④　　　　　　　　〕(1937年7月7日)→**日中戦争**へ
- 第2次〔⑤　　　　　　　　〕→〔⑥　　　　　　　　　〕結成

日中戦争

● 長期化する戦争

- 戦線は華中へ拡大→日本軍は〔⑦　　　　　　〕占領(1937年12月)
- 国民政府の抵抗…〔⑧　　　　　　　〕首相は声明発表
　　　　　　「国民政府を対手とせず」
- 米英の反発…日中戦争は〔⑨　　　　　　　　　〕などの国際秩序に違反
- 国民政府は〔⑩　　　　　　〕へ→徹底抗戦

ポイント
〔⑧〕首相は，全部で3回の対中国声明を発表している。
<第1次声明>
「国民政府を対手とせず」
<第2次声明>
日中戦争の目的は「東亜新秩序」の建設にあるとした。
<第3次声明>
日・満・華の三国による政治的・経済的提携と防共体制をよびかけた。

戦時下の日本

● 戦時体制の構築

- 〔⑪　　　　　　　　　　　　　〕…戦争遂行に即した生活態度
- 〔⑫　　　　　　　　　〕…人とモノが政府によって統制(1938年)
　→〔⑬　　　　　　　　〕により工場などへの動員開始
- 米が〔⑭　　　　　　〕となる(1941年)
- 政党・労働組合はすべて解散→〔⑮　　　　　　　　　　〕の発足(1940年)
　→隣組・町内会や部落会は下部組織として協力

ポイント
〔⑫〕の公布により，戦時に際して政府は議会の承認なしに人やモノなどの統制・運用が可能となった。〔⑮〕の発足とあわせ議会が形骸化していくのである。

戦時下の中国

● 中国大陸の分割

- 中国は国民政府支配地域，抗日根拠地，日本の傀儡政権，日本軍占領地に分割
- 日本は国民政府の有力者の〔⑯　　　　　　〕に〔⑦〕国民政府をつくらせる
　→民衆の支持得られず
- 国民政府…経済統制による工業をすすめる→民衆の負担増
- 共産党…ゲリラ戦による日本軍の討伐，勢力拡大

ポイント
〔⑯〕は〔⑧〕首相の要請に応じて1938年12月に〔⑩〕を脱出し，1940年の3月に〔⑦〕に新政府を樹立して，11月に国家主席となった。〔⑩〕を脱出してすぐに国民政府を樹立したわけではない。

Check ▶ 日中戦争の展開を示した右の地図をみて，次の①〜⑤に該当する場所を地図中のa〜gから選ぼう。

① 張学良が蔣介石を監禁し，抗日の実施をせまった場所 〔　　　〕

② 日本と中国が全面戦争を開始するきっかけとなる事件がおこった場所 〔　　　〕

③ 拠点を移して抗戦を続ける国民政府に対し，日本軍が無差別爆撃をおこなった場所 〔　　　〕

④ 国民政府の有力者であった汪兆銘に日本がつくらせた新たな国民政府の根拠地 〔　　　〕

⑤ 長征を終えた中国共産党が抗日の拠点とした場所 〔　　　〕

Exercise①　Aさんは日中戦争について発表するために，図書館で調べてポイントをメモしてきた。そのメモを先生にみてもらったところ，誤っているものがあると指摘された。下のメモのうち誤っているものをすべて選ぼう。 〔　　　　　　　〕

① 張学良は西安で蔣介石を監禁し抗日の実施をせまった。

② 1937年7月7日におこった柳条湖事件をきっかけに，日中は全面戦争に突入した。

③ 中国共産党と国民政府は抗日民族統一戦線を結成し，抗戦体制をととのえた。

④ 近衛文麿首相はこの戦争に対し声明を発表し，和平の道をとざした。

⑤ 国民政府は南京に移って抗戦を続けたため，戦争は長期化した。

Exercise②　Aさんは日中戦争について調べるため，戦争を体験したBさんにインタビューをした。下記はその一部である。空欄アとイに入る語句の組合せとして正しいものを①〜④から一つ選ぼう。〔　　　〕

B：私がちょうど10歳のときに，日本と中国が全面的な戦争を開始したんです。

A：戦争がはじまると，日常の生活にもいろいろな影響が出たのではないですか。

B：お米は　ア　制になり，自由に手に入らなくなってきました。

A：商品の価格なども統制されるようになったと学校で習いました。

B：7歳年上の姉も　イ　令によって，工場に働きに行くことになったんです。

① ア　切符　　　イ　国民徴用　　② ア　切符　　　イ　国家総動員
③ ア　配給　　　イ　国民徴用　　④ ア　配給　　　イ　国家総動員

Try　日中戦争の長期化により人々の生活はどのように変化したのだろうか。教科書p.161 **4** の表をみて，次の空欄に入る語句を答えよう。

米や塩，みそ・醤油などは〔①　　　　　　〕制が実施されるようになり，砂糖やマッチなども〔②　　　　　　〕制が実施され，自由に購入することができなくなった。また，1939年7月の〔③　　　　　　〕令により多くの国民が工場へ動員されるとともに，1941年8月の〔④　　　　　　〕令により家庭にあった金物類も拠出させられるようになった。

CTIVE 歴史を資料から考える **戦争をささえる社会** 　　　　　教科書 p.162〜163

❶ 人々は戦争の際にどのように暮らすことを求められたのだろうか。教科書p.162の漫画から考えてみよう。

STEP 1　この漫画からどんな印象を受けるだろうか。

STEP 2

① 　② 　③ 　④

⑤

1　①〜⑤の図は，漫画の一部分を拡大したものである。戦争に関連したものはどれだろうか。　〔　　　　　　　　　　　　　　　　　　　　〕

2　他にも漫画のなかに戦争に関連したものはあるだろうか。探してみよう。

STEP 3

1　この漫画から読みとれる戦時下の社会について，疑問に思う点や，今とは異なると考えられる点などをあげて調べてみよう。

2　この漫画に描かれる戦時下の社会で，人々は何を大事にして生きていたのだろうか。

3　この漫画は1941年の1月1日号に掲載された。45年の1月1日に掲載されるとしたら，漫画はどのように変わっていたと考えられるか。

② 戦時中の植民地の人々や植民地出身者の暮らしはどのようなものだったのだろうか。教科書p.163の
資料１・２から考えてみよう。

STEP 1　　**STEP 2**

1　戦地での無事を願って，女性が一針ずつ布地に縫い目をつくってお守りとした祈念行為がさかんにお
こなわれていた。これを何とよぶか。〔　　　　　　　　　　〕

2　**資料１**に書かれた「銃後」「赤誠」の意味を調べてみよう。「銃後の赤誠」を求められた植民地の女性たち
は，どんな思いでいたと考えられるだろうか。

STEP 3

1　**資料２**の「倉本」「木村」の二人は，何を拒否したのだろうか。
〔　　　　　　　　　　　　　　　　　　　　　　　　　〕

2　それに対して，隣組長はどう対応したのか。
〔　　　　　　　　　　　　　　　　　　　　　　　　　〕

3　戦時下で，植民地出身者はどのように扱われていたのだろうか。

③　第一次世界大戦と比較して多大な被害が生じた第二次世界大戦には，どのような特徴があったのだろ
うか。教科書p.163の表から考えてみよう。

STEP 1

1　交戦国総計での戦死兵数，民間死者数は，第一次世界大戦のそれぞれの数値の何倍になるだろうか。
戦死兵数：〔　　　　　〕倍　　　民間死者数：〔　　　　　〕倍

2　最も戦死兵数が多かった国と最も民間死者数の多かった国はどこだろうか。
戦死兵数：〔　　　　　　　〕　　　民間死者数：〔　　　　　　　　〕

STEP 2　　**STEP 1** で考えたこともふまえて，表から読みとれる第二次世界大戦の性格を指摘してみよう。

Try

1　あなたが戦時下に生きていたら，どのような家族生活の変化が生じてくるだろうか。「私の家に戦争
がやってきたら」と仮定して考えてみよう。

2　戦争と家族の変化を，①1931〜37年，②1937〜41年(日中戦争)，③1941〜45年(アジア太平洋戦争)
の3つの時期に分けて，まとめてみよう。

47 第二次世界大戦とアジア太平洋戦争

教科書 p.164～165

世界大戦への道

●第二次世界大戦

原因	・ヴェルサイユ体制打破をめざすドイツ→英仏との協調すすまず
	・東西での紛争をさけるためドイツとソ連が接近
	→〔①　　　　　　　　〕条約締結
	・ドイツ軍による〔②　　　　　　　　　〕侵攻
	→英仏はドイツに宣戦布告→**第二次世界大戦へ**
推移	(1)ドイツを中心とする枢軸国側の動き
	・1940年6月　〔③　　　　　　　　〕はドイツに降伏
	→〔③〕に親ドイツの〔④　　　　　　　〕政権誕生
	・〔⑤　　　　　　　　〕もドイツ側で参戦→〔③〕やギリシアに侵攻
	(2)英米など連合国側の動き
	・1941年8月　米大統領〔⑥　　　　　　　　　〕と英首相
	〔⑦　　　　　　　〕→〔⑧　　　　　　〕を発表

アジア太平洋戦争

●日本の動き

1940. 9	・〔⑨　　　　　　　　〕遮断と資源獲得を目的に仏領インドシナ北部に進駐
	・〔⑩　　　　　　　　〕締結→英米と対立
1941. 4	・〔⑪　　　　　　　　〕調印　日米交渉開始
1941. 6	・**独ソ戦開始**
1941. 7	・仏領インドシナの南部に進駐
	→米英による対日石油輸出禁止
1941. 9	・御前会議…戦争決意の方針決定
1941.10	・近衛首相と陸軍大臣〔⑫　　　　　　　〕との対立
	→〔⑫〕内閣成立
1941.11	・御前会議…交渉継続と12月初旬の対英米開戦を決定
	→米は〔⑬　　　　　　　〕提示，交渉ゆきづまり
1941.12	・日本軍はハワイの〔⑭　　　　　〕を空襲
	→**アジア太平洋戦争へ**，独伊も米国に宣戦→世界大戦に

戦争の展開

・米英はソ連への武器援助開始

　→〔⑮　　　　　　　　　　　〕の戦いでドイツ軍敗北(1943年)

・日本軍

　〔⑯　　　　　　　　〕海戦(1942.6)，ガダルカナル島での戦い

　→戦局不利に

ポイント

〔⑧〕は8か条から構成されていて，おもな内容は領土の不拡大や不変更，民族の自決，自由貿易，国際的な経済協力，平和の確立，公海の自由，武力行使の放棄と安全保障システム確立などが取り決められ，その理念はアジア太平洋戦争後に国際連合の創設につながっていく。

ポイント

〔⑩〕は三国の攻守同盟であり，アメリカを共通の仮想敵国としていた。のちに〔⑭〕攻撃をおこなう海軍大将の山本五十六は，日本がドイツ・イタリアと軍事同盟を締結すれば，アメリカとの全面戦争は不可避となり，その国力のちがいから日本が敗北することをこの時点で予想していた。また，この同盟の推進役であった松岡洋右外相は対米戦のためにソ連との関係強化をはかろうと考え，三国同盟にソ連も加えようとしていたが，ヒトラーの賛同を得られず断念した。

Check❶▶ 下の風刺画について説明した次の文章の空欄に入る語句を答えよう。

　　　この風刺画は，ドイツの外相（手前右）が「すぐに〔①　　　　　　　　〕があなたのために新秩序を用意してくれますよ」とソ連の〔②　　　　　　　〕に提案している様子をあらわしている。後方にいる「Lord（盟主）」を名のる人物は，左から〔③　　　　　　〕，〔④　　　　　　〕，〔⑤　　　　　〕の国を象徴している。

Check❷▶ Aは日本軍のマレー半島上陸の様子，Bは真珠湾攻撃の様子を示したものである。それぞれの図の場所を，左の地図中のア〜エから選ぼう。

A〔　　　　　〕

B〔　　　　　〕

Try　なぜ日本はアメリカと戦争をすることになったのだろうか。次の語句を用いてまとめてみよう。
【　日独伊三国同盟　　日米交渉　　ハル・ノート　】

48 戦争と民衆

ポイント

〔③〕とは，もともとはギリシア語で「すべてを焼き尽くす」などという意味である。ナチ=ドイツは占領下のポーランドのアウシュヴィッツやソビブルなどの収容所にユダヤ人を移送し，ガス室などで殺害。45年までに約600万人が殺されたとされる。移送の責任者アイヒマンは戦後，アルゼンチンに逃亡したが，60年にとらえられ，イェルサレムで死刑判決を受け，62年に執行されている。

ポイント

長野県の旧・大日向村(おおひなたむら)は1938(昭和13)年，村を二分して移住する「分村移民」を全国ではじめて本格実施した村である。その背景には日本の不況が大きく影響していた。

ポイント

1943年11月に「〔⑪〕」を発表すると，その動きに対して，連合軍側も同月下旬，ローズヴェルト・チャーチル・蔣介石がエジプトのカイロに集まり，カイロ宣言を発表した。戦後の対日政策などが話しあわれ，日本が第一次世界大戦後に取得した太平洋上の諸島の剥奪，満洲や台湾などの返還，朝鮮の独立などが取り決められた。

枢軸国の支配

●ドイツに占領されたポーランド
- 〔① 　　　　　　〕の隔離政策→〔② 　　　　　　　〕(集住区)へ
- 労働力として価値がないとされたユダヤ人の虐殺(〔③ 　　　　　　　〕)

●独ソ戦の戦場
- ドイツ軍などによる住民の無差別な殺害(絶滅戦争)
- ドイツ軍による住民の強制連行

日本のアジア支配

中国の華北・満洲	• 日本軍による「燼滅作戦」・無人区化政策 　…中国側は「〔④ 　　　　　　〕」とよぶ • 毒ガスや細菌兵器の使用 • 重化学工業の進展 • 〔⑤ 　　　　　　〕…日本国内の農民を満洲国へ入植 • 〔⑥ 　　　　〕部隊…人体実験による細菌戦研究
朝鮮・台湾・沖縄	• 大陸や南方への侵略の基地として位置づけられ，日本語を強制するなどの同化政策(〔⑦ 　　　　　　　〕)を実施 • 戦争の激化→朝鮮・台湾にも〔⑧ 　　　　　〕を施行 • 労働力不足の解消→朝鮮人の動員，中国人の強制連行

大東亜共栄圏

●戦争の目的
- 欧米の植民地支配からアジア解放，日本を中心とした共存共栄の新秩序建設＝「〔⑨ 　　　　　〕」をつくる
- 〔⑩ 　　　　　　〕開催(1943.11)
　日本の支配地域の代表が東京に集結→「〔⑪ 　　　　　　　　〕」発表
- 日本の占領地の実態…資源獲得のための過酷な支配，日本軍の発行した〔⑫ 　　　　　〕によるインフレなど

抵抗運動

●第二次世界大戦の特徴
- 民衆が〔⑬ 　　　　　　〕の支配に抵抗して戦争に参加
- ベトナム，フィリピン，シンガポールなどで抗日運動の組織がつくられる
- ソ連民衆による抵抗運動
- イタリアやフランスでは〔⑭ 　　　　　　　〕の抵抗運動や武装闘争
　→このような民衆による抵抗運動は，戦後の解放と独立の動きにつながる

Check ▶ 右のポスターはアジア太平洋戦争中に描かれたもの
で，ポスターのなかの女性たちは国旗がかかげられている三つの
国をあらわしている。このポスターに関する説明文として正しい
ものを，次の①〜④から一つ選ぼう。

〔　　　〕

① 当時のフランス政府はインドシナなどの植民地を維持する
ため，日本との共同統治をおこなう道を選んだ。
② 三か国の人々は「大東亜共栄圏」のもと，みな平等な権利を
有していた。
③ 赤い服を着ているのは日本の同盟国のドイツ人である。
④ 白い服を着ている人の国では，当時日本による過酷な支配
はおこなわれなかった。

Exercise①　枢軸国の支配と日本のアジア支配に関して述べた次の文a〜dについて，正しいものの組合
せを①〜④から一つ選ぼう。　　　　　　　　　　　　　　　　　　　　　　　　　　　　　　〔　　　〕
a　フランスのヴィシー政権は，反ドイツを主張しホロコーストに協力しなかった。
b　ドイツに占領されたポーランドでは，ユダヤ人の隔離政策がおこなわれた。
c　日本の植民地であった朝鮮には徴兵制が施行されなかった。
d　朝鮮では日本式に名前をかえる創氏改名が実施された。

①　a・c　　②　a・d　　③　b・c　　④　b・d

Exercise②　Aさんは大東亜共栄圏について興味をもち調べた。Aさんが調べたことのうち誤っているも
のを①〜④から一つ選ぼう。　　　　　　　　　　　　　　　　　　　　　　　　　　　　　〔　　　〕
① 日本は支配下各地域の指導者を集めて「大東亜共同宣言」を発した。
② 日本の多くの占領地では，資源を獲得するため過酷な支配がおこなわれた。
③ 日本軍が乱発した紙幣である軍票は，現地経済にデフレをひきおこした。
④ 日本の戦争の目的の一つに欧米の植民地支配からアジアを解放するというものもあった。

Try　第二次世界大戦下で日本は非戦闘員に対してどのような人権侵害をおこなったか。教科書p.166
〜167を参考にしてまとめてみよう。

49 敗戦

戦争末期の社会

●欠乏する生活必需品

- 生活必需品の多くが〔①　　　　　〕制となる
- 主食は芋や雑穀類が中心
- 都市部では〔①〕だけでは生活困難→〔②　　　　　　　〕がひろまる

●兵力・労働力不足

- 文系の大学生も出陣（〔③　　　　　　　　〕）
- 学徒や未婚女性の工場への動員
- 小学校は「〔④　　　　　　　〕」を育成する〔⑤　　　　　　　〕に改編
- 子供たちの農村部への疎開（〔⑥　　　　　　　　〕）
- 本土決戦への備え…大政翼賛会解散，国民義勇隊が組織される
  →「一億玉砕」，女性も戦闘員へ

独・伊の敗北

1943. 7	• 連合軍はイタリアに上陸→〔⑦　　　　　　　　〕政権打倒
1943. 9	• イタリア降伏→降伏後は連合国側にたって参戦
1944. 6	• 〔⑧　　　　　　　　〕作戦→西部戦線構築
1945. 2	• 連合軍はドイツの〔⑨　　　　　　　〕などの都市を爆撃
	→多くの民間人が犠牲になる
1945. 4	• 〔⑩　　　　　　〕が自殺
1945. 5	• ドイツ無条件降伏

日本の敗戦

1943.11	• 〔⑪　　　　　　　　〕発表
1944	• 日本本土が空襲されるようになる
1945. 2	• 英米ソ首脳による〔⑫　　　　　〕会談
	→〔⑬　　　　〕が対日参戦約束
1945. 3	• 〔⑭　　　　　〕戦開始→地上戦で住民に大きな犠牲
1945. 7	• 米英中の名で〔⑮　　　　　　　〕宣言が出される
	戦後処理方針と日本の無条件降伏を勧告→日本政府は黙殺
1945. 8	• 広島と長崎に原爆投下
	• 〔⑬〕参戦→満洲や千島列島への侵攻はじまる
	• 日本政府内では「〔⑯　　　　　　　〕」をめぐり激論が展開
	• 〔⑮〕宣言受諾を表明
	• 昭和天皇のラジオ放送（〔⑰　　　　　　〕）により大日本帝国全土に降伏告知（8月15日）
	• 降伏文書に調印（9月2日）

ポイント

のちに総理大臣になる竹下登（早稲田大学），宇野宗佑（神戸商業大），村山富市（明治大学）らも〔③〕の経験者である。

ポイント

国民義勇隊は，1945年3月に「国民義勇隊組織ニ関スル件」として閣議決定され創設された組織。防空および戦災復旧などに全国民を動員するためにつくられた組織で，大政翼賛会もこれに吸収合併された。

ポイント

〔⑦〕のあとにイタリアの首相となったバドリオ政権は，連合国側として，1943年10月にドイツ，1945年7月には日本に対しても宣戦布告をした。

ポイント

1944年7月にサイパン島が陥落し，米軍はここを拠点に日本本土空襲をおこなうことになる。サイパン島陥落は国防上の大きな失敗であり，東条英機内閣は総辞職した。

ポイント

〔⑫〕協定によって，〔⑬〕が対独戦終了後に対日戦に参加することが決定した。その代償として〔⑬〕は南樺太の回復や千島列島領有などが認められた。今日，まだ解決されていない北方領土問題の根源がこの〔⑫〕協定にあるのである。

Check❶▶ 左は出陣学徒壮行会の様子，右はナチ党幹部から勲章を授与される16歳の少年兵を写したものである。以下の問いに答えよう。

1　この2枚の写真に共通することは何だろうか。〔　　　　　　　　　　　　　　　　　　　〕
2　この2枚の写真がそれぞれ1943年と1945年のものであることから，当時の日本とドイツがどのような状況だったのか，考えてみよう。

〔　　　〕

Check❷▶ Aさんは第二次世界大戦において，ドイツやイタリアが敗北していく過程を歴史新聞にまとめるため写真2枚を用意し，さらに見出しのカード2枚を作成した。写真とカードを年代の古いものから順に並べかえよう。　　〔　　　〕→〔　　　〕→〔　　　〕→〔　　　〕

①　ノルマンディー上陸作戦　　　　　②　ドレスデン空襲

③　ヒトラーの自殺

④　イタリアの降伏

Try　ドイツ・イタリアと比較して日本の敗戦の特徴とは何だろうか。次の語句を用いて説明してみよう。【　ヒトラー　　ムッソリーニ　　天皇　】

ACTIVE 歴史を資料から考える **戦争の記憶**

● 戦争をどう後世に伝えていくかは，私たちの大事な使命である。まず，戦争を伝えるさまざまな方法の特徴や長所，そして短所をそれぞれ挙げ，下の表の空欄を埋めていこう。

①博物館	特徴 長所	実物の資料を展示，保管し説明している。
	短所	
②体験者の記録	特徴 長所	体験者が実際に体験・見聞したことを，多くは文字で記したもの。
	短所	
③記念碑	特徴 長所	その出来事の場所にあることが多く，日時や出来事の概要を示している。
	短所	
④式典・記念行事	特徴 長所	
	短所	
⑤テレビ・映画	特徴 長所	
	短所	
⑥ゲーム	特徴 長所	
	短所	
⑦躓きの石	特徴 長所	
	短所	

⑧歴史研究	特徴	専門家がさまざまな資料を用いて出来事を客観的・総合的に解釈したもの。
	長所	
	短所	

STEP 1

1　戦争の記憶を「**正しく**」伝えていくには，①～⑧のうちどの記憶のかたちがふさわしいだろうか。より
　ふさわしいと考えるものを三つあげてみよう。

2　戦争の記憶を「**正しく**」伝えるのにふさわしいと考えられる三つについて，その短所を補うにはどうす
　ればよいだろうか。

STEP 2

1　戦争の記憶を「**幅広く**」伝えていくには，①～⑧のうちどの記憶のかたちがふさわしいだろうか。より
　ふさわしいと考えるものを三つあげてみよう。

2　戦争の記憶を「**幅広く**」伝えるのにふさわしいと考えられる三つについて，その短所を補うにはどうす
　ればよいだろうか。

Try

1　あなたの地域では，戦争の記憶を伝える試みとしてどのようなことがおこなわれているか，調べてみ
　よう。

2　集合的な記憶（出来事の日時や数値などのデータ）のほかに，なぜ（日記や手紙のような）個人的な記憶
　が必要になるのだろうか。考えてみよう。

3　国により戦争の記憶が異なることがある。なぜそのようなことがおきるのだろうか。

4　そのような場合，どのように対応すべきだろうか。話し合ってみよう。

50 国際連合と戦後世界

教科書 p.174～175

国際連合の成立

国際連盟
・第二次世界大戦の勃発を防げず
・アメリカが不参加
・侵略への対抗手段なし
↓
・〔①　　　　　〕（1941年）で新たな国際組織を計画

⇒

〔②　　　　　〕
〔②〕憲章
1944年　ダンバートン=オークス会議で原案
1945年　〔③　　　　　　〕会議で採択
〔②〕が発足（1945年10月）
・総会，〔④　　　　　　　〕，国際司法裁判所など
・アメリカも加入
・侵略国への〔⑤　　　　〕制裁が可能
・〔④〕の役割重視
　→ソ連やアメリカの〔⑥　　　　〕行使で妨害されることも多かった

ポイント
ダンバートン=オークス会議，〔③〕会議，〔⑦〕会議，これらはいずれも第二次世界大戦中にアメリカで開催された国際会議である。

ポイント
国際連盟の本部はジュネーヴにおかれたが，〔②〕の本部はニューヨークにおかれた。

ポイント
〔④〕の常任理事国となった五大国（アメリカ・ソ連・イギリス・フランス・中国）には，〔⑥〕が与えられた。常任理事国のうち，中国は1971年に中華民国から中華人民共和国に交替し，ソ連の解体後はロシアがその地位を継承している。

ポイント
〔⑦〕体制下では，ドルは金とリンクされ，各国の通貨は固定相場でドルにリンクされた。日本の場合は，１ドル＝360円とされていた。〔⑦〕体制は，1971年にニクソン大統領が発した金・ドル交換停止宣言で基盤を失い，1973年に固定相場制から変動相場制に移行したことで完全に崩壊した。

〔⑦　　　　　　　　〕体制
1944年　〔⑦〕会議で発足…ドルを基軸通貨とする国際経済体制
・戦争につながる経済対立防ぐ→国際通貨基金（IMF）が為替相場安定はかる
・戦後復興と発展途上国への援助→国際復興開発銀行（世界銀行）が資金融資
・自由貿易体制の維持→「関税と貿易に関する一般協定（GATT）」

戦後改革

イギリス

〔⑧　　　　　　　〕労働党内閣
・重要産業の国有化
・国民医療制度→〔⑨　　　　〕国家

フランス

・重要産業の国有化
・社会保障制度

アメリカ

・大戦の損害は少なく戦後経済好調
　→アメリカの消費生活が繁栄のモデルとなる

東ヨーロッパ諸国

・〔⑩　　　　　　　　〕革命の展開…王政廃止や土地改革
・ユーゴスラヴィアの〔⑪　　　　　〕政権などが推進

ソ連

・大戦で大きな被害
・第４次五か年計画
　→急速な工業生産拡大
・消費財生産は伸びず
　→国民生活は向上せず
・不満を押さえるため政治的統制強化

Check❶▶ 国際連合の主要な組織を示した右の図に関する以下の問いに答えよう。

1　Aは国際紛争の法的処理をおこなう機関である。その名称を答えよう。　〔　　　　　　　　　〕

2　安全保障理事会は，国際連合において最も重要な機関であり，Bに入る常任理事国と，非常任理事国によって構成される。Bに入る5つの常任理事国のうち，アメリカ・ソ連（現在はロシア）・中国以外の2か国の名を答えよう。
〔　　　　　　　〕〔　　　　　　　〕

3　Cは，国際復興開発銀行とともにブレトン＝ウッズ体制をささえる重要な機関である。その名称を答えよう。
〔　　　　　　　　　〕

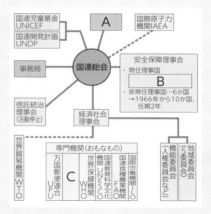

Check❷▶ ブレトン＝ウッズ体制では自由貿易体制の維持がはかられたが，それは戦争の防止を目的としたものでもあった。自由貿易体制の崩壊と第二次世界大戦の関係について説明した次の文章の空欄に入る語句を答えよう。

　世界恐慌がはじまると，広大な植民地をもつイギリスやフランスは，〔①　　　　　　　　　　〕を構築して，自由貿易とは逆に圏外の国々との貿易に関税を課す〔②　　　　　　　〕政策をおこなった。植民地の少ないドイツなどでは，これに対抗するために〔③　　　　　　　〕政権が台頭し，植民地の再分割を求めた侵略政策を推進し，第二次世界大戦がひきおこされることになった。

Exercise❶　　国際連合と国際連盟の違いについて述べた次の文章の空欄に入る語句を答えよう。

　第一次世界大戦後に発足した国際連盟は，集団安全保障体制の構築による平和維持をめざしたが，〔①　　　　　　　　〕は最後まで参加せず，総会は全会一致を原則としたため，審議はなかなかすすまなかった。さらに〔②　　　　　〕制裁をおこなうことができなかったため，侵略行為に対抗することができなかった。これに対し，国際連合は侵略国に対する〔②〕制裁をおこなうことができ，それを決定する安全保障理事会には大きな権限が与えられている。しかし，〔①〕やソ連などの常任理事国は〔③　　　　　〕権を用いることができるため，国際対立のなかで十分に平和維持の役割を果たせない事例も生じている。

Exercise❷　　イギリスのアトリー首相がおこなった改革について述べた文として正しいものを，次の①〜④から一つ選ぼう。　　　　　　　　　　　　　　　　　　　〔　　　〕

①　保守党内閣をひきいて実施した。　　　　②　五か年計画をおこなった。

③　重要産業の国有化をすすめた。　　　　　④　人民民主主義を掲げた改革をおこなった。

Try　国際連合は世界規模で経済改革に取り組んだが，それぞれの国々でも経済面で改革がおこなわれた。⑴国際連合が国際通貨基金を設置した目的，⑵ソ連が1946年から実施した経済政策を説明してみよう。

⑴
⑵

51 戦後と占領の始まり

世界のなかの日本占領

● 連合国による非軍事化と占領

占領された国など	占領の方法など
ドイツ	・米英仏ソ4か国により分割占領される 　　首都〔①　　　　　　　〕も4か国で分割管理 ・東部地域はソ連とポーランドに割譲
日本	・〔②　　　　　　　　　　　　　　〕（GHQ）が占領開始 　→実質的には米軍による単独占領 　　最高司令官〔③　　　　　　　　〕元帥のもと 　　〔④　　　　　　　〕の方式がとられる
朝鮮半島	・北緯〔⑤　　　　　　〕度線付近を境に南をアメリカ，北をソ連が占領
台湾	・〔⑥　　　　　　　　〕の統治下へ
沖縄 小笠原	・米国による軍政が続く
千島列島 南樺太	・〔⑦　　　　　　〕による軍政が続く

ポイント
連合国による日本の占領政策の最高決定機関はワシントンに設置された極東委員会であるが，アメリカは特別な地位が保障されており中間指令を出すことができた。

ポイント
1945年9月に緊急勅令が発せられ，最高司令官の要求に関わる事項は勅令や政令などという形で発令され，憲法をこえる拘束力をもつことになった。

敗戦後の民衆生活

● 大戦後→膨大な人の移動がおこる
* 日本…植民地などにいた日本人将兵の復員や民間人の〔⑧　　　　　　　〕
* 朝鮮や中国人…日本から故国へ帰還，残留した朝鮮人も多数
* 国境の変更→大量の避難民がうまれる

● 戦争による被害
* 物資不足→統制をのがれた〔⑨　　　　　　〕がうまれる
* 身寄りを亡くした〔⑩　　　　　　　〕→差別の対象になる

ポイント
戦後の物資・食糧不足は深刻で政府からの配給だけでは生活は困難であった。東京地方裁判所の山口良忠判事は法律を守る立場から〔⑨〕での食糧を拒否し，政府からの配給だけで生活していたため，栄養失調で死亡するという事件があった。

非軍事化と戦争責任の追及

● 戦争指導者の処罰
* 指導的人物を〔⑪　　　　　〕から追放
* 国際軍事裁判…ドイツ：〔⑫　　　　　　　　　　　〕
* 　　　　　　　　日　本：〔⑬　　　　　　　　　　　　〕（**東京裁判**）
* 日本軍の占領地での戦争犯罪を裁く裁判：〔⑭　　　　　　　　〕
* 　　　　　　　　　　　　　　　　→アジア各地で開かれる
* 戦犯…朝鮮人や台湾人も含まれる一方，天皇は不起訴
* 細菌戦などを研究した〔⑮　　　　　　〕部隊の責任などは追及されず

ポイント
〔⑬〕ではA級の戦犯容疑者28名が裁かれたが松岡洋右ら2名が裁判中に死亡，大川周明が精神を病んだという理由で免訴となった。

Check ▶ 戦後の復員・引揚げ者数をあらわした下の図をみて，次の文章の空欄に入る語句を答えよう。

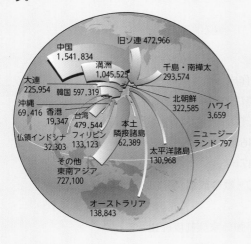

中国 1,541,834
旧ソ連 472,966
満洲 1,045,525
千島・南樺太 293,574
大連 225,954
韓国 597,319
沖縄 69,416
香港 19,347
北朝鮮 322,585
ハワイ 3,659
台湾 479,544
本土隣接諸島 62,389
仏領インドシナ 32,303
フィリピン 133,123
ニュージーランド 797
その他東南アジア 727,100
太平洋諸島 130,968
オーストラリア 138,843

　大戦終結後，支配が崩壊した植民地や占領地との間などで，膨大な人の移動がおこった。日本でも将兵の復員や民間人の引揚げにより，人口が一気に増加した。日本ではとくに〔**ア**　　　〕や〔**イ**　　　〕から帰還した人がそれぞれ100万人以上いたことが図から読みとれる。しかし，〔**ア**〕には残された残留孤児や残留女性がいた。また，ソ連によって〔**ウ**　　　　〕に抑留された約60万人の兵士たちがいた。

Exercise①　第二次世界大戦後の連合国によるドイツと日本の占領についての説明文のうち，正しいものの組合せを一つ選ぼう。　　　　　　　　　　　　　　　　　〔　　　　〕

　a　ドイツは米英仏ソの4か国により分割占領され，各地域では占領軍の間接統治がおこなわれた。
　b　ドイツでは首都のベルリンも米英仏ソの4か国によって分割管理された。
　c　日本はGHQが日本政府に命令し，その実行を監視する間接統治方式で占領された。
　d　日本領であった沖縄や小笠原諸島も米国による間接統治方式で占領された。

　　①　a・c　　②　a・d　　③　b・c　　④　b・d

Exercise②　第二次世界大戦の戦争責任の追及に関する説明文のうち，正しく説明している文をすべて選ぼう。　　　　　　　　　　　　　　　　　　　　　　　　　〔　　　　　　　〕

　①　ドイツのニュルンベルク裁判では「捕虜虐待に対する罪」が裁かれ，「平和に対する罪」など他の罪については別の裁判で裁かれた。
　②　日本で開かれた極東国際軍事裁判では，判決を下されたA級戦犯全員が有罪となった。
　③　戦犯には日本の植民地であった朝鮮や台湾の人もいたが，全員不起訴となった。
　④　細菌戦などの研究をおこなった731部隊は，国際軍事裁判にかけられることはなかった。

Try　連合国による日本とドイツの占領政策の相違点について，次の文章の空欄に入る語句を答えよう。

　ドイツは，米英仏ソ4か国に分割占領され，〔①　　　　　　〕占領地域にあったベルリンも4か国で分割して管理された。各地域では，占領軍が行政・司法まで担当する〔②　　　　　　　〕でのぞんだ。これに対して日本は実質的に〔③　　　　　　〕による単独占領で，〔④　　　　　　〕元帥のもと，GHQが日本政府に命令し，その実行を監視する〔⑤　　　　　　　〕の方式がとられた。

52 民主化と日本国憲法

日本国憲法の制定

● 日本国憲法

- 日本政府の改正案…〔①　　　　　　　　〕を維持するなど，わずかな修正
  - →GHQ：新たに憲法草案を作成し日本政府へ
  - →日本政府はこれをもとに憲法改正草案要綱を発表
  - →戦後初の総選挙で選ばれた〔②　　　　　　　〕議員によって審議
- **日本国憲法**制定…公布：1946年〔③　　　月　　　日〕
  - 施行：1947年〔④　　　月　　　日〕
- 三大原理…〔⑤　　　　　　　　　　　　〕・**戦争放棄・基本的人権の尊重**

● 法律の改廃や新たな立法

- 民法…〔⑥　　　　　　〕の権限が強い家族制度廃止
- 刑法…皇室に対する〔⑦　　　　　　　〕廃止
- 福祉…〔⑧　　　　　　　　〕法（1946年）などが整備

民主化の徹底

● 軍国主義をささえる基盤とみなされた〔⑨　　　　　　〕と地主の解体

- 〔⑩　　　　　　　〕**法**や〔⑪　　　　　　　　　　〕法の制定
  - →経済の民主化をすすめる
- 〔⑫　　　　　　　　〕…地主の土地所有制限，政府による買い上げ
  - 約9割が自作地になる→地主の農村支配は消滅

● 民主化を支持する勢力の育成

- 労働者の権利拡大
  - …団結権などを保障した〔⑬　　　　　　　〕**法**や**労働基準法**の制定

● 教育や思想

- 国家と〔⑭　　　　　　〕の分離
- 〔⑮　　　　　　〕・国史・地理の授業停止
- 〔⑯　　　　　　　　〕**法**の制定…教育の機会均等や男女共学などを規定
- 〔⑰　　　　　　　　〕の失効
- 公選制の〔⑱　　　　　　　　　〕を設置

自主的団体の広まり

- 政党の復活，〔⑲　　　　　　　　　　〕者の政治活動合法化，女性議員誕生
- 〔⑳　　　　　　　　〕法制定…住民の直接選挙による知事などが誕生
- 戦時体制の末端を担った部落会や町内会は廃止
- 一方でGHQは占領軍への批判や原爆被害の公表は不許可
  - 労働組合の〔㉑　　　　　　　　　　　　　　〕も中止

ポイント

GHQの憲法草案作成には，当時22歳のベアテ＝シロタという女性も参加し，日本国憲法に「女性の権利」を書きこむことに力を注いだ。

ポイント

刑法では妻のみに姦通罪が設けられていたが廃止された。

ポイント

〔⑪〕法によって，325社の会社が分割を指定されたが，実際にはアメリカの対日政策の転換により，最終的に分割処分をうけた企業は日本製鉄など11社のみであった。

ポイント

1947年2月1日に戦後最大の労働闘争である「二・一ゼネスト」が計画された。この背景には吉田茂首相が年頭の辞で労働者を「不逞の輩（ふていのやから）」とよんだことなどがある。

Check ▶ ヴァイマル憲法（左）や不戦条約（右）の条文と教科書p.178の日本国憲法の条文を比較し，次の文章①〜④それぞれの正誤を答えよう。

ヴァイマル憲法（第151条）	不戦条約
経済生活の秩序は，すべての人に，人たるに値する生存を保証することを目ざす，正義の諸原則に適合するものでなければならない。	第1条　締約国は，国際紛争解決のために戦争に訴えることを非難し，かつ，その相互の関係において国家政策の手段としての戦争を放棄することを，その各々の人民の名において厳粛に宣言する。 第2条　締約国は，相互間に発生する紛争または衝突の処理または解決を，その性質または原因の如何を問わず，平和的手段以外で求めないことを約束する。

① ヴァイマル憲法では，少なくとも人は生命を維持するために必要な食糧が保証されなければならないとしているが，日本国憲法では人としての尊厳が維持されることが必要とうたっている。 〔　　　〕

② 日本国憲法には，外国人を含むすべての日本国居住者は，人としての尊厳が維持される生活を送る権利があると記されている。 〔　　　〕

③ 日本国憲法9条には，不戦条約の精神が生かされている。 〔　　　〕

④ 日本国憲法には，すべての国民は健康で文化的な最低限度の生活を営む義務があると規定されている。 〔　　　〕

Exercise① 日本国憲法制定について述べた次の文X・Yの正誤の組合せとして正しいものを，①〜④から一つ選ぼう。 〔　　　〕

X　日本国憲法の草案は戦後初の総選挙で選ばれた衆議院議員によって帝国議会で審議された。

Y　日本国憲法の草案は日本政府がつくり，GHQが微調整をおこなったものが国会で審議された。

①　X—正　Y—正　　②　X—正　Y—誤　　③　X—誤　Y—正　　④　X—誤　Y—誤

Exercise② 第二次世界大戦後，民主化を徹底するため多くの法律の改正や制定がおこなわれた。このことに関する次の説明文のうち，正しく説明しているものをすべて選ぼう。 〔　　　〕

① 地主による農村支配を消滅させるため，独占禁止法を制定し，農地改革をおこなった。

② 労働基準法を制定し，労働者の団結権や8時間労働制などを規定した。

③ 戦後，民法が改正され戸主の権限の強かった旧民法の家族制度は廃止された。

④ 教育の政治からの独立などを定めた教育基本法が公布され，教育勅語も失効した。

Try 日本国憲法のおもな三つの原理を述べるとともに，憲法の理念によって民法や刑法がどのように改正されたのかまとめてみよう。

53 冷戦の開始

ポイント

〔⑤〕の受け入れのため，1948年に西ヨーロッパの16か国がOEEC（ヨーロッパ経済協力機構）を設立した。OEECは1961年にOECD（経済協力開発機構）に改組された。

ポイント

〔⑥〕には，ソ連・東欧諸国だけではなくフランスやイタリアの共産党も参加していた。

ポイント

チェコスロヴァキアでは，チェコスロヴァキア＝クーデタとよばれる事件で非共産党勢力が排除され，西側ではこれを機にイギリス・フランスなど5か国が西ヨーロッパ連合（WEU）を結成した。

ポイント

ドイツは国土だけでなく，首都であった〔⑦〕も米英仏ソの4か国によって分割占領されていた。米英仏3国の占領下におかれた西ドイツ地域での通貨改革がきっかけとなり，ソ連は米英仏の支配する西〔⑦〕への陸上交通路を封鎖する〔⑦〕封鎖を実行した。

ポイント

共産党に敗れた蔣介石のひきいる国民党は，台湾に移って中華民国を維持した。その後，1971年に国際連合の代表権が〔⑪〕に移り，日本を含む多くの国は中華民国との正式な国交を断って，〔⑪〕と国交をむすぶようになっていった。

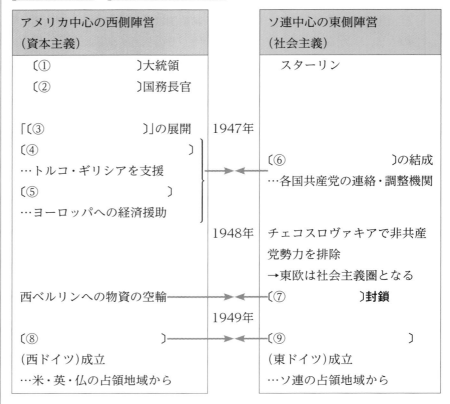

冷戦の開始　ヨーロッパの冷戦

アメリカ中心の西側陣営（資本主義）		ソ連中心の東側陣営（社会主義）
〔①　　　　　　　　〕大統領		スターリン
〔②　　　　　　　　〕国務長官		
「〔③　　　　　　　　〕」の展開	1947年	
〔④　　　　　　　　　　〕		〔⑥　　　　　　　　　　〕の結成
…トルコ・ギリシアを支援		…各国共産党の連絡・調整機関
〔⑤　　　　　　　　　〕		
…ヨーロッパへの経済援助		
	1948年	チェコスロヴァキアで非共産党勢力を排除→東欧は社会主義圏となる
西ベルリンへの物資の空輸		〔⑦　　　　　〕**封鎖**
	1949年	
〔⑧　　　　　　　　〕（西ドイツ）成立…米・英・仏の占領地域から		〔⑨　　　　　　　　〕（東ドイツ）成立…ソ連の占領地域から

＊実際の戦闘をともなわないことが多い両陣営の対立は〔⑩　　　　　〕とよばれた。

戦後のアジア

インドネシア	中国
独立宣言をオランダが承認せず→インドネシア独立戦争→独立達成（1949年）	〔⑪　　　　　　　　　〕の建国（1949）…〔⑫　　　　　　〕が率いる共産党が国民党との内戦に勝利

ベトナム	朝鮮
独立宣言をフランスが承認せず→インドシナ戦争→長期化	北緯38度線を境に南北に分断北：〔⑬　　　　　　　　　　　〕（北朝鮮）南：〔⑭　　　　　　　〕（韓国）→〔⑮　　　　〕**戦争**＊〔⑮〕戦争によって，アジアの〔⑩〕は戦闘をともなうものとなった

Check❶▶ 第二次世界大戦後のヨーロッパの状況を示した右の地図をみて，以下の問いに答えよう。

1　「鉄のカーテン」の両端を示す都市の組合せとして正しいものを，次の①～④から一つ選ぼう。　　〔　　　〕

① A－X　　　② A－Y

③ B－X　　　④ B－Y

2　トルーマン=ドクトリンによって援助が約束された国の組合せとして正しいものを，次の①～④から一つ選ぼう。

〔　　　〕

① あ・い　　　② あ・え

③ い・う　　　④ う・え

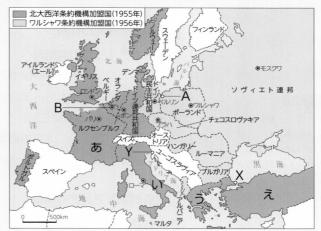

Check❷▶ 右の写真に関する会話の空欄ア～ウに入る語句の組合せとして正しいものを，下の①～④から一つ選ぼう。　　〔　　　〕

生徒：これはベルリン封鎖の様子ですね。

先生：そうです。〔　ア　〕によって，陸上交通路を遮断されたベルリンの市民が，〔　イ　〕などが物資を空輸する様子を見守っているところです。

生徒：封鎖は長く続いたんですか。

先生：11か月ほどで解除されましたが，ドイツの東西分裂が決定的になり，米英仏の占領地域からは〔　ウ　〕が成立しました。

① アーアメリカ　　　　イーソ連　　　　　　ウードイツ連邦共和国

② アーアメリカ　　　　イーソ連　　　　　　ウードイツ民主共和国

③ アーソ連　　　　　　イーアメリカ　　　　ウードイツ連邦共和国

④ アーソ連　　　　　　イーアメリカ　　　　ウードイツ民主共和国

Exercise　戦後のアジアについて述べた次の文章の空欄に入る語句を答えよう。

　アジア太平洋戦争の終結後，インドネシアでは〔①　　　　　　　〕との独立戦争，ベトナムでは〔②　　　　　　　〕とのインドシナ戦争が勃発した。中国では〔③　　　　　　　〕を破った共産党が中心となって中華人民共和国が成立し，〔④　　　　　　　〕が主席となった。

Try　Aさんは，ヨーロッパでは軍事衝突に至らなかった冷戦が，アジアでは戦闘をともなったことについて考察した。Aさんが作成した下のメモを，空欄に適切な言葉を補って完成させよう。

　ベルリン封鎖時のドイツは，まだ〔①　　　　　　　　　　　　　　　〕，ソ連とアメリカの影響力が極めて大きかったために，軍事衝突を避けようとする両者の意図が反映されたのではないか。朝鮮戦争時には，38度線を境に〔②　　　　　　　　　　　　　　　〕が独立国家として存在しており，ソ連とアメリカの思惑をこえて軍事衝突に至ったのではないだろうか。

54 朝鮮戦争と日本

日本占領政策の転換

●日本をアメリカの同盟国へ

- 〔①　　　　　〕半島や中国での冷戦の深刻化
  - →米国による日本の占領政策転換
- GHQは日本政府に〔②　　　　〕財政を命じる
- 1ドル＝〔③　　　　　〕円の単一為替レート設定→輸出促進をはかる
- 深刻なデフレになる→企業倒産，労働争議多発

ポイント
デトロイト銀行頭取のドッジの指導のもと，赤字を許さない超均衡予算，単一為替レートの設定などがおこなわれた。このため経済は深刻なデフレ状態となった。

朝鮮戦争とアジアの冷戦

●朝鮮戦争

- 北朝鮮→韓国に侵攻
- アメリカ…韓国を支援，〔④　　　　　〕軍として参戦
- 中国やソ連…北朝鮮を支援
  - →事実上の国際戦争へ
    - 米中間の対立，朝鮮半島の南北分断，「二つの中国」など固定化

●朝鮮戦争と日本への影響

- 日本の米軍基地（沖縄含む）…国連軍の出撃や補給の拠点
  - →沖縄の〔⑤　　　　　　〕基地からも北朝鮮へ出撃
- 日本の掃海艇や船員も動員→機雷除去，武器弾薬の運搬→死傷者の発生
- 日本経済への影響…〔⑥　　　　　　〕をもたらす
- 〔⑦　　　　　　　〕の創設…アメリカ軍にかわる治安維持
- 〔⑧　　　　　　　〕…共産党員らの解雇や追放がすすむ
- 〔⑨　　　　　〕の解除

ポイント
中国においては日本との戦争が終了後，国民党と共産党による内戦が再開した。アメリカが支援していた国民党は敗北。その後，国民党は台湾を支配地域として中華民国を存続させた。一方の共産党は中華人民共和国を建国し，東側陣営の一員となった。

平和条約と安保条約

●サンフランシスコ平和条約　　全権〔⑩　　　　　　〕

【内容】

- 日本の主権回復
- 南西諸島と〔⑪　　　　　　〕諸島に対するアメリカの占領継続
- 連合国側の〔⑫　　　　　　〕の放棄，〔⑬　　　　　〕裁判の受諾など
- →こうしてアメリカを中心とする〔⑭　　　　　〕諸国との〔⑮　　　　　　　〕
  によって独立回復↔〔⑯　　　　　　〕を望む世論も強かった

●〔⑰　　　　　　　〕条約，さらに〔⑱　　　　　　　〕も締結

- →日本の米軍基地が維持される

●アメリカからの日本の軍備強化要請

〔⑦〕（1950年）を拡張して〔⑲　　　　　　〕（1952年）を設置

さらに相互防衛援助協定を受けて〔⑳　　　　　〕が発足（1954年）

ポイント
平和条約により多くの国は賠償請求権を放棄したが，戦後に独立したフィリピン，ビルマ，インドネシア，南ベトナムとは賠償協定を締結した。

ポイント
社会党は平和条約の締結には賛成するが安保は反対という立場の右派と，両条約に反対する立場の左派に分裂した。1955年に憲法改正阻止，革新勢力の結束などをめざして再統一した。

Check❶▶ 下の表は，朝鮮戦争中にアメリカ軍が日本に発注したおもな物資をまとめたものである。
表のなかで戦争に直接関連するものを指摘してみよう。

順位	第1年	第2年	第3年	第4年	第5年
1	トラック	自動車部品	兵器	兵器	兵器
2	綿布	石炭	石炭	石炭	石炭
3	毛布	綿布	麻袋	食糧品	食糧品
4	建築鋼材	ドラム缶	有刺鉄線	家具	家具
5	麻袋	麻袋	セメント	乾電池	セメント

〔　　　　〕

Check❷▶ 下の写真は，ある年におこなわれたメーデー会場の一部を撮影したものである。この写真
に関する次の説明文のうち，正しく説明しているものを一つ選ぼう。

① 皇居前広場を会場に戦後はじめてひらかれたメーデーである。
② 日米安全保障条約の改定に反対している。
③ すべての交戦国と講和をすべきだと主張している。
④ 再軍備に反対しているが，このメーデーの翌年には自衛隊が発足した。

〔　　　　〕

Exercise 朝鮮戦争と，その戦争中にむすばれたサンフランシスコ平和条約についての説明文のうち，
正しいものの組合せを一つ選ぼう。　　　　　　　　　　　　　　　　　　　　　　　　〔　　　　〕

a 朝鮮戦争では，国連の安全保障理事会でソ連が拒否権を行使しなかったので国連軍を編制すること
　ができた。
b 朝鮮戦争では，当初から韓国側が優勢であったため，危機感を強めた中国が人民義勇軍を派遣した。
c サンフランシスコ講和会議には，戦争で最も被害を受けた中国を代表する政府はまねかれなかった。
d サンフランシスコ平和条約では日本の軍備強化が強く求められ，これを受けて自衛隊を発足させた。

①　a・c　　　②　a・d　　　③　b・c　　　④　b・d

Try 朝鮮戦争は，その後の日本の政治・経済にどのような影響を与えたのだろうか。説明してみよう。

1 次の文を読んで，下の問1〜問11に答えよう。

　1929年の〔　あ　〕証券取引所の株価暴落に端を発する①世界恐慌は，世界中をまきこんだ。②各国は恐慌の対策を講じたが，ドイツやイタリア，日本では③ファシズムの台頭と伸長がみられた。第一次世界大戦後の国際関係が変容し，④国際協調体制は動揺することになった。こうした動きは第二次世界大戦をもたらし，日本も⑤日中戦争，そして⑥アジア太平洋戦争と戦争に入りこんでいった。第二次世界大戦は，人々を国民として動員し，ふたたび総力戦として展開された。第二次世界大戦後は⑦植民地が独立し，⑧国際連合が結成されるなど，新たな国際秩序が模索されたが，⑨冷戦の始まりでもあった。アメリカを中心とする〔　い　〕主義陣営とソ連を中心とする社会主義陣営が，核開発競争をともないながら，きびしく対立した。⑩敗戦国となった日本の国際社会への復帰は，こうした国際関係への参入であった。

問1　文中の空欄〔　あ　〕〔　い　〕に入る語句を答えよう。

〔あ　　　　　　　　　　　〕〔い　　　　　　　〕

問2　下線部①に関連して，金輸出再禁止を断行するとともに，財政支出の増大による景気回復をはかった犬養毅内閣の外相はだれか。 〔　　　　　　　　　　　〕

問3　下線部②に関連して，アメリカ合衆国でフランクリン=ローズヴェルト大統領がすすめた経済政策を何というか。 〔　　　　　　　　　　　〕

問4　下線部③に関連して，ドイツで1933年に制定された，行政府に立法権をゆだねることで，ヒトラーの独裁を容認した法律を何というか。 〔　　　　　　　　　〕

問5　下線部④に関連した，次の(1)(2)に答えよう。

(1)　ヨーロッパにおける国際協調の崩壊に関連した次のa〜dの出来事を，年代の古いものから順に並べかえよう。

　　a　ミュンヘン会談　　　b　ドイツのラインラント進駐
　　c　スペイン内戦の開始　　d　独ソ不可侵条約の締結

〔　　　　　〕→〔　　　　　〕→〔　　　　　〕→〔　　　　　〕

(2)　アジアにおける国際協調体制の動揺に関連して述べた次の文中の〔　ア　〕〜〔　オ　〕に入る語句を答えよう。

　　1931年，関東軍は奉天郊外の〔　ア　〕で満鉄線路を爆破したのち，満洲の主要都市を占領した。これを〔　イ　〕という。さらに1932年には，清の最後の皇帝〔　ウ　〕を執政とする「満洲国」の建国を宣言した。〔　イ　〕にさいし，国際連盟から派遣された〔　エ　〕は，日本の軍事行動などを不当し，連盟総会は日本軍の撤収を求めた。これに反発した日本は国際連盟からの脱退を通告し，その後も1934年に〔　オ　〕海軍軍縮条約の廃棄を通告するなど，国際的孤立の道をたどった。

〔ア　　　　　　　〕〔イ　　　　　　　〕〔ウ　　　　　　　〕〔エ　　　　　　〕
〔オ　　　　　　　〕

問6　下線部⑤に関連して，1938年に「国民政府を対手にせず」と声明し，中国との和平の道をとざした日本の首相はだれか。 〔　　　　　　　　　〕

問7　下線部⑥に関連して、この戦争中にかかげられた、日本が欧米の植民地支配からアジアを解放し、日本を中心とした共存共栄の新しい秩序をつくろうとするスローガンを何というか。

〔　　　　　　　　　〕

問8　下線部⑦に関連して、日本の植民地支配からのがれた朝鮮半島の北部に、1948年に成立した国家を何というか。　　　　　　　　　　　　　　　　　　　　　　　　〔　　　　　　　　　〕

問9　下線部⑧に関連して、1945年に国際連合憲章を採択した会議を何というか。

〔　　　　　　　　　〕

問10　下線部⑨について述べた次の文中の〔　ア　〕～〔　エ　〕に入る語句を答えよう。
　　　冷戦が本格化したのは1947年で、3月にアメリカの〔　ア　〕大統領は、共産主義に対抗するためギリシア・トルコに援助を与えることを約束した。さらに6月には国務長官〔　イ　〕が、ヨーロッパへの経済援助をうたった。このように共産主義に対する「〔　ウ　〕政策」をとりはじめたアメリカの動きに対抗して、ソ連は10月、各国共産党の間の連絡・調整機関として〔　エ　〕を設立した。

〔ア　　　　　　　　　〕〔イ　　　　　　〕〔ウ　　　　　〕〔エ　　　　　　〕

問11　下線部⑩について、サンフランシスコ平和条約と同時に調印された、講和後もアメリカ軍の日本駐留を認めた条約を何というか。　　　　　　　　　　　　　　　〔　　　　　　　　　〕

2　次のA・Bの資料を読んで、下の問1・問2に答えよう。
　A　ソヴィエト連邦、アメリカ合衆国およびイギリス三大国の指導者たちは、ドイツが降伏しヨーロッパにおける戦争が終結したのち、二ないし三か月後にソヴィエト連邦が以下の条件により連合国側に立って対日戦争に参加すべきことに合意した。
　B　われわれは日本政府に対して、ただちに全日本軍の無条件降伏を宣言し、そうした行為を誠実に遂行する、適切かつ十全に保証された措置をとることを要求する。

問1　A・Bを含む資料の組合せとして正しいものを、次のa～dから一つ選ぼう。　　　　〔　　　〕
　　　a　A－ヤルタ協定　B－大西洋憲章　　　　b　A－ヤルタ協定　B－ポツダム宣言
　　　c　A－カイロ宣言　B－大西洋憲章　　　　d　A－カイロ宣言　B－ポツダム宣言

問2　資料Aのソ連の対日参戦が実現した時期を、次のa～dから一つ選ぼう。　　　　　〔　　　〕
　　　a　東京大空襲と沖縄戦終結の間　　　　　b　沖縄戦終結と広島原爆投下の間
　　　c　広島原爆投下と日本の無条件降伏の間　　d　日本の無条件降伏の後

3　第二次世界大戦をはさんでみられた世界の経済体制の変化について、次の語句を使ってまとめてみよう。
【　ブロック経済圏　　ブレトン=ウッズ　　自由貿易　】

55 冷戦対立の推移

冷戦下の競合

西側陣営（資本主義圏）		東側陣営（社会主義圏）
1949年 〔①　　　　　　　　〕結成 …西側諸国の集団防衛機構		1949年　経済相互援助会議（〔④　　　　　　〕）結成
1952年　日本も主権回復 →〔②　　　　　　　〕創設（1954年）		→東側陣営の経済的統合
1954年 〔③　　　　　　　　　　　〕（SEATO）		1955年 〔⑤　　　　　　　　　〕 …ソ連・東欧諸国の軍事協力機関
1954年　西ドイツの主権回復（パリ協定）→〔①〕に加盟，再軍備推進		
1955年　中東（バグダード）条約機構（METO）		

ポイント
東欧諸国のうち，独自路線をとるユーゴスラヴィアは，〔④〕〔⑤〕に加入しなかった。また，〔④〕には，後にモンゴル・キューバ・ベトナムも参加した。

ポイント
〔③〕はアメリカ・イギリスなどが中心であり，東南アジアの国家で参加したのはタイとフィリピンのみであった。

ポイント
中東条約機構はイギリス・トルコ・イラン・イラク・パキスタンで発足した。1958年のイラク革命を機にイラクが脱退し，1959年に中央条約機構（CENTO）に移行した後，1979年のイラン＝イスラーム革命によって崩壊した。

アジアの戦争

朝鮮戦争	〔⑦　　　　　　　〕戦争
大韓民国 × 朝鮮民主主義人民共和国	フランス／ベトナム国 ｝×ベトナム民主共和国
1953年 〔⑥　　　　　　〕（北緯38度線上）で休戦協定	1954年　ディエンビエンフーの戦い →フランス敗北
	〔⑧　　　　　　　　〕協定 …北緯17度線を境界，統一選挙 →ベトナム国とアメリカは調印せず

ポイント
〔⑧〕協定後，アメリカに支持されたクーデタによってベトナム国が倒れ，ベトナム共和国が樹立された。

ベルリンの壁とキューバ危機

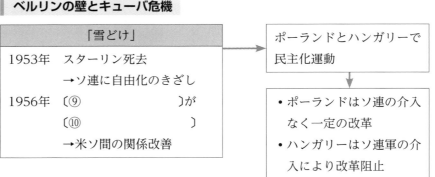

「雪どけ」
1953年　スターリン死去 →ソ連に自由化のきざし
1956年 〔⑨　　　　　　　　〕が〔⑩　　　　　　　　　〕 →米ソ間の関係改善

ポーランドとハンガリーで民主化運動

- ポーランドはソ連の介入なく一定の改革
- ハンガリーはソ連軍の介入により改革阻止

対立の再燃
1961年 〔⑪　　　　　　〕建設…東ベルリンから西ベルリンへの移動阻止
1962年 〔⑫　　　　　　〕…キューバにソ連のミサイル基地建設 →激しい緊張，核戦争の危機

ポイント
〔⑫〕では，アメリカ大統領ケネディとソ連のフルシチョフが激しく対立した。ソ連の譲歩によって危機は回避されたが，これを批判する中国がソ連を非難し，両国の対立が激しくなった。

Check ▶ 左の写真には，〔　A　〕にミサイルを運びこもうとした〔　B　〕の船と，それを警戒する〔　C　〕の偵察機が写っている。〔　A　〕に入る国の地図中での位置あ〜いと，〔　B　〕・〔　C　〕に入る国の名の組合せとして正しいものを，下の①〜④から一つ選ぼう。

① 　A−あ　　　B−アメリカ　　C−ソ連
② 　A−あ　　　B−ソ連　　　　C−アメリカ
③ 　A−い　　　B−アメリカ　　C−ソ連
④ 　A−い　　　B−ソ連　　　　C−アメリカ

〔　　　〕

Exercise① 　東西両陣営の経済・軍事協力体制に関する説明として誤っているものを一つ選ぼう。

① 　経済相互援助会議(コメコン)は，東側陣営の国々によって設立された。
② 　ワルシャワ条約機構は，ソ連と東欧諸国の軍事協力機構である。
③ 　北大西洋条約機構は，西欧諸国のみで構成された集団防衛機構である。
④ 　東南アジア条約機構や中東(バグダード)条約機構は，西側諸国の軍事機構である。　　　〔　　　〕

Exercise② 　インドシナ戦争について述べた次の文章の空欄に入る語句を答えよう。

　第二次世界大戦後，1945年に〔①　　　　　　　　　　　　　　〕の独立が宣言されたが，〔②　　　　　　　　〕はそれを認めず，インドシナ戦争が勃発した。1954年に〔②〕が〔③　　　　　　　　　　〕の戦いで敗れると，〔④　　　　　　　　　　　　　　〕がむすばれ，ベトナムは北緯〔⑤　　　　　〕度線を境界に南北に分けられ，統一のための選挙を実施することが決められた。しかし，戦争中にフランスが南部に樹立したベトナム国と，それを支援する〔⑥　　　　　　　〕は，この協定に調印しなかった。

Try 　朝鮮戦争の休戦は，年表中のどの位置に入るか。その番号を答えよう。

1945　第二次世界大戦の終結
（　①　）
1947　マーシャル=プランの発表
1949　コメコン，北大西洋条約機構の成立
（　②　）
1955　ワルシャワ条約機構の成立
（　③　）
1961　ベルリンの壁の建設
（　④　）

〔　　　〕

STEP UP
核実験と核競争

教科書 p.198～199

ポイント

〔①〕は当初，ドイツでの使用が考えられた。ナチ=ドイツも核兵器の研究をすすめていた。しかしアメリカが〔①〕の実験に成功したとき，すでにドイツは敗北していた。そこで日本での使用に方針転換した。

ポイント

〔②〕と〔③〕には原爆資料館がある。また，〔⑥〕も東京の晴海で展示されている。教室で学ぶだけでなく，実際に足を運んでみることも大切である。

ポイント

核兵器は数だけでなく，性能そのものも向上している。〔②〕と〔③〕に落とされた原爆自体も異なっている。物理の教科書も活用して，違いを調べてみよう。

核兵器開発と核実験

- 〔①　　　　　　　〕：アメリカが最初に完成させる

  1945年7月　ニューメキシコ州の砂漠で爆発実験

  　　　　8月　実戦で使用→〔②　　　　　〕(6日)，〔③　　　　　〕(9日)

  →のち，さらに殺傷規模の大きい〔④　　　　　　〕も開発

- 核実験：アメリカが〔⑤　　　　　　　〕(南太平洋マーシャル諸島)で実験

  →日本の漁船〔⑥　　　　　　〕が被曝(1954年)

- 核保有国の拡大：冷戦末期(1980年代後半)，世界で約7万発

  アメリカ(1945年)→ソ連(1949年)→イギリス(1952年)

  →〔⑦　　　　　　　〕(1960年)→〔⑧　　　　　　〕(1964年)→インド(1974年)

核兵器の国際的管理

●国際的に管理する動き

1963年	〔⑨　　　　　　　　　　〕(PTBT)	大気圏・宇宙空間・水中での核実験を禁止
1968年	〔⑩　　　　　　　　〕(NPT)	新たな核保有国があらわれることを防止
1969年〜72年	〔⑪　　　　　　　　　〕(SALT I)	ミサイル配備を制限 →その後，新規の核開発の禁止は成功せず

冷戦後の核実験

- 核兵器の削減：冷戦の終結で進展→〔⑫　　　　　　　　　〕(START I)
  で米ソが核弾頭と核兵器発射手段の数の制限合意

- 核競争の再燃

  インド・パキスタン：対立する両国が核実験を実施(1998年)

  北朝鮮：核実験を繰り返す(2006〜17年，6回)

  →〔⑬　　　　　　　　　　　　〕(CTBT)(1996年)→米中は批准せず

核兵器廃絶への動き

ポイント

アインシュタインは当初，強力な兵器である核兵器をアメリカがもつことで平和が築けると考えたが，それが誤りであることに気づいた。そのことがのちの核兵器廃絶運動につながっていった。

- 〔⑭　　　　　　　　　　　　　　　〕(1955年)

  …核兵器の拡散や実験に反対する

  →のちに非核地帯条約(ラテンアメリカや南太平洋)，核兵器禁止条約(2017年)がむすばれる

- 唯一の被爆国である日本の努力が求められている

（万発）

全世界

ロシア（旧ソ連）

アメリカ

1945 50 55 60 65 70 75 80 85 90 95 2000 05 10 15 17(年)

　核保有数はアメリカで①〔　A　〕年代後半から増えはじめた。ソ連も②〔　B　〕年代前半から数が伸びはじめているが，アメリカもこの時期に大きく増え，③〔　C　〕年代後半にピークを迎えている。ソ連は数を伸ばし続け，④〔　D　〕年代後半にアメリカを抜いた。しかしソ連は⑤〔　E　〕年代後半から保有数が減っている。とくに⑥〔　F　〕年からは米ソ両国とも激減している。⑦〔　G　〕年代前半には米ソ両国とも1万発を下回るようになった。

1　文章中の空欄**A〜G**に入る年代を答えよう。

　〔A　　　　〕　〔B　　　　〕　〔C　　　　〕　〔D　　　　〕　〔E　　　　〕

　〔F　　　　〕　〔G　　　　〕

2　下線部①〜⑦の時期におこった出来事を下の語群から選ぼう。

a　ソ連のアフガニスタン侵攻	b　第1次石油危機	c　東西ドイツ統合
d　ワルシャワ条約機構結成	e　キューバ危機	f　ベトナム戦争での北爆
g　同時多発テロ事件	h　第1次中東戦争	i　ゴルバチョフ政権誕生

　〔①　　　〕　〔②　　　〕　〔③　　　〕　〔④　　　〕　〔⑤　　　〕　〔⑥　　　〕　〔⑦　　　〕

3　核軍縮にかかわる条約・取り組みについての説明文**ア〜ウ**それぞれの正誤を答えよう。

　ア　文章中の②の時期に，部分的核実験禁止条約が調印された。　　　　　　　　　〔　　　〕

　イ　1982年から，米ソ間で戦略兵器制限交渉（SALTⅠ）がはじまった。　　　　　〔　　　〕

　ウ　包括的核実験禁止条約は1996年に国連総会で採択されて発効した。　　　　　　〔　　　〕

Try　核兵器廃絶に向けて，日本はどのような態度を取るべきだと思うか。自分の意見を書いてみよう。

56 植民地の独立と第三世界の出現

教科書 p.200〜201

■ 植民地の独立

〔① 　　　　　　　　〕の動き：1960年代に頂点

…アフリカ17か国が独立した1960年は「〔② 　　　　　　〕の年」

戦争による〔①　　　〕	交渉による〔①　　　〕
〔③ 　　　　　　　　〕戦争 （1954〜62） …フランスの武力弾圧に抵抗 　→〔③〕が独立を達成	インドの分離独立…イギリスと交渉 ・インド…ヒンドゥー教徒が多数 ・〔④ 　　　　　　　〕…ムスリムが 　多数

〔①　　　〕後の課題

- 経済・文化の自立の遅れや国内の民族対立
  - →コンゴやナイジェリアなどでは内戦に
- 日本と旧日本植民地の課題
  - →台湾・朝鮮は植民地の地位を脱したが困難に直面
  - →日本は植民地支配を十分に反省する機会を得られず

■ アジア＝アフリカ会議と平和十原則

〔⑤ 　　　　　　〕会議（1954）
…アジア諸国の首脳会議

〔⑥ 　　　　　〕と〔⑦ 　　　　　　〕
の会談（1954）
…〔⑧ 　　　　　　　〕の発表
　：領土と主権の尊重，内政
　　不干渉など

〔⑨ 　　　　　　　　〕会議
　　　　　　　　（1955）
- インドネシアのバンドンで開催
- 〔⑩ 　　　　　　　〕の発表
- 日本も参加

〔⑬ 　　　　　　〕
- 「南」：第三世界の経済の遅れた国々
- 「北」：ヨーロッパなど経済のすすんだ国々 ｝→経済格差拡大

■ 非同盟運動

〔⑪ 　　　　　　　〕の台頭
- 冷戦下で東西いずれの陣営にも不参加
- 国際社会で積極的に発言

〔⑫ 　　　　　　　　　〕会議
　　　　　　　　（1961〜）
- 初回はユーゴスラヴィアで開催
- 〔①〕した新独立国の経済的困難解決をめざす
  - →国際経済体制の見直し要求

〔③〕戦争の長期化はフランス本国の政治不安をまねき，1958年に首相となったド＝ゴールが憲法を改定して，フランスは第五共和政に移行した。大統領となったド＝ゴールは，1962年に〔③〕の独立を認めた。

分離独立後，インドの首相に〔⑦〕が就任した。ガンディーは政権に加わらず，ヒンドゥー教徒とムスリムの共存を訴えたが，反対するヒンドゥー教徒に暗殺された。

〔⑨〕会議は史上初の有色人種のみの国際会議で，主催国インドネシアのスカルノ，中国の〔⑥〕，インドの〔⑦〕，エジプトのナセルなどが主導した。こうした動きに対し，同年，米・ソ・英・仏の４か国首脳がジュネーヴで首脳会談をおこなった（ジュネーヴ４巨頭会談）。

〔⑫〕会議はユーゴスラヴィアのティトーが主催した。ユーゴスラヴィアは社会主義国ではあるが，ソ連と距離をおいており，コメコンやワルシャワ条約機構には参加していなかった。

〔⑬〕の解決をめざして，1964年に国連貿易開発会議（UNCTAD）が設置された。今日では「南」の諸国間でも資源の有無などによる格差がうまれている（南南問題）。

Check❶▶ 下の２枚の地図から読みとれる内容について述べたＡ～Ｃの３人のうち，正しいことを述べているのはだれか，①～④から一つ選ぼう。　　　　　　　　　　　　　　　〔　　　〕

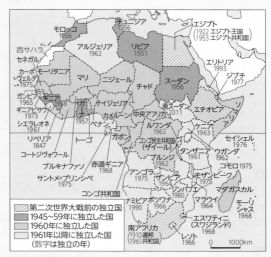

Ａ　左の地図は，第一次世界大戦後のアフリカの状況を示したものです。

Ｂ　右の地図の国境には，植民地時代の境界と重なっているものもあります。

Ｃ　ポルトガルの植民地であったところは，冷戦の終結後に独立を果たしています。

① Ａのみが正しい　　② Ｂのみが正しい　　③ Ｃのみが正しい　　④ 全員正しくない

Check❷▶ 列強による植民地支配（→教科書p.99）はアフリカの独立とその後の発展にどのような影響を与えたのだろうか。次の文章の空欄に入る語句を考えよう。

　植民地のなかには，アルジェリアのように支配国との〔①　　　　　　〕を経て独立を達成した国もあり，多くの犠牲をうんだ。植民地時代に支配国の政策で原料供給地としてあつかわれ，産業発展をおさえられたり，現地の民族分布や実情とは異なる国境線が引かれたりしたために，政治的な独立は達成されても〔②　　　　　　　〕や文化的自立，さらに国内の〔③　　　　　　　〕や内戦などの課題も多かった。〔④　　　　　　　〕国にならった計画経済をとりいれる国もあった。

Try　平和十原則と非同盟運動について調べたＡ君の考察を読んで，空欄に入る語句を答えよう。

　アジア＝アフリカ会議で平和十原則が発表された後，ジュネーヴで米ソ英仏４か国の首脳会談が開催され，米ソ首脳が10年ぶりに直接の会見を果たした。これは〔①　　　　　　　〕の台頭が，「〔②　　　　　　　〕」とよばれた〔③　　　　　〕の緩和にも影響を与えたと考えられる。また，非同盟主義は，弱い立場の新独立国をもとの植民地支配国などによる〔④　　　　　〕的支配から自立させ，〔④〕的困難を解決することに尽力した。それが「〔⑤　　　　　　〕問題」の解決をめざす国連貿易開発機構（UNCTAD）の設立にもつながったのではないか。

STEP UP パレスティナ問題

教科書 p.202〜203

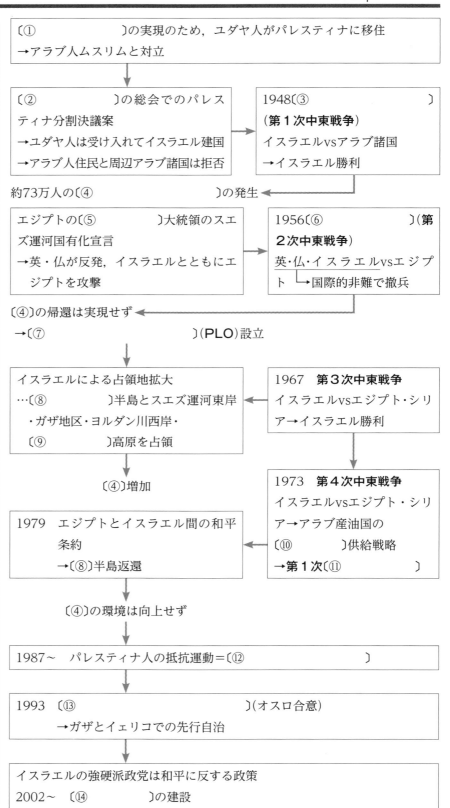

〔①　　　　　　　　　〕の実現のため，ユダヤ人がパレスティナに移住
→アラブ人ムスリムと対立

ポイント
イギリスは第一次世界大戦中に，アラブ人の独立を約束する一方でユダヤ人国家建設への支援を約束する矛盾した外交をおこなっていた。

〔②　　　　　　　　　〕の総会でのパレスティナ分割決議案
→ユダヤ人は受け入れてイスラエル建国
→アラブ人住民と周辺アラブ諸国は拒否

1948〔③　　　　　　　　　　〕（第1次中東戦争）
イスラエルvsアラブ諸国
→イスラエル勝利

約73万人の〔④　　　　　　　〕の発生

ポイント
ナチ党によるユダヤ人迫害を逃れたユダヤ人の移住もあった。

エジプトの〔⑤　　　　　　〕大統領のスエズ運河国有化宣言
→英・仏が反発，イスラエルとともにエジプトを攻撃

1956〔⑥　　　　　　　　〕（第2次中東戦争）
英・仏・イスラエルvsエジプト
└→国際的非難で撤兵

ポイント
1956年にはスターリン批判がおこなわれ，東西の「雪どけ」がすすんでいた。同年，日ソ国交回復によって，日本の国連加入が実現した。

〔④〕の帰還は実現せず
→〔⑦　　　　　　　　　　〕（PLO）設立

イスラエルによる占領地拡大
…〔⑧　　　　　　〕半島とスエズ運河東岸
・ガザ地区・ヨルダン川西岸・
〔⑨　　　　　　〕高原を占領

1967　**第3次中東戦争**
イスラエルvsエジプト・シリア→イスラエル勝利

ポイント
1969年以降，〔⑦〕はアラファトが指導した。

〔④〕増加

1973　**第4次中東戦争**
イスラエルvsエジプト・シリア→アラブ産油国の
〔⑩　　　　　〕供給戦略
→第1次〔⑪　　　　　　　〕

ポイント
〔⑪〕に対応するため，1975年には第1回先進国首脳会議（サミット）が開かれた。

1979　エジプトとイスラエル間の和平条約
→〔⑧〕半島返還

ポイント
1979年のエジプトとイスラエルの和平は，「人権外交」を掲げたアメリカのカーター大統領が仲介した。

〔④〕の環境は向上せず

1987〜　パレスティナ人の抵抗運動＝〔⑫　　　　　　　　　〕

1993　〔⑬　　　　　　　　　　　　〕（オスロ合意）
→ガザとイェリコでの先行自治

イスラエルの強硬派政党は和平に反する政策
2002〜　〔⑭　　　　　〕の建設

Check ▶ イスラエルの領土と占領地域の変遷を示した下の地図をみて，以下の問いに答えよう。

1　左の図から読みとれることとして
　　正しいものはどれか。次の①～④
　　から一つ選ぼう。　〔　　　〕
　　① パレスティナ分割案では，ユ
　　　ダヤ人国家がアラブ人国家よ
　　　りも広く設定されていた。
　　② パレスティナ分割案では，イェ
　　　ルサレムはユダヤ人国家に組
　　　みこまれていた。
　　③ パレスティナ戦争後も，イスラ
　　　エルの領土は変化しなかった。
　　④ パレスティナ戦争の結果，周
　　　辺国は多くの国土を失った。

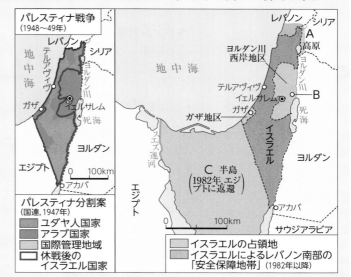

2　右の図をみて，次の文章の空欄に入る語句を答えよう。

　　1967年におこなわれた第〔X　　　　　〕次中東戦争後の状況を示したこの図では，奇襲攻撃によっ
て勝利したイスラエルがシリア領の〔A　　　　　　〕高原，エジプト領の〔C　　　　　〕半島とガザ
を奪った。〔C〕半島は，〔Y　　　　　　　　〕の仲介でむすばれたエジプトとイスラエルの和平条約を
受けてエジプトに返還された。ヨルダン川西岸地区に含まれる〔B　　　　　　〕は，1993年にむ
すばれたパレスティナ暫定自治協定によって，ガザとともに先行自治が開始された地である。

Exercise　次の文章の空欄に入る語句を答えよう。

　パレスティナ問題は，〔①　　　　　　　　〕帝国の領土であったアラブ諸地域を，〔②　　　　　　　〕やフラ
ンス，ロシア，アメリカといった強国が自国の支配下に組みこもうとした政策や，ユダヤ人がパレスティ
ナにユダヤ人国家を建国しようとする〔③　　　　　　　　〕運動などが，からみあってうみだされた問題で
あり，単なる宗教や民族の対立からうまれたものではない。

Try　以下のA・Bの発言は，どちらがアラブ人のもので，どちらがユダヤ人のものだろうか。理由を
　　示して答えよう。

A：「パレスティナに元々住んでいたわれわれを追い出した上に，自分たちの国を建てているのはおかし
　　い。われわれに土地を返すべきだ」
B：「国際的に認められたわれわれの国を否定したのは君たちじゃないか。私たちは挑まれた戦争に勝利
　　して，国土を拡大しただけだ。私たちの国を認めるべきだ」

57 米ソ両陣営の動揺

教科書 p.204〜205

ポイント

インドシナ戦争終結時に南ベトナムを支配していたベトナム国は，アメリカの支援するクーデタによって打倒され，ベトナム共和国が樹立されていた。

ポイント

1964年には公民権法が制定され，人種による差別が法的に禁じられたが，黒人解放運動はさらに高揚した。

ポイント

〔④〕戦争による財政の悪化に対応するため，〔⑤〕は1971年に金・ドル交換停止を発表し，世界経済に大きな衝撃を与えた（ドル=ショック）。その後，1973年には固定相場制から変動相場制へ移行し，ブレトン=ウッズ体制が崩壊した。

ポイント

ソ連のブレジネフは「社会主義共同体全体の利益は一国の主権より重要」との声明を発し，チェコスロヴァキアの民主化抑圧を正当化した（制限主権論）。

ポイント

〔⑪〕により経済は混乱したが，この間に中華人民共和国は国連代表権を獲得し（1971），日中国交回復（1972）も実現した。1976年の毛沢東の死によって〔⑪〕は終了した。その後，鄧小平の改革開放政策によって，市場経済の導入がすすめられた。

■ ベトナム戦争とアメリカ社会

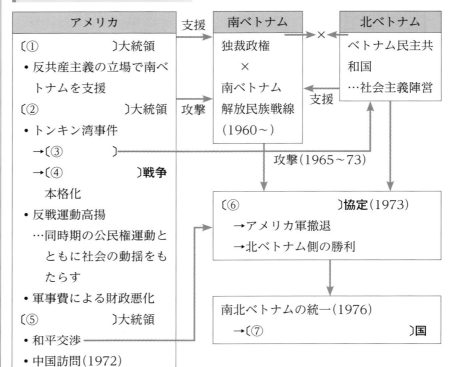

アメリカ		南ベトナム		北ベトナム
〔①　　　　〕大統領 ・反共産主義の立場で南ベトナムを支援	支援→	独裁政権 × 南ベトナム解放民族戦線 （1960〜）	×→ ←支援	ベトナム民主共和国 …社会主義陣営
〔②　　　　〕大統領 ・トンキン湾事件 　→〔③　　　〕 　→〔④　　　〕戦争本格化 ・反戦運動高揚 　…同時期の公民権運動とともに社会の動揺をもたらす ・軍事費による財政悪化 〔⑤　　　　〕大統領 ・和平交渉 ・中国訪問（1972）	攻撃→			

攻撃（1965〜73）

〔⑥　　　　　〕協定（1973）
→アメリカ軍撤退
→北ベトナム側の勝利

南北ベトナムの統一（1976）
　→〔⑦　　　　　〕国

■ 社会主義陣営の動揺

ソ連

フルシチョフ
・スターリン批判，平和共存外交
・フルシチョフ解任（1964）
→自由化進展の抑制

チェコスロヴァキア

・〔⑧　　　　　〕（1968）
…ドプチェクが指導する民主化と経済改革
→ソ連がワルシャワ条約機構軍を介入させて抑圧

■ 中ソ対立と文化大革命

中国

・スターリン批判後，ソ連との見解の相違が表面化→〔⑨　　　　〕
・毛沢東による〔⑩　　　　〕政策
…鉄鋼・農業生産の飛躍的発展を計画→大失敗，多くの餓死者発生
→毛沢東は国家主席辞任
・劉少奇による改革
…市場経済の一部復活
・〔⑪　　　　　〕
（1966〜76）
・毛沢東が権力奪還
・紅衛兵による混乱
…資本主義的であるとして知識人などを糾弾
・中ソ対立の激化→アメリカに接近

×（ソ連と中国の間）

Check❶▶ 次の文字資料を読んで，この演説をおこなった人物名と，文中の空欄に入る語句の組合せとして適切なものを一つ選ぼう。　〔　　　〕

> 　私には夢があります。…いつの日かこの国は立ち上がり，国の礎となった信念に従って，「神はすべての人を平等に創り給われた，それは自明のことである」という信念にしたがって歩み始める，そんな夢が私にはあるのです。…私には夢がある，私の幼い四人の子供たちは〔　　　〕でなく，人格で判断される，そんな国に住むことができる，そんな日が来るという夢が。

①　人物－ケネディ　　語句－肌の色　　　　②　人物－ケネディ　　　語句－財産の額

③　人物－キング牧師　語句－肌の色　　　　④　人物－キング牧師　　語句－財産の額

Check❷▶ 右の写真は，北京の天安門広場で毛沢東語録を掲げている紅衛兵の様子である。次のA〜Cの出来事と写真に示された出来事を，年代順に並べたものとして正しいものを，下の①〜④から一つ選ぼう。

〔　　　〕

A　大躍進政策の開始
B　劉少奇による市場経済の一部復活
C　毛沢東の国家主席辞任

①　写真の出来事→C→B→A　　②　A→写真の出来事→B→C

③　B→A→写真の出来事→C　　④　A→C→B→写真の出来事

Exercise①　ベトナム戦争に関する説明として誤っているものを①〜④から一つ選ぼう。　〔　　　〕

①　アメリカは，ジョンソン大統領のときに本格的な介入を開始した。

②　南ベトナム解放民族戦線は，アメリカの支援を受けて北ベトナムと戦った。

③　ニクソン大統領は，ベトナム和平協定をむすび，アメリカ軍の撤兵が実現した。

④　ベトナム戦争後，南北ベトナムを統一したベトナム社会主義共和国が成立した。

Exercise②　1968年におこった「プラハの春」とよばれる運動について，その内容と結果を説明しよう。

Try　ベトナム戦争がアメリカ社会に与えた影響と文化大革命が中国社会に与えた影響を説明しよう。

58 日本の国際社会復帰と高度経済成長

教科書 p.206～207

ポイント

日本の〔⑭〕の時期は，冷戦のさなかであった。アメリカと安全保障について緊密な関係をむすぶと同時に，ソ連とも関係改善をはかった。日本の経済成長が単独におこなわれたのではなく，アメリカ経済の恩恵にあずかるところも多かった。

ポイント

アメリカやイギリス，西ドイツは二大政党が対立し，政権交代もおこなわれた。しかし日本では〔③〕体制のなかで，社会党は一度も政権をとることはできなかった。

ポイント

〔⑭〕期には，首都高速道路や東京モノレールが急ピッチで建設された。用地買収に時間がかけられなかったため，国や地方自治体が管理する河川や埋め立て地を利用した。一方，日本橋の上に高速道路が通るなど景観が悪くなったため，地下に移設させることが検討されている。

ポイント

〔⑱〕は，アメリカがベトナム戦争を本格化させた北爆と同じ年に締結された。条約締結の裏には，資本主義陣営の結束を重視したアメリカの強い意志が働いている。

西側諸国の国内政治体制と日本

● 西側諸国の政権

　課題：社会福祉，産業政策，東側諸国との関係改善

保守政党	〔①　　　　　　〕経済の維持をはかろうとする	
社会民主主義政党	重要産業の〔②　　　　　〕など資本主義の修正をめざす	

● 日本の政治

〔③　　　　　　〕体制（1955～93年）	争点：安全保障・憲法解釈・社会保障
〔④　　　　〕	分裂していた日本社会党（社会党）が統一
〔⑤　　　　〕	諸政党が合同→自由民主党（自民党）

〔⑥　　　　　　〕内閣（任1954～56年）		
国内	保守合同	
外交	〔⑦　　　　　　〕に署名（1956年）…ソ連と国交回復	
	〔⑧　　　　　　〕への加盟が実現（1956年）…ソ連の支持による	

〔⑨　　　　　　〕内閣（任1957～60年）	日米安全保障条約の改定をめざす
外交	〔⑩　　　　　　〕（**新安保条約**）を締結
国内	〔⑪　　　　　　〕とよばれる反対運動がおきる

戦後世界のなかの経済成長

● 高度経済成長

・西側諸国：基軸通貨〔⑫　　　　　〕と安い〔⑬　　　　　　〕で経済成長
　とくに日本は平均10％の成長を果たす（〔⑭　　　　　　　　〕）

・東側諸国：一定の経済成長をとげる

日本・アジア間の関係回復と冷戦

● 東アジアの変化

・中華民国（台湾）：平和条約締結（1952年）

・中華人民共和国

　〔⑮　　　　　　　〕（1972年）：日本の〔⑯　　　　　　　〕首相が訪中
　→中華民国とは国交断絶したが，民間交流はその後も維持
　〔⑰　　　　　　　〕（1978年）締結

・韓国：〔⑱　　　　　　　〕（1965年）締結
　…韓国の〔⑲　　　　　〕政権と経済協力で妥結

・沖縄：〔⑳　　　　　〕首相の対米交渉で返還実現（1972年）

Check❶▶ 主要な欧米諸国・日本の経済成長率を示した右のグラフをみて，以下の問いに答えよう。

1 アメリカの経済成長率がマイナスに転じたのはいつか。

〔　　　　　〕年

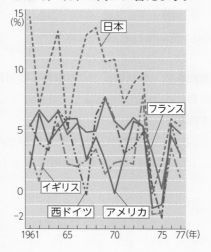

2 **1**の最も大きな理由を次の①〜④から一つ選ぼう。
① 新安保条約締結　② ベトナム戦争の負担
③ 沖縄返還運動　④ 朝鮮戦争の負担

〔　　　　〕

3 1960年代〜70年代に経済成長率がマイナスにならなかった欧米諸国はどこだろうか。

〔　　　　　〕

Check❷▶ 次の写真に関係する出来事A〜Cは，いずれも1950年代から60年代にかけておこったことである。年代の古いものから順に並べかえよう。

〔　　　　〕→〔　　　　〕→〔　　　　〕

A

B

C

Try 日本の高度経済成長は当時どのような課題をもたらしただろうか。次の語句を用いて説明してみよう。　【　農村の過疎　大都市の過密　公害　消費社会　】

歴史を資料から考える

1968—「豊かな社会」でおこった「異議申し立て」

教科書 p.210〜211

① 「豊かな社会」なのになぜ？

STEP 1　教科書p.210の年表も参考にして，1965年から1969年までの世界の動きと日本の動きを，教科書p.204〜207を確認して年表にしてみよう。

STEP 2

1　次の三つの時代に人々の生活がどのように変わったのか，書き出してみよう
　①1920年代（「大衆化の時代」　p.142〜143，147）

　②1968年（高度経済成長の時代　祖母の話より）

　③現在（君たちの身の回り）

2　祖母が感じた「みんながいっぺんに豊かになったわけじゃない」とは，高度経済成長の時代が実際はどんな時代だったことを示しているだろうか。

② 反戦運動はなぜひろがった？

STEP 1　1968年ごろに流行したファッションや音楽について，以下の語句を参考にして調べてみよう。また，そこから定着して現在まで続いている生活習慣にはどのようなものがあるか，話し合ってみよう。
【　ヒッピー　モッズ　アイビールック　ミニスカート　フォークソング　ロック　ビートルズ　】

STEP 2　1948年生まれの祖母の親は，いつごろの生まれだろうか。その親が「北爆」や「ゲリラ戦」の映像から思い出す体験とは何だろうか。

③ 「市民」とはだれか?

STEP 1　写真の説明にある朝霞基地とは，東京都練馬区大泉にある自衛隊駐屯地である。当時，基地内には米軍の野戦病院が設置されていた。写真には「大泉市民の集い」とあるが，行政区分としての大泉市は存在しない。「大泉市民の集い」ではなく，「大泉　市民の集い」と考えたとき，この横断幕にある市民とは，どのような意味で使われていたのだろうか。

STEP 2　日本はベトナム戦争とどのように関係していたのか。戦後日本の国際関係や沖縄の基地に関する教科書の記述p.182やp.208〜209を参考にしてまとめてみよう。

④ その後に何を残したか?

STEP 1

1　1968年の抗議や批判の例(何に抗議したのか，何を批判したのか)を，祖母の会話から抜き出してみよう。

2　1であげた抗議や批判は，今の社会でどうなっているだろうか。どのような影響を与えただろうか。

STEP 2　以下の2点を意識して，1960年代以降の日本とアジアの関係について，考えてみよう。
・アメリカは，日本に一部の施設や物資補充の拠点をもって，ベトナム戦争を戦った。
・バナナの場合は，アメリカの農事産業三社がフィリピンと日本に進出し，それぞれに拠点をきずいた。
　…こうしてフィリピンと日本はつながった。

Try

1　経済の高度成長がみられ，「豊かな社会」になったはずの1960年代の欧米や日本で，なぜ抗議の運動がこれほどさかんになったのだろうか。祖母の会話にある，当時の社会問題を参考に考えてみよう。
2　人々が要求や抗議の声を伝える方法には，どのようなものがあるか。教科書でここまで学んできた運動や現在のニュースなどから具体的な例をあげて，議論してみよう。

59 石油危機と世界経済

石油危機と資本主義の構造転換

● 〔①　　　　　　　　　　　〕(オイル=ショック)
- 背景：〔②　　　　　　　　　　〕(1973年)
  …シリアとエジプトがイスラエルを攻撃
  →〔③　　　　　　　　　　〕(OPEC)：反アラブ国へ原油供給制限
  　と価格の大幅引き上げ
- 影響：世界経済の混乱
  …不況とインフレが同時進行(〔④　　　　　　　　　　〕)
  →日本の高度経済成長も終わる
- 〔⑤　　　　　　　　　〕革命(1979年)→原油価格高騰
  →〔⑥　　　　　　　　　　〕→資源を大量消費する産業構造が転換

変動相場制

- アメリカ：ベトナム戦争で膨大な支出，金の保有量が減少
  →〔⑦　　　　　　　　〕大統領：ドルと金の交換停止を発表
  →〔⑧　　　　　　　　〕(1971年)
- ドルを中心とする国際通貨体制(〔⑨　　　　　　　　〕体制)の動揺
  →主要国：固定相場制から〔⑩　　　　　　　〕へ移行(1973年)
  →国際金融取引は自由化へ

新自由主義

● 石油危機への対応
- 福祉国家政策の強化：ヨーロッパの社会民主主義政権，ユーロ=コミュニズム，日本の革新自治体などは社会保障・医療・教育の強化をめざす
  →財政危機で挫折
- **新自由主義**：国家の市場介入や公共サービスの縮小，民営化の推進
  →財政を削減して「〔⑪　　　　　　　　〕」をめざす→貧富の差の拡大
● 採用したおもな国々

年	国名	内容
1970	エジプト	国営産業の民営化
1973	チリ	国営産業の民営化
1979	イギリス	〔⑫　　　　　　　　〕政権 →国営企業の民営化，財政支出削減
1981	アメリカ	〔⑬　　　　　　　〕政権も強力に推し進める
1982	日本	〔⑭　　　　　　〕政権→教科書p.224参照

ポイント
〔③〕(OPEC)は，第3次中東戦争では反イスラエルで結集することができなかった。そこで新たにアラブ石油輸出国機構(OAPEC)が結成された。

ポイント
〔⑧〕までアメリカは金本位制をおこなっていた。金との交換ができることで，ドルは基軸通貨として信用を得ていた。日本は世界恐慌のあとに金本位制に戻した時期があったが，昭和恐慌のために取りやめた。その後，金本位制に戻ることはなかった。

ポイント
〔⑩〕に移行すると，円とドルの交換レートは動いた。円高すなわちドルに対する円の価値が高まると，日本からの輸出品は価格が高くなり，不利になった。今までの円高の最高は，1ドル＝79円75銭(1995年4月)。

ポイント
アメリカ経済が低迷すると，アメリカの指導力にもかげりが出てきた。これにより世界の多極化はすすんでいった。

Check❶▶ 原油価格の推移を示した右のグラフをみて，以下の問いに答えよう。グラフ中のA・Bはその時期におこった出来事を示している。

1 Aの出来事がおこった1973年から74年にかけて，石油価格は約何倍になっただろうか。次のa〜cから一つ選ぼう。

  a　2倍　　b　4倍　　c　8倍

〔　　　〕

2 1の時期に欧米諸国や日本の経済成長率はどう変化したか。教科書p.206のグラフをみて答えよう。

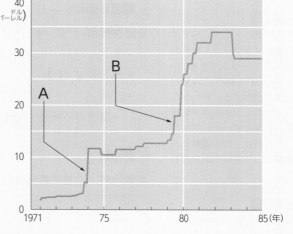

3 Bの出来事とその影響でおこった事態に関する説明として誤っているものを，①〜④から一つ選ぼう。

〔　　　〕

  ①　原油価格が大幅に上昇し，第2次石油危機がおこった。

  ②　イランではイスラームを国家体制の中心にすえた共和国が成立した。

  ③　この結果，エネルギーや資源を大量消費する産業構造からの転換が求められるようになった。

  ④　日本の高度経済成長は終わりをむかえることになった。

Check❷▶ 変動相場制への移行はその後の日本経済にどのような影響を与えたのか，教科書p.224を参照しながら空欄に入る語句を答えよう。

　1973年に変動相場制に移行することで，為替レートは外国為替市場での取引に応じて変動することになった。1974年度の日本の経済成長率は戦後初の〔①　　　　　　　　〕を記録したが，減量経営や省エネルギー技術の革新により，〔②　　　　　　〕や電子機器の輸出が急増し，経済が回復した。しかし，日本の輸出の急増は〔③　　　　　　〕をひきおこしたため，貿易黒字の解消が求められた。1985年には〔④　　　　　　　〕によってドル安へと誘導したため，〔⑤　　　　　　〕が急激に進行した。これに対処するために公定歩合を引き下げ，金融緩和をすすめたことでバブル経済を誘発することになった。

Try 新自由主義が登場した背景を，1970年代以降の世界の動きをふまえて，次の語句を用いて説明してみよう。あわせて自由主義の問題点も考えてみよう。

【　財政危機　　福祉国家　　民営化　　「小さな政府」　】

60 緊張緩和から冷戦の終結へ

教科書 p.218〜219

ポイント
東西冷戦のさなか，西ドイツ首相ブラントは，社会主義国のポーランドを訪れ，ナチ゠ドイツ時代にユダヤ人虐殺がおこなわれたワルシャワのゲットー前で献花し，ひざまずいた。ブラントの行為は，戦争加害者の謝罪として強い印象を残した。

ポイント
軍縮は平和に対する意識の広がりだけでなく，米ソ両国が財政負担に苦しんでいたことも関係する。経済の悪化と軍縮との関連を意識すると，歴史を違った目でみることができる。

■ 緊張の緩和

●緊張緩和（デタント）→アメリカとソ連の財政難が発端
- 米ソ：〔① 〕（SALT）…核兵器数の制限をめざす
- 西ドイツ：〔② 〕…東ドイツやポーランドと関係改善
- 〔③ 〕宣言（1975年）…ヨーロッパ全体の緊張緩和をめざす
  →国境の不可侵・内政不干渉・人権の尊重がうたわれた

■ 新冷戦

●新冷戦：冷戦の新たな段階

年	名称	内容
1979	〔④ 〕侵攻	親ソ派政権を支援して，ソ連軍が侵攻
1980	〔⑤ 〕戦争	〔⑥ 〕**革命**の波及防止と領土拡大が目的 イラク：〔⑦ 〕政権
1980	ポーランドの改革運動	自主管理労組「〔⑧ 〕」が主導 →翌年，戒厳令が出て弾圧される
1983	〔⑨ 〕計画	アメリカが構想→米ソの対立が深まる

■ 社会主義陣営の変容

●アジア・第三世界
- カンボジア：〔⑩ 〕政権が独自の社会主義政策→少数派を弾圧
- ベトナム：カンボジア介入→中国が侵攻して〔⑪ 〕がおきる
- 革命と民族解放を求めて社会主義国に接近する動きも強い

■ ソ連のペレストロイカ

ポイント
〔⑬〕原子力発電所の事故は，実験中の操作ミスでおきた。原子力施設そのものが国家機密であったため，操作してはいけない方法も機密事項であった。情報不足が事故をまねいたともいえる。これがグラスノスチにつながっていった。

ポイント
ゴルバチョフの積極外交は，世界の緊張緩和につながった。アメリカでも支持が高まり，ゴルバチョフの愛称からとられた「ゴルビー人形」がつくられた。

●ゴルバチョフ政権

年	出来事	内容・展開
1985	共産党書記長就任	〔⑫ 〕とよばれる政策 …経済や市民生活，社会の改革や刷新めざす
1986	〔⑬ 〕 原子力発電所事故	情報公開（グラスノスチ）がすすめられる →思想や報道の自由が実現
1987	〔⑭ 〕 （INF）**全廃条約**	米ソの関係改善
1988	〔④〕からの撤退	冷戦の終結に向けた努力が積み重ねられる
1989	〔⑮ 〕**会談**	アメリカの〔⑯ 〕大統領と冷戦の終結を宣言

Check❶▶ 西アジア諸国の動向について，右の地図をみながら以下の問いに答えよう。

1　①の国名と，この国が1979年に軍事侵
　攻した国を答えよう。
　　・国名〔　　　　　〕
　　・侵攻した国〔　　　　　〕
2　②の国名と，1979年にここにおかれた
　大使館が占拠された国を答えよう。
　　・国名〔　　　　　〕
　　・大使館を占拠された国〔　　　　　　〕
3　③の国名と，1979年にこの国に侵攻し
　た国を答えよう。
　　・国名〔　　　　　　〕
　　・侵攻した国〔　　　　　〕

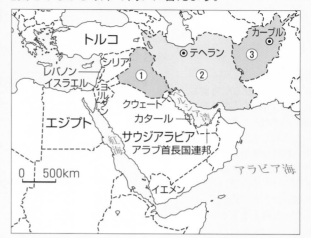

Check❷▶ 次の写真に関係する出来事A〜Cは，いずれも1970年代から80年代にかけておこったこ
とである。年代の古いものから順に並べかえよう。　　〔　　　〕→〔　　　〕→〔　　　〕

Check❸▶ 新冷戦の時代の日本の対外関係の特徴について述べた文章X・Yの正誤を，教科書p.225
の表を参考にして答えよう。

　X　イラン=イスラーム革命の影響で石油危機がおこり，これに対処するため初めて開催されたサ
　　ミットに日本も参加した。　　　　　　　　　　　　　　　　　　　　　　　〔　　　〕
　Y　中国や韓国が日本の歴史教科書検定や中曽根首相の靖国神社公式参拝を批判した背景には，両
　　国との間に国交が回復していないことがあった。　　　　　　　　　　　　　〔　　　〕

Try　なぜ米ソ両国は冷戦終結に向かったのだろうか。それぞれの国内事情をふまえて，次の語句を用
　　いて説明してみよう。
　【　ベトナム戦争　　中ソ対立　　アフガニスタン　　財政危機　　ゴルバチョフ　　マルタ会談　】

61 地域協力の進展

ポイント

〔②〕(EC)はEECが発展しただけでなく，石炭と鉄鋼，原子力との連携もめざしたものだった。当時，石炭と鉄鋼は戦争に必要な資源であったが，新しいエネルギーである原子力の活用も視野に入れていた。エネルギーを考える上で重要な転換点となった。

ポイント

〔⑤〕の代表は，インドネシアのスハルト政権，フィリピンのマルコス政権などがあげられる。親族などを優遇したため国民の不満が募り，最終的には失脚した政権もあった。

ポイント

〔⑦〕は1978年10月に来日した折，製鉄所や自動車工場を訪れ，新幹線にも乗った。奇しくも〔⑥〕政策が同年からはじめられている。

ポイント

〔⑪〕は世界からも注目され，日本も〔⑪〕諸国とは緊密な関係をきずいている。

ポイント

世界的な人の移動は，人々の意識に変化をもたらしている。日本も少子高齢化がすすむなか，移民とどう接するかが課題となってきている。

■ ヨーロッパの地域協力

● 3つの地域経済ブロック

地域	名称	補足
西側	〔①　　　　　　　　　　〕(EEC)	1958年発足
	〔②　　　　　　　　〕(EC) …EECがヨーロッパ石炭鉄鋼共同体・ヨーロッパ原子力共同体と統合	1967年発足 →のち，イギリス・アイルランド・ギリシアが加盟
北欧・中立諸国	〔③　　　　　　　　　　〕(EFTA)を結成	中立諸国：スイス・オーストリアなど
東側	〔④　　　　　　　〕(コメコン)	

■ アジアの市場経済と地域協力

● アジアの経済成長

• 発展途上国：〔⑤　　　　　　　　〕…強権的な政治体制で近代化をめざす

• 社会主義国の開放政策

　中国：1978年から〔⑥　　　　　　　〕政策で経済立て直しをはかる

　　　　〔⑦　　　　　　〕が「〔⑧　　　　　　　　　〕」を国家目標とする

　ベトナム：1986年から刷新政策（〔⑨　　　　　　　〕）を採用する

• 東南アジア

　〔⑩　　　　　　　　　　　　〕（略称〔⑪　　　　　　　〕）発足（1967年）

• 〔⑫　　　　　　　　　〕(NIEs)：香港・韓国・シンガポール・台湾など

　→1970年代から急速な経済成長

■ 労働力と人の移動

● 労働力の獲得

• 国境をこえた労働者（1960年代～）：移民や外国人労働者を受け入れ

　イギリス・フランス←旧植民地

　西ドイツ←トルコやユーゴスラヴィア　　滞在が長期となり，家族を形成

　東ドイツ←ベトナム・アンゴラ　　　　　→社会のあり方を変える

　アメリカ←中南米からのヒスパニック

● 難民の発生

• 原因：戦争・災害・政治的迫害・宗教的迫害で居住地を追われる

• 難民の例

　〔⑬　　　　　　　　　〕：ボートピープル，1975年から

　〔⑭　　　　　　　　　〕：中東戦争により世界に離散

　→生活を守る権利を求める

Check ▶ 図1は1980年代のヨーロッパの地域経済ブロックを示した地図，図2はASEANの拡大を示した地図である。以下の問いに答えよう。

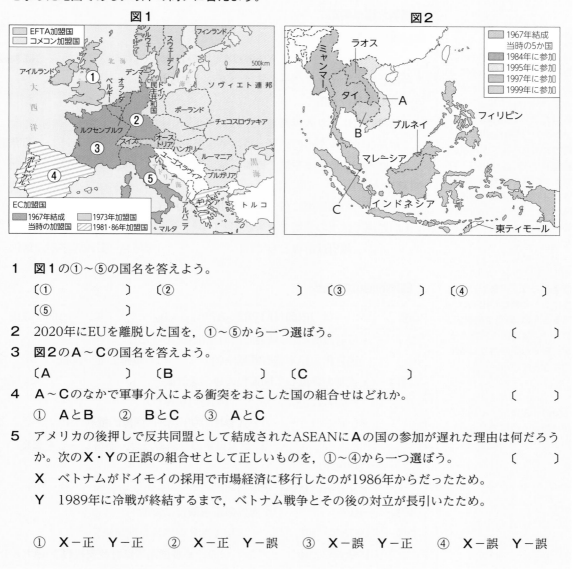

1 図1の①〜⑤の国名を答えよう。

〔① 　　　　　〕　〔② 　　　　　　　　〕　〔③ 　　　　　　　　〕　〔④ 　　　　　　　〕

〔⑤ 　　　　　〕

2 2020年にEUを離脱した国を，①〜⑤から一つ選ぼう。　　　　　　　　〔　　　　〕

3 図2のA〜Cの国名を答えよう。

〔A 　　　　　〕　〔B 　　　　　　　〕　〔C 　　　　　　　　〕

4 A〜Cのなかで軍事介入による衝突をおこした国の組合せはどれか。　　　〔　　　　〕

　　① AとB　　② BとC　　③ AとC

5 アメリカの後押しで反共同盟として結成されたASEANにAの国の参加が遅れた理由は何だろうか。次のX・Yの正誤の組合せとして正しいものを，①〜④から一つ選ぼう。　　　〔　　　　〕

　　X　ベトナムがドイモイの採用で市場経済に移行したのが1986年からだったため。

　　Y　1989年に冷戦が終結するまで，ベトナム戦争とその後の対立が長引いたため。

　　① X−正　Y−正　　② X−正　Y−誤　　③ X−誤　Y−正　　④ X−誤　Y−誤

Try 戦後の経済統合の意義と課題について考えてみよう。

62 日本の経済大国化

教科書 p.224〜225

ポイント
日本の1980年代前後は, 世界的にも激動の時代であった。60節もあわせてみてみよう。1970年代からはじまった緊張緩和(デタント), 1980年代にはソ連のゴルバチョフが冷戦の終結に奔走し, 1989年のマルタ会談で冷戦の終結が宣言された。日本の経済大国化は, このような世界情勢のなかですすめられていた。

経済大国への道

●日本経済の回復

- 第1次〔①　　　　　　　〕: 1974年度の日本の〔②　　　　　　　　〕は戦後はじめてマイナスに→企業は対策をせまられる
- 日本企業の対策
  減量経営により人員整理・生産性の向上をはかる
  新たなエネルギーの開発…省エネルギー技術の革新, 〔③　　　　　　　〕発電
  →欧米向け自動車や電子機器の輸出増で経済は回復

●「経済大国」

- 世界最大の債権国に(1985年)→国際社会で存在感を増す
- 問題点：輸出の急増で欧米諸国と〔④　　　　　　　〕をひきおこす
  政府は財源として〔⑤　　　　　　　〕を増発, 財政赤字が深刻化

ポイント
債権国とは, 貿易などで外国に対して利益が出ている国をさす。対義語は債務国。アメリカは経済大国であるが, 貿易赤字があり, 債務国になっている。

国際的地位の向上

〔⑥　　　　　　　　〕内閣(任1982〜87年)	〔⑦　　　　　　　　〕的な政策
国内	<ul><li>行財政改革：「戦後政治の総決算」をうたう 民営化：日本国有鉄道→〔⑧　　　　〕　電電公社→NTT</li><li>税制の見直し：間接税の導入を計画 →のちに〔⑨　　　　　　〕実施(1989年)</li><li>〔⑩　　　　　　〕公式参拝(1985年)に国際的批判</li></ul>
経済	〔⑪　　　　　　　〕：貿易黒字の解消のため, 為替レートを調整 (1985年)
軍事・外交	アメリカに積極的に協力 →〔⑫　　　　　　〕が海外の軍事演習に参加 1976年　〔⑬　　　　　　　〕のGNP1％枠を閣議決定 1990年　〔⑭　　　　　　　〕のため多国籍軍に財政支援(130億ドル)

ポイント
〔⑦〕の代表は, イギリスのサッチャー政権である。

バブル経済・国際化と社会の変化

- ●〔⑮　　　　　　〕経済(1986〜91年)：大型好景気
  - 円高による不況→政府は公定歩合を引き下げ, 〔⑯　　　　　　〕を実施
    資金が投機に流れ, 強引に土地を買い占める〔⑰　　　　　　〕が問題化
  - 日本企業の国際化：多国籍企業化, 欧米に直接投資, 外国人労働者の流入
- ●労働形態の変化
  - 女性の労働力が注目され, 職場での男女平等の要求が高まる
    →〔⑱　　　　　　　　〕(1985年)が制定される
  - 〔⑲　　　　　　〕(1985年)：人材派遣業の自由化

ポイント
株価と地価の最高値の時期にずれがあることに注意しよう。株価が下がると, 投資家は値上がりを続けていた土地を買って, それを売りさばいて利益を上げようとした。

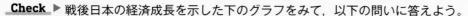

Check ▶ 戦後日本の経済成長を示した下のグラフをみて，以下の問いに答えよう。

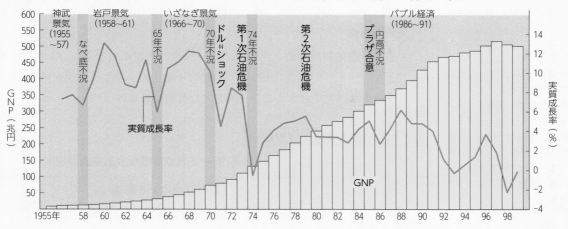

1 日本の経済成長率が，戦後初めてマイナスとなったのはいつだろうか。　　〔　　　　　　〕年

2 第1次石油危機のときには経済成長率が大きく落ちこんでいる。しかし，第2次石油危機のときには
そこまで大きく落ちこんではいない。その理由は何だろうか。教科書の記述を参考にして考えてみよう。

3 教科書p.225 **3** のグラフで株価と地価が大きく落ちこむようになったときに，日本の経済成長率
はどのような動きをみせたか，説明してみよう。

Try 貿易摩擦と円高の観点から，1970年代なかば以降の日本経済の変化を考えてみよう。それぞれ
の項目について空欄に語句を入れ，問いに答えよう。

1 貿易摩擦

日本は1980年には世界のGNP総計の約〔①　　　　　〕％を占め，1985年には世界最大の〔②　　　　　　〕
となるなど存在感を増したが，輸出の増加は海外から反発をまねいた。とくにアメリカの反発が最も大き
かった理由を考えてみよう。

2 円高

黒字解消を求められた日本は，先進国間で為替レートの調整に合意した。このため円高となり，日本は
〔①　　　　　〕が有利になった。日本は公定歩合を引き下げたため，金利は〔②　　　　　　　〕。このため，
地価や株価が上がる大型好景気になった。教科書p.225 **3** のグラフで株価が下がった後，しばらく地価が
上がり続けた理由は何だろうか。

63 冷戦体制の終結

ポイント
中国で改革派であった胡耀邦が死亡すると，彼を支持する学生や市民が追悼集会をおこなった。これを中国政府が軍隊（人民解放軍）を導入して弾圧した。日本も1918年の米騒動で鎮圧のために軍隊を導入した過去をもつ。

ポイント
1961年に建設がはじまり，東西分断の象徴であった〔③〕は，総延長が150kmをこえていた。

ポイント
保守派が改革に反対して，〔⑨〕大統領を軟禁した。ソ連のなかの共和国の一つであったロシアのエリツィン大統領が，保守派に対して抵抗をよびかけた。保守派は敗れたが，〔⑨〕の威信は低下し，エリツィンの発言力が高まった。

ポイント
〔⑫〕で派遣されたのは，多国籍軍である。朝鮮戦争では国連軍が組織されたが，多国籍軍は国連軍ではない。

ポイント
南アフリカのマンデラは人種間の和解に努めた。白人側もデクラーク大統領が対話路線に転じた。デクラークはマンデラとともにノーベル平和賞を受賞した。

天安門事件

- 中国：改革開放政策と市場経済化→民衆は貧富の差やインフレに苦しむ
- 〔①　　　　　　　〕(1989年)：政治に不満をもつ学生や市民がデモ
- →政府は武力でおさえこむ→国際的な批判がおきる

東欧の体制転換とドイツ統一

- ソ連：〔②　　　　　　　〕へ転換→東欧で多様な改革運動が展開

地域	ソ連の転換による影響
東西ドイツ	〔③　　　　　　〕が**崩壊**(1989年) →〔④　　　　　　〕(1990年)が実現
東欧	• 〔⑤　　　　　　〕では独裁者が処刑 • 各国で〔⑥　　　　　　〕の体制を採用 　→外資の導入や急速な市場化でナショナリズムが高まり社会的混乱

ソ連の崩壊

- ペレストロイカに反対する保守派のクーデタ→失敗(1991年)
- →〔⑦　　　　　　〕やウクライナが独立を宣言→連邦機構の解体すすむ
- →ロシア連邦を中心に〔⑧　　　　　　〕(CIS)が結成
- ソ連解体：〔⑨　　　　　　〕大統領が辞任(1991年)

冷戦後の新秩序

- 〔⑩　　　　　　〕が急速にすすむ←冷戦の終結
- 超大国の対抗が消滅→〔⑪　　　　　〕の平和維持機能が一時的に強まる
- 〔⑫　　　　　　〕(1991年)
  - …安保理の武力行使容認決議→イラクに対して多国籍軍を派遣
  - →〔⑬　　　　　〕は中東で力を強め，アラブ諸国の分裂は深まる
  - →国連の〔⑭　　　　　　〕(PKO)の部隊は十分な役割を果たせず
- 南アフリカ：1991年から段階的に〔⑮　　　　　　〕体制が廃止

冷戦後日本の政治経済

- 〔⑯　　　　　〕景気が崩壊(1990年代はじめ)
  - →「〔⑰　　　　　　〕」とよばれる低成長の時代に
- 〔⑱　　　　　〕連立内閣の成立(1993年)→〔⑲　　　　　〕の崩壊
- のち政権に復帰した自民党は経済の再建と行財政改革に取り組む
  - →金融ビッグバンによる金融機関の大規模な合併・統合

Check ▶ 第二次世界大戦後の地域紛争を示した下の地図をみて，以下の問いに答えよう。

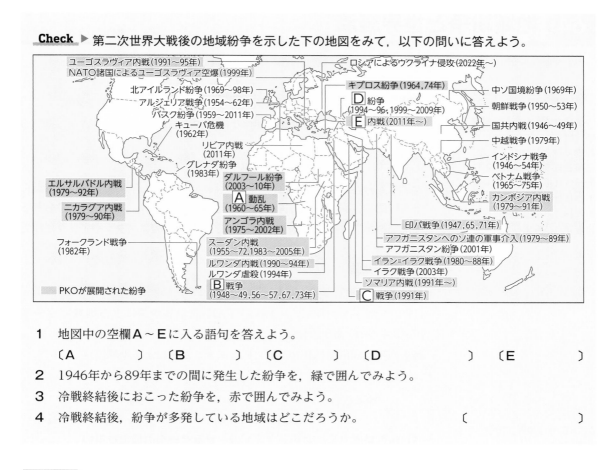

1 地図中の空欄**A**～**E**に入る語句を答えよう。

〔**A** 〕 〔**B** 〕 〔**C** 〕 〔**D** 〕 〔**E** 〕

2 1946年から89年までの間に発生した紛争を，緑で囲んでみよう。

3 冷戦終結後におこった紛争を，赤で囲んでみよう。

4 冷戦終結後，紛争が多発している地域はどこだろうか。 〔 〕

Exercise 冷戦終結後の日本に関する説明として正しい組合せを，①～④から一つ選ぼう。 〔 〕

a 1990年代初めにバブル景気が到来し，その後20年に及ぶ高度経済成長が再来する時代に入った。

b バブル景気崩壊後の経済不振に加えてたびかさなる汚職事件によって自民党が政権を失った。

c 政権に復帰した自民党は他党と連立して細川護熙内閣を樹立し，経済の再建に取り組んだ。

d 金融市場のグローバル化を求める改革は，金融機関の大規模な合併・統合につながった。

① **a・c** ② **a・d** ③ **b・c** ④ **b・d**

Try 冷戦終結後に地域・民族紛争が増加したのはなぜだろうか。次の語句を用いて説明してみよう。

【 内戦 民族 植民地 国境 】

64 地域紛争と世界経済

教科書 p.228〜229

ポイント
アメリカはイラクが大量破壊兵器をもっているという理由で戦争をはじめたが，結果として大量破壊兵器は発見されず，戦争の大義は失われた。アメリカが自国の利益のみを追求する姿勢に反発もひろまっている。

9.11と対テロ戦争

- 背景：冷戦後，アメリカへ政治・経済が一極集中→反米感情を刺激
  →イスラーム過激派組織アル＝カーイダ，〔①　　　　　　　　　　　〕
  （9.11事件）をおこす
- アメリカ：有志連合を結成し，軍事介入
  →アフガニスタン紛争・〔②　　　　　　　〕…〔③　　　　　　　〕と総称
  →多国間の協調よりも自国の利害を優先する〔④　　　　　　　〕をとる
  →国家のあり方や石油資源の管理をめぐり，アフガニスタンやイラクに介入

地域世界の変動

- アメリカ大陸
  〔⑤　　　　　　　　　　　　　　　〕（NAFTA）：北米3か国による地域協定→米国・メキシコ・カナダ協定（USMCA）
  南米南部共同市場（MERCOSUR）：南米6か国による地域協定
- ヨーロッパ・アフリカ

ポイント
〔⑥〕（EU）は現在27か国が加盟している。ギリシアの財政悪化や移民対策など多くの問題を抱えている。本部はベルギーのブリュッセルにおかれている。

地域統合	内容
〔⑥　　　　　　　　　〕（EU） …ECから発展 →2004年から〔⑦　　　　〕にも拡大	• 〔⑧　　　　　　　　〕条約（1992年） • ヨーロッパ統合の推進を目的 • 通貨も大半は〔⑨　　　　　〕に統合 　→単一欧州市場が成立
〔⑩　　　　　　　　〕（AU）	政治・経済の統合，紛争の解決をめざす

ポイント
アフリカはヨーロッパの植民地政策でモノカルチャー経済を強要された。また，現地の状況を無視し宗主国の都合で国境線が引かれたため，地域ごとの対立が深刻になっている。

- 途上国：債務危機に見舞われた国には〔⑪　　　　　〕が介入
- BRICS：資源と人口の多いブラジル・〔⑫　　　　　〕・インド・〔⑬
  　　　　〕・南アフリカは世界経済で大きな役割を果たす

日本の構造改革政治

- 〔⑭　　　　　　　　〕内閣
  …特殊法人や郵政の民営化をすすめる
  　公共サービスを削減しながら市場を重視する改革→雇用が流動化

世界金融危機

ポイント
世界金融危機はリーマン＝ショックともよばれた。日本でも雇用が冷えこみ，就職氷河期ともいわれた。1929年の世界恐慌に続く大規模な危機であったとみなされている。

- **世界金融危機**
  アメリカの〔⑮　　　　　　　　　　　　〕問題による住宅バブルの崩壊
  →ニューヨーク証券取引所で株価大暴落→リーマン＝ブラザーズ破綻
- 世界金融危機により，日本では輸出の減少と原油・穀物など資源価格高騰
  →景気後退
  →これに対する批判を背景に〔⑯　　　　　　　〕政権が誕生（2009年）

Check❶▶ EUの拡大を示した右の地図をみて，以下の問いに答えよう。

1 1995年までの加盟国を赤，2000年代に加盟した国を青で塗り，ユーロ導入国の国名を囲んでみよう。

2 2000年代以降，EUの拡大はどのように展開したのだろうか。次の**a～e**から正しいものをすべて選ぼう。〔　　　　〕

　　a 2000年代以降，EUは北欧諸国に拡大した。

　　b 2000年代以降，EUは旧社会主義圏の国々に拡大した。

　　c 現在，旧ユーゴスラヴィアの国々の大半がEUに加盟している。

　　d 現在，バルカン半島諸国の大半がユーロを導入している。

　　e EUには現在，イギリスをのぞいた27か国が加盟している。

Check❷▶ BRICS各国の経済成長率を示した右のグラフをみて，以下の問いに答えよう。

1 Aの国名を答えよう。〔　　　　〕

2 5つの国々に共通する特徴は何だろうか。
　→〔①　　　　〕と〔②　　　　〕が多く，高成長がみこまれている。

3 BRICS各国の経済成長率が全体的に大きく落ちこんだのは何年か。二つ答えよう。〔　　　　〕〔　　　　〕

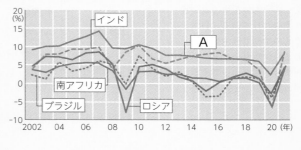

4 3の背景にある出来事を，次の**a～f**から二つ選ぼう。〔　　　　〕

　　a 世界金融危機　　**b** アジア通貨危機　　**c** 同時多発テロ事件　　**d** アラブの春

　　e シリア内戦　　**f** 新型コロナウイルス感染症の流行

Try グローバル化のもたらす課題のうち，20世紀と21世紀の戦争の変化について，教科書p.228のClose Upを参照しながら，次の語句を用いて説明してみよう。

【　総力戦　　国民国家　　国際テロ組織　　民間軍事会社　　宗教・宗派　】

65 グローバルな認識へ

教科書 p.230〜231

情報通信革命と人工知能

- 〔①　　　　　　　　　　　〕の普及
  …2018年には世界人口の半数以上が利用→距離や時間の格差は大幅に縮小
  →〔②　　　　　　　　　　　〕の革新を通じて世界は緊密にむすばれる
- 携帯電話…契約数は2018年で84億に達したといわれる
- ソーシャルネットワーキングサービス(〔③　　　　　　　　〕)
  …情報伝達を促進する一方，情報の信頼性の問題も提起
- Society 5.0…新しい社会は仮想空間と現実空間を融合させた人間中心の
  社会，すべてのモノがインターネットでつながる
  →〔④　　　　　　　〕(AI)によって必要な情報が瞬時に提供

環境・感染症・資源

環境	〔⑤　　　　　　　　　〕による気候変動が発生 →京都議定書やパリ協定などの取り組み
〔⑥　　　　　〕	人と人との緊密な関係が増す→拡大の可能性も高まる
資源	生活の基礎となる食糧や水資源は，グローバルな配分方法が課題 →〔⑦　　　　　　〕 　…食糧生産に必要な水の量を推定し，食糧の輸入を水の輸入と同等にみる

- 「〔⑧　　　　　　　　　　　　〕(SDGs)」…国連開発計画がかかげる
  課題：貧困を克服し，地球保護，平和と豊かさの享受

移民・難民

- グローバルな〔⑨　　　　　　　　〕が進行
  …貧困や雇用，資産，教育機会の不平等が原因
- 日本は〔⑩　　　　　　　　　　　　　〕(UNHCR)などと協力しなが
  ら，積極的な難民保護政策をとることが求められている

日本の政治・経済・文化

- 〔⑪　　　　　　　　　〕(2011年3月11日)
  →1万8000人をこえる死者・行方不明者
  →〔⑫　　　　　　　　　　　　〕で炉心溶融をともなう大規模事故が発生
  →放射性物質による被害と避難を通じて，日本の政治や社会のしくみが問
  い直されることになる
- 日本は東アジアの一員として，近隣諸国と安定した関係をきずくことが求
  められる

ポイント

2019年から流行がはじまった新型コロナウイルス感染症(COVID-19)により，日本では在宅勤務が多くなり，〔①〕需要はさらに高まった。オンライン会議も普及し，会社や学校の形態が大きく変化した。情報はあふれたが，誤ったものも多い。さらに匿名性を利用して，個人や団体を誹謗中傷する動きもみられた。法整備も遅れがちであり，情報化社会の課題は多くなっている。

ポイント

〔⑤〕によって日本の気候も変わる。台風の進路や強さについても変化する可能性が指摘されている。日本よりもやや南で発生することの多いマラリアなどの〔⑥〕対策も必要になってくる。

ポイント

日本国内の〔⑨〕も問題となっている。

ポイント

原子力発電は放射性廃棄物をうむ。これらの最終処分方法は確立されておらず，その保管に多大な負担が必要である。

Check ▶ SDGsの17の目標を示した下の図をみて，以下の問いに答えよう。

1 次のA～Eは，図中の空欄に入るSDGsの目標である。①～⑥に入る語句を答えよう。

A：〔① 　　　　　　　〕をなくそう　　　　　　　B：〔② 　　　　　　　　　　　〕平等を実現しよう

C：〔③ 　　　　　　　　　　〕をみんなに　そしてクリーンに

D：〔④ 　　　　　　　　　〕に具体的な対策を　　E：〔⑤ 　　　　　〕と〔⑥ 　　　　　〕をすべての人に

2 2番目の目標「飢餓をゼロに」に関して，教科書の折込3の地図をみると，栄養不足の人口の割合が多い地域はどこだろうか。　　　　　　　　　　　　　　　　　　　　〔　　　　　　　　　〕

Try あなたは，今後日本が国際社会においてどのような役割を果たすべきであると考えるか。教科書p.230 **2** のSDGsの図から三つ選び，自由に述べてみよう。

ACTIVE
歴史を資料
から考える

経済成長がもたらす課題

教科書 p.232〜233

① 教科書p.232のGDP成長率のグラフは，あくまでその国が前年度よりどれくらい成長したかを示すもので，その国の経済力の大きさを示しているのではないことに注意してみていこう。

STEP 1　①〜④のいずれの国も，A・B・Dの時期にGDP成長率が下がっている。なぜ下がったのか，教科書をふりかえって考えてみよう。その際，1973〜75年ごろ，1979〜81年ごろ，2008〜10年ごろのそれぞれの時期に，世界に大きな影響を与えた出来事がなかったか，教科書のp.214やp.229を用いて調べてみよう。

〔　　　　　　　　　　　　　　　　　　　　　　　　　　　　　　　　　　〕

STEP 2　④の国は，Cの時期に大きく成長率が下がっている。この年に何があったのだろうか。教科書64節(p.228〜229)を確認してみよう。さらに，④がどの国かも考えてみよう。

〔　　　　　　　　　　　　　　　　　　　　　　　　　　　　　　　　　　〕

STEP 3　①〜④はそれぞれどこの国だろうか。また，そのように判断できる理由は何だろうか。**STEP 2**と次の**1**・**2**から判断してみよう。

1　①は60年代後半の動きとCの時期に成長率が下がっていないことなどに注目しよう。

2　②については90年代以降の成長率をみてみよう。③はAの時期までの成長率とその後の成長率をみて考えよう。

〔　　　　　　　　　　　　　　　　　　　　　　　　　　　　　　　　　　〕

STEP 4　Eの時期に，③の国のGDP成長率が上がり，その後下がっていった背景には何があったのだろうか。教科書p.224〜225をふりかえって考えてみよう。

〔　　　　　　　　　　　　　　　　　　　　　　　　　　　　　　　　　　〕

② 教科書p.233のグラフを読み解いて，格差の問題について考えてみよう。

STEP 1

1　次の文章の空欄に入る語句を答えよう。

　　イギリスもアメリカも，1910年代にも格差が縮小しているが，それは両国ともに〔　　　　　　　〕に参戦したからである。

2　Ⓐの期間は格差が縮小している。この期間に何がおこったのだろうか。また，格差が縮小した理由は何だろうか。教科書p.128とp.142のSTEP UP「大衆社会の成立」を読んで考えてみよう。

〔　　　　　　　　　　　　　　　　　　　　　　　　　　　　　　　　　　〕

STEP② 1960年代に格差がひろがらなかった理由は何だろうか。教科書p.206～207を読んで考えてみよう。

STEP③

1 下の表は，2009年のイギリス・アメリカ・日本・スウェーデンにおける公的社会支出の対GDP割合（％）を示した表である。この表をみるかぎり，スウェーデンは，他の3か国と比較して「小さな政府」だろうか，それとも「大きな政府」だろうか。 〔　　　　　〕

公的社会支出の内訳（2009） （OECDデータベース）

	年金 （老齢・遺族）	労働年齢人口に 対する所得保障	保健・医療	保健・医療を除く 他の社会サービス	公的社会支出計
イギリス	6.2	5.6	8.1	3.9	24.1
アメリカ	6.8	2.8	8.3	1.1	19.2
日本	10.2	2.2	7.1	2.4	22.4
スウェーデン	8.2	5.5	7.3	7.7	29.8

2 1980年代以降，イギリス・アメリカ・日本で格差がひろがった理由は何だろうか。また同時期にスウェーデンで格差がひろがらなかった理由を，政府の規模の観点から考えてみよう。その際，**1**の表に関する考察や，教科書p.214～215，p.224～225もふまえて考えてみよう。

❸ より豊かな生活を求めて経済成長だけを追い求めることに問題はないだろうか。

STEP①

1 次の文章の空欄に入る国名を，インド・中国・アメリカより選んで答えよう。

1997年と2015年では，日本や〔①　　　　　　〕のCO_2排出量はそれほど変わっていないが，〔②　　　　　　〕や〔③　　　　　〕は大きく増加している。とくに〔③〕の排出量は，突出して多いといえる。

2 CO_2の排出削減が定められた1997年から2015年までの間，CO_2排出量はどのように変化しただろうか。

STEP② 2000年代に入るとCO_2排出量の増加スピードが上がったようにみえる。何が原因と考えられるだろうか。

Try 環境を守りつつ，格差のない持続可能な社会を実現するにはどうすればよいだろうか。話し合って考えてみよう。その際，教科書65節（p.230～231）も参考にしよう。

1 次の文を読んで，下の問1〜問15に答えよう。

　1950年代から60年代の世界では冷戦が進行する一方，それまで①植民地であった国々が独立を達成していった。冷戦下では，それぞれの陣営で②経済や軍事にかかわる協力組織がつくられて競合が強まり，③核競争も展開した結果，④1962年のキューバ危機のような核戦争の危機まで生じた。講和条約によって占領状態から脱した日本は，⑤国際連合への加盟などで国際社会のなかでの役割を模索しつつ，⑥高度経済成長の道をたどった。1970年代になると，⑦冷戦下の東西両陣営の間で緊張緩和の動きがみられはじめたが，その流れは，79年にソ連が〔　あ　〕に侵攻したことで，いったんとだえた。一方，⑧ベトナム戦争をきっかけとするドル=ショックや，1973年の第4次〔　い　〕をきっかけとする石油危機によって，世界経済は大きく動揺した。⑨1980年代に入ってもアメリカ経済の回復はすすまず，経済困難を脱するために⑩ソ連との関係改善が模索されるようになり，冷戦は終焉をむかえた。冷戦崩壊をきっかけに⑪アメリカへの一極集中がすすむなか，⑫グローバル化が急速に進展し，⑬新しい秩序が形成された。この間，日本はアメリカと密接な関係を保ちながら⑭「経済大国」となり，国際社会での存在感も増していったが，21世紀に入ると他国の追い上げの前にその地位は揺らぎつつある。

問1　文中の空欄〔　あ　〕〔　い　〕に入る語句を答えよう。〔あ　　　　　　　　　　〕〔い　　　　　　　〕

問2　下線部①に関連して，1947年にインドから分離して独立した，ムスリムが多数を占める国を何というか。〔　　　　　　　　　〕

問3　下線部②に関連して，次の(1)(2)に答えよう。
　(1)　1949年に結成された西側陣営の集団防衛機構を何というか。〔　　　　　　　　　　　　〕
　(2)　1955年に結成された東側陣営の軍事協力機構を何というか。〔　　　　　　　　　　　　〕

問4　下線部③に関連して，1954年にビキニ環礁で被曝した日本の漁船を何というか。〔　　　　　　　　　　　　〕

問5　下線部④の事件がおこったときのソ連の指導者はだれか。〔　　　　　　　　　　　　〕

問6　下線部⑤に関連して述べた文中の〔　ア　〕〜〔　エ　〕に入る語句を答えよう。

　　自民党政権は，米ソの「雪どけ」を機に，1956年，〔　ア　〕内閣が〔　イ　〕に署名してソ連との国交を回復した。これによりソ連の支持を得て，同年には日本の国連加盟が実現した。ついで〔　ウ　〕内閣は，アメリカに従属的との批判が多かった〔　エ　〕の改定をめざし，1960年に新条約を締結したが，条約批准に反対する運動が全国でおこった。

〔ア　　　　　　〕〔イ　　　　　　　　〕〔ウ　　　　　　〕〔エ　　　　　　　〕

問7　下線部⑥の時期に，田中角栄首相の訪中により発表された，中国との国交正常化を実現した声明を何というか。〔　　　　　　　　　〕

問8　下線部⑦に関連して，この時期に西ドイツのブラント首相がおこなった，東ドイツやポーランドとの関係改善をはかる外交を何というか。〔　　　　　　　　　〕

問9　下線部⑧に関連して，このころアメリカ社会でキング牧師らの指導のもとで高まっていた，黒人に対する差別の撤廃や白人と平等な権利を求める運動を何というか。〔　　　　　　　　　〕

問10　下線部⑨に関連して，1981年から新自由主義政策を推進して経済の回復をめざしたアメリカ大統領はだれか。〔　　　　　　　　　〕

問11　下線部⑩に関連して述べた文中の〔　ア　〕～〔　オ　〕に入る語句を答えよう。

　ソ連では，1985年に共産党書記長に就任した〔　ア　〕が，停滞する経済，市民生活や社会の改革・刷新をめざす〔　イ　〕とよばれた政策に取り組むとともに，東欧諸国やアメリカとの関係改善を求める〔　ウ　〕外交を展開した。この結果，米ソ間の関係は改善され，87年には〔　エ　〕全廃条約が締結され，1989年にはアメリカ大統領ブッシュと〔ア〕の〔　オ　〕会談によって，冷戦の終結が宣言された。

〔ア　　　　　　　　　〕〔イ　　　　　　　　　〕〔ウ　　　　　　　〕〔エ　　　　　　　　　　　〕
〔オ　　　　　　　　〕

問12　下線部⑪に関連して，冷戦後のアメリカの行動にみられた，多国間の協調よりも自国の利害を優先する考え方を何というか。　　　　　　　　　　　　　　　　　　　　　　　　　　〔　　　　　　　　　　　　〕

問13　下線部⑫のグローバル化がすすむなか深刻な問題となっている地球温暖化対策に，すべての国が取り組むことを求めた，2015年に成立した協定を何というか。　　　　　　　　　　　〔　　　　　　　　　　　〕

問14　下線部⑬に関連して，次の(1)(2)に答えよう。

(1)　1991年から南アフリカで段階的に廃止された人種隔離政策を何というか。〔　　　　　　　　　　　〕

(2)　1992年に調印され，ヨーロッパ連合(EU)の成立につながった条約を何というか。
　　　　　　　　　　　　　　　　　　　　　　　　　　　　　　　　　　〔　　　　　　　　　　　　〕

問15　下線部⑭に関連して，1986～91年の日本で続いた大型好景気の通称は何か。　〔　　　　　　　　　〕

2　次のA・Bの資料をみて，下の問1・問2に答えよう。

A　アジア=アフリカ会議

B　第1回サミット

問1　Aの会議が開かれた国はどこか。　　　　　　　　　　　　　　　　　　　　　〔　　　　　　　　　〕

問2　AとBの間におこった出来事として適切でないものを，次のa～dから一つ選ぼう。

　　a　プラハの春　　　　　　　b　イラン=イスラーム革命

　　c　プロレタリア文化大革命　　d　日本への沖縄返還　　　　　　　　　　　　〔　　　　　　　　　〕

3　冷戦後の国際社会にみられた政治・経済両面での変化を，次の語句を用いてまとめてみよう。

【　グローバル化　　単独行動主義　　ヨーロッパ連合(EU)　】

「歴史総合」の学習をふりかえってみよう

　各編で学んだことをふりかえって，近現代の世界と日本の歴史がどのように推移したか，人々の生活や社会がどのように変化していったかを確認しよう。また，学習を通じて，「近代化の歴史」「国際秩序の変化や大衆化の歴史」「グローバル化の歴史」に関する自分の関心や理解がどのように変わったか，自由に書いてみよう。

第1編	近代化と私たち	(p.4〜89)

第2編	国際秩序の変化や大衆化と私たち	(p.90〜143)

第3編	グローバル化と私たち	(p.144〜175)

詳述歴史総合

徹底整理演習ノート

解答編

文章記述式の問題については，
模範解答例や参考解説を掲載しました。

実教出版

世界史のなかの宗教　(p.2〜3)

1 ①イスラーム　②キリスト教　③仏教
④ヒンドゥー教
2 ⑤イエス　⑥ユダヤ　⑦復活
⑧ガウタマ=シッダールタ　⑨バラモン
⑩ヴァルナ　⑪ムハンマド　⑫メッカ
⑬アッラー
3 ⑭カトリック　⑮正教会
⑯プロテスタント　⑰上座仏教　⑱大乗仏教
⑲スンナ派
4
問1　イエスの死後，弟子たちの間にイエスが復活したという信仰がうまれ，彼をキリスト(メシア)とするキリスト教が成立した。
問2　偶像崇拝を禁止するイスラームでは，預言者の顔を描くことが彼を冒涜すると考えられていたから。

Try
ユダヤ教やヒンドゥー教が特定の民族・地域でしか信者をもたない民族宗教であるのに対し，三大宗教は民族をこえて世界各地に信者をもつ世界宗教へと発展した。

INTRODUCTION　17世紀以前のアジアの繁栄とヨーロッパの海外進出　(p.4〜5)

1 ①鄭和　②マラッカ　③大交易時代
④ムガル帝国　⑤ポルトガル　⑥スペイン
⑦先住民　⑧アフリカ　⑨ポトシ
⑩アカプルコ　⑪マニラ　⑫価格革命
⑬東インド会社　⑭アムステルダム
⑮イギリス
2
問1　先住民
問2　アフリカから奴隷を連れてきた。

Try
アメリカ大陸で採掘された銀(メキシコ銀)は，フィリピンのマニラに運ばれ，東アジア・東南アジアの商工業を活性化させ，中国の税制も銀で納める制度へと変更された。またヨーロッパでは，流入した銀によって価格革命とよばれる物価の大幅な上昇がひきおこされ，西ヨーロッパの商工業の発達が促進された。

1　ヨーロッパの海外進出と市民社会　(p.6〜7)

①東インド　②銀　③絹　④綿
⑤コーヒー　⑥喫茶　⑦陶磁器　⑧理性
⑨合理　⑩ヴォルテール　⑪モンテスキュー
⑫ルソー　⑬百科全書　⑭啓蒙専制
⑮上から
Check ❶
A　武器　B　綿織物　C　砂糖
D　コーヒー　E　黒人奴隷　F　陶磁器
Check ❷
①コーヒー　②茶(紅茶)　③マイセン
④シノワズリ　⑤周縁
Try
啓蒙思想は，フランスでは百科全書派らによって旧制度の「不合理」さが批判され，絶対王政を打倒するフランス革命を準備することとなった。イギリスではその合理的思考が科学を発達させ，産業革命への道をひらいた。一方東ヨーロッパのプロイセンやロシアなどでは，啓蒙思想の影響を受けた絶対君主らが，啓蒙専制主義によって「上からの改革」をすすめた。

2　清の繁栄　(p.8〜9)

①女真　②北京　③辮髪　④台湾　⑤乾隆
⑥新疆　⑦藩部　⑧華僑　⑨日本　⑩木版
⑪考証　⑫シノワズリ　⑬マテオ=リッチ
⑭カスティリオーネ　⑮雍正
Check ❶
①長江　②北京　③大運河
④交通の要地
Check ❷
①イエズス　②典礼　③雍正
Try
清は満洲(女真)人が中国を支配する国で，いわゆる「征服王朝」である。しかし清は辮髪など自国の文化を漢民族に強制する一方で，科挙などの中国文化を尊重するなど，「強硬策」と「懐柔策」を巧みに併用した。また清は，異民族の地域を藩部とし，彼らの自治を認めた。このような自文化を押しつけない柔軟な統治方法が，清の長期にわたる繁栄を支えたと考えられる。

3 東アジア諸国間の貿易 （p.10〜11）

①冊封　②朝貢　③儒　④華夷　⑤海禁
⑥対馬　⑦インド洋　⑧薩摩　⑨両属
⑩イスラーム　⑪バタヴィア　⑫広州
⑬公行　⑭互市　⑮長崎　⑯オランダ

Check ❶　①中国の冊封使　②琉球の使節
③中国から琉球へ　④琉球から日本（江戸）へ
⑤琉球で即位した新国王を認める文書をもってきた。
⑥将軍が代替わりしたとき，あるいは琉球国王が新しく即位したとき将軍に挨拶しに行く。

Check ❷　A　茶　絹　木綿　　B　陶磁器　茶
C　絹　木綿　書物　漢方薬　　D　銀　銅
E　香辛料　香料

Try

清は，台湾を拠点に反清活動をおこなう鄭成功一族の勢力をおさえこむ必要があった。彼らは独自に貿易活動をおこない，その利益を資金源としていたため，厳しい貿易管理をおこなうことで資金源を絶ち，その弱体化をはかったのである。一方日本では，幕府がいわゆる「鎖国」政策により，貿易相手国や港を制限することで貿易を独占し，その体制強化をめざした。

4 江戸時代の日本の対外政策 （p.12〜13）

①武家諸法度　②参勤交代
③禁中並公家諸法度　④武士　⑤百姓
⑥町人　⑦朱印船　⑧キリスト教　⑨日本町
⑩長崎奉行　⑪対馬　⑫朝鮮通信使　⑬島津
⑭慶賀使　⑮生糸　⑯石見　⑰海舶互市新例
⑱徳川吉宗

Check

1　出島・オランダ
2　唐人屋敷・清　3　新井白石・海舶互市新例

Exercise ❶

1　幕府と藩が全国の領地と領民を支配する体制。
2　支配身分（武士）・被支配身分（百姓・町人）・被差別身分（えた・非人など）
3　大名には武家諸法度を制定し，領地と江戸を往復する参勤交代を義務づけた。朝廷には禁中並公家諸法度を制定し，天皇や公家の行動を制限し，とくに大名との接触や政治的行動をいましめた。

Exercise ❷　①○　②長崎奉行　③琉球から

④徳川吉宗

Try

松前藩と交易するアイヌが居住していた蝦夷地は，1869（明治2）年に北海道となり開拓使がおかれた。薩摩藩に服属し清に朝貢した琉球王国は，琉球処分によって1879年に沖縄県となった。対馬藩と交易をおこなった朝鮮は1897年に大韓帝国と国名を変え，日露戦争後の1910年に大日本帝国に併合された。このように，明治時代の末にはすべてが大日本帝国の領土となった。

5 江戸時代の社会と生活 （p.14〜15）

①元禄　②徳川綱吉　③新井白石
④徳川吉宗　⑤享保の改革　⑥百姓一揆
⑦田沼意次　⑧蝦夷地　⑨松平定信
⑩寛政の改革　⑪北前船　⑫五街道　⑬飛脚
⑭宿場町　⑮新田開発　⑯小農　⑰農業技術
⑱村請制　⑲宗門改帳　⑳五人組

Check ❶

①酒田　②下関　③大坂　④江戸　⑤京都

Check ❷

1　X　ウ　　Y　イ　　Z　ア
2　17世紀を通してすすめられた新田開発によって，耕地がほぼ倍増し，収穫量も伸びた。18世紀はじめに耕地の拡大が限界に達すると，農業技術の改良・発展に力がそそがれ，『老農夜話』のような書物が大きな役割を果たして農業知識が広がり，収穫量は18世紀以降もさらに伸びた。

Try

産業革命後のように機械を組織的に利用することがないので「時間」に拘束されないという点では自由。日常的に武士と百姓がふれあうわけではないので自由。しかし，身分格差がある点，盆正月以外の休日が決められていない点，家事労働が現在とは比べ物にならず娯楽や余暇が少ない点などは不自由。

ACTIVE　アジアの繁栄とヨーロッパ （p.16〜17）

Q

1　全て。①唐代　②漢代に実用化　③唐代　④航海用は宋代　⑤宋代　⑥後漢代　⑦磁器は唐〜宋代
2　産業技術の多くの分野で世界をリードする存在であったと考えられる。

❶

STEP 1

1　茶

2　理由：大西洋三角貿易でもたらされた砂糖を入れた喫茶の習慣が，上流階級から中流階級にも広まり，茶の需要が高まったため。

呼称：生活革命

STEP 2

1　スペインがメキシコ各地や南米のポトシなどで開発した銀山からヨーロッパに流入した。

2　①綿　　②絹

❷

STEP 1　東インド会社

STEP 2　建国時より反清活動を警戒して，きびしい海禁政策をとっていた。

❸

STEP 1　①啓蒙思想　　②寛容　　③三権分立

STEP 2

①迷信や愚劣な伝説，道理や自然を侮蔑する教理

②善行に褒賞を与える

STEP 3　①専制　　②恐怖　　③フランス

Try

1　ヨーロッパでの木綿人気は綿産業を発展させ，産業革命につながった。また，アジア産の紅茶人気は砂糖や陶磁器の需要を高め，アジア産陶磁器の模倣がなされた。啓蒙思想家は中国の政治体制を論評することで絶対王政を批判し，新たな法律・制度をうみだしていった。

2　〔例〕木綿や砂糖，陶磁器などは現在では広く世界で日常的に用いられるものとなり，中国の制度批判を通じて発展した啓蒙思想は，欧米の市民革命に大きな影響を与え，その過程で確立した自由主義，共和主義の精神は，現在の世界では普遍的な価値観として認められるようになっている。

章末問題　近代化への胎動　　(p.18〜19)

1　問1　あ　東インド会社　　い　銀

問2　綿織物

問3　①

問4　(1)　ヌルハチ　　(2)　海禁政策

問5　ア　松前　　イ　対馬　　ウ　幕府

　　エ　島津　　オ　唐人屋敷　　カ　オランダ風説書

問6　(1)　a　　(2)　c　　(3)　b　　(4)　d

問7　モンテスキュー

2

問1　エ　　問2　砂糖・コーヒー　　問3　③

3

中国ではイエズス会宣教師の活躍により，西洋文化がもたらされ，中国最初の世界地図である「坤輿万国全図」や，西洋式庭園様式をとりいれた円明園がつくられた。ヨーロッパでは，イエズス会宣教師の報告書や典礼問題により中国への関心が高まり，陶磁器などを愛好するシノワズリがおこった。また中国産の茶をたしなむ喫茶の慣習の広がりは，生活革命という新しい文化の形成をうながした。

INTRODUCTION　17世紀以前のヨーロッパの主権国家体制　　(p.20〜21)

1　①主権国家　　②カール5世　　③イタリア
④主権国家体制　　⑤絶対王政　　⑥王権神授
⑦常備軍　　⑧重商主義　　⑨植民地　　⑩三十年
⑪フランス　　⑫ウェストファリア　　⑬領邦

2

問1　ルイ14世

問2　王権神授説のもと，強力な常備軍と官僚制がしかれた。

Try

イタリア戦争の過程で，ヨーロッパでは外交使節団を通じて文書を交わすルールが定められるなど，相互の主権を認めて競合する主権国家体制の形成がすすんだ。また三十年戦争を終結させたウェストファリア条約は，主権国家の代表が交渉する近代的な国際会議によりうみだされ，神聖ローマ帝国内の領邦に主権を認めるなど，主権国家体制の確立に寄与した。

6　イギリス産業革命　　(p.22〜23)

①植民　　②大西洋三角　　③囲い込み
④ジョン=ケイ　　⑤水力　　⑥力織機
⑦ワット　　⑧エネルギー　　⑨蒸気船
⑩スティーヴンソン　　⑪労働
⑫マンチェスター　　⑬ラダイト　　⑭工場

Check

①炭田　　②石炭　　③ロンドン　　④鉄道
⑤マンチェスター

Exercise　①馬　　②アークライト　　③都市
④石炭　　⑤エネルギー　　⑥ワット

Try

現代世界で支配的な資本主義経済体制は，産業革命によって確立されたものである。そこには資本家と労働者という2つの階級が存在するが，当初から（現在も）両者の生活格差が問題とされてきた。産業革命によって機械が導入され，安くて良質な製品が提供されるようになって我々の生活水準は向上したが，一方で，労働者は賃金をおさえられて長時間労働を強いられ（現在でも大きな問題である），また工場の煙が大気を汚すなどの環境汚染（公害）も当時から深刻であった。

7 アメリカ独立革命　　　　　(p.24〜25)

①三角　　②プランテーション
③フレンチ=インディアン　　④印紙
⑤ボストン茶会　　⑥大陸会議　　⑦ワシントン
⑧コモン=センス　　⑨ジェファソン　　⑩自然
⑪フランス　　⑫パリ　　⑬ミシシッピ　　⑭三権
⑮奴隷

Check ❶

1　ボストン　　マサチューセッツ
2　アメリカ先住民
3　①東インド　　②茶（紅茶）

Check ❷

①ルソー　　②自由　　③平等　　④幸福
⑤自然　　⑥ロック　　⑦抵抗　　⑧改変，廃止

Try

当時のヨーロッパ諸国が王政，あるいは帝政をとっていたのに対し，アメリカ合衆国は，自由と民主主義を掲げる，近代世界最初の共和政の国家であった。また，イギリスなど一部を除いて，ヨーロッパ諸国は憲法にあたるものをもっていなかったが，アメリカ合衆国はいち早く，啓蒙思想で唱えられた三権分立の考えをとり入れた憲法を制定した。

8 フランス革命とナポレオン　　(p.26〜27)

①三部　　②バスティーユ　　③人権
④ヴェルサイユ　　⑤立憲君主　　⑥王権
⑦山岳　　⑧テルミドール　　⑨ロベスピエール
⑩ブリュメール　　⑪ナポレオン　　⑫大陸封鎖
⑬ロシア

Check ❶　①旧体制　　②聖職者　　③貴族
④特権　　⑤税　　⑥農民

Check ❷

①所有　　②王権神授　　③社会

Try

アメリカ独立革命やフランス革命では，ともに王政や身分制の廃止がめざされ，自由で平等な市民が主権をもつという近代国家の原理が定められた。さらに三権分立や所有権などの概念も，これらの革命がうみだし，世界にひろまったものである。

9 ウィーン体制　　　　　　　(p.28〜29)

①メッテルニヒ　　②正統　　③勢力
④ブルボン　　⑤ドイツ連邦　　⑥ロシア
⑦ローマ教皇　　⑧四国　　⑨プロイセン
⑩フランス　　⑪ギリシア　　⑫ベルギー
⑬三月　　⑭共和

Check ❶

1　③

2　ウィーン議定書でロシア皇帝がポーランド王位を兼任することになったため。

Check ❷

①ロマン　　②ドラクロワ　　③七月　　④自由
⑤フランス

Check ❸　b → c → d → a

Try

ウィーン体制下で高まったナショナリズムにより，イタリアでは秘密結社の革命運動や「青年イタリア」，ドイツでは学生運動がおこり，フランクフルト国民議会が開かれた。オーストリア帝国では諸民族の独立運動が活性化した。しかし，国民国家形成に向けたこれらの運動はいずれも失敗に終わった。

10 19世紀のイギリスとフランス　(p.30〜31)

①選挙法　　②オーウェン　　③マルクス
④穀物　　⑤チャーティスト
⑥ルイ=ナポレオン　　⑦帝　　⑧労働者
⑨保守　　⑩教育　　⑪組合
⑫パリ=コミューン　　⑬印象　　⑭ジャポニスム
⑮中産

Check ❶

①関税　　②地主　　③保護　　④労働者
⑤資本家　　⑥反穀物法同盟　　⑦自由

1　ゴッホ　　2　印象派
3　絵の背景に，富士山や芸者などの日本の浮世絵の模写が描かれている。

Try

砂糖・コーヒー・茶の輸入によって，庶民の間にもコーヒーや紅茶を飲む習慣がひろまった。産業革命によって安価な綿製品が普及し，これを着る人が増加した。また，産業革命の進展で都市に集まり住むようになった人々のために文化施設や娯楽施設が建てられ，市民は余暇を利用して，主として家族でこれらを訪れたり，旅行やショッピング(消費活動)をしたりして楽しむようになった。

11 イタリア・ドイツの統一 　(p.32～33)

①マッツィーニ　②三月　③フランクフルト
④ロンバルディア　⑤サヴォイア
⑥両シチリア　⑦ガリバルディ　⑧鉄血
⑨オーストリア　⑩ヴェネツィア　⑪フランス
⑫教皇領　⑬ヴィルヘルム　⑭トリエステ
⑮社会主義者

Check

①サルデーニャ　②両シチリア
③マッツィーニ　④共和　⑤王　⑥帝
⑦ビスマルク　⑧ヴィルヘルム 1 世
⑨ヴェルサイユ　⑩プロイセン＝フランス(普仏)

Exercise　c → a → b

Try

時期的には，3 国とも，ほぼ1860～70年代にかけて，国民国家の形成をなしとげている。国家形態も，イタリアは王国，ドイツ・日本は帝国を形成し，似通っている。しかし，日本が 4 世紀ごろから統一を維持し，ドイツも神聖ローマ帝国などを通して古くから国家的枠組みをもっていたのに対し，イタリアは古代ローマ時代を除いて一つにまとまった経験をもたず，「イタリア人意識」がなかなか形成されなかった。

12 東方問題と19世紀のロシア 　(p.34～35)

①ボスポラス　②エジプト　③ギリシア
④イェルサレム　⑤セヴァストーポリ　⑥黒海
⑦農奴解放　⑧ナロードニキ
⑨インテリゲンツィア　⑩テロリズム

⑪サン＝ステファノ　⑫セルビア
⑬ブルガリア　⑭ボスニア

Check

1　①オスマン帝国
2　②ボスポラス　③イスタンブル
3　④オーストリア　⑤イギリス　⑥フランス

Try

ロシアの南下政策を背景としたクリミア戦争は大国間の衝突を招き，ウィーン体制を完全に崩壊させた。露土戦争での南下政策はベルリン会議によって挫折し，英仏の中東での権力基盤につながった。東アジアでは，アロー戦争をきっかけに清から黒竜江以北の地や沿海州を獲得した。日清戦争後の三国干渉を機にロシアは遼東半島にも進出し，韓国や満州での利害をめぐって日本と対立し，日露戦争に至った。

13 アメリカの発展と分裂 　(p.36～37)

①イギリス　②モンロー　③フランス
④カリフォルニア
⑤マニフェスト＝デスティニー　⑥ゴールド
⑦保護　⑧自由　⑨共和　⑩民主
⑪ホームステッド　⑫奴隷解放　⑬大陸横断
⑭人種　⑮人種隔離

Check ❶

①西　②モンロー
③マニフェスト＝デスティニー　④文明
⑤先住民　⑥メキシコ

Check ❷

①アメリカ合衆国　②中国人　③移民
④鉄道　⑤金

Try

西部開拓の進展によって国内市場が拡大し，また，南北戦争で北部が勝利したことによって，解放奴隷が豊かな労働力となり，さらに南部の広大な原料供給地が北部とつながって，北部を中心とするアメリカ合衆国の工業を飛躍的に発展させることとなった。一方で，奴隷制度にかわる人種主義の台頭が，急速な工業化による社会不安ともむすびついて，黒人差別の激化をまねいた。

14 世界市場の形成　　　　　　　　(p.38〜39)

①南北　　②パクス=ブリタニカ　　③世界の工場
④プランテーション　　⑤モノカルチャー
⑥交通　　⑦スティーヴンソン　　⑧フルトン
⑨スエズ　　⑩電信　　⑪万国郵便連合

Check ❶　1　略

2　a　綿織物など工業製品　　b　綿花
c　茶・絹

3　世界で最初に産業革命をおこしたイギリスが，その進展を通じて経済的に質量ともに他の地域を圧倒し，「世界の工場」として広大な植民地を支えに自国を中心とする世界的な分業体制を形成したから。

Check ❷　0

Try

交通革命により大陸間を移動する人々の規模が拡大し貿易量も増加した。また，電信の発明と海底ケーブルの敷設による情報革命によって，情報伝達のスピードが著しく早まり，現在につながるグローバル化がはじまった。

ACTIVE 「大分岐」について考える　(p.40〜41)

❶

STEP 1 **STEP 2**　1　①大きく　　②小さく
③大きく　　④大きく　　2　産業革命
3　ア　西ヨーロッパ　　イ　日本　　ウ　中国

❷

STEP 1　中国：約33%　　東アジア：約3%
インド：約25%

STEP 2

22%	53%	32%	25%
1%	24%	48%	25%
34%	6%	1%	8%
3%	2%	3%	17%
19%	2%	2%	2%

18世紀なかばから19世紀後半までは，イギリス・ソ連・西ヨーロッパの占める割合が大きく伸びた。とくにイギリスの伸びが大きかった。19世紀なかばよりアメリカ合衆国の占める割合が大きくなり，その流れは20世紀なかばまで続く。それに対して，イギリスの割合が小さくなっていった。中国は20世紀後半まで小さくなり，その後少しずつ割合が大きくなりはじめた。インドは19世紀終盤には2%

ほどとなり，それは21世紀初頭まで続いている。東アジアは長く3%ほどであったが，20世紀後半から大きく伸びはじめている。

❸

STEP 1　機械生産

STEP 2　18世紀後半にはアジアからヨーロッパに多くの綿織物が輸出されたが，イギリスで産業革命がはじまり，機械生産による綿織物生産がはじまった18世紀末をピークに徐々に輸出は減少し，19世紀前半には輸出はほとんどなくなっていった。かわって，イギリスの機械生産による綿織物のアジアへの輸出が急増した。

STEP 3　産業革命

Try

大航海時代以降，ヨーロッパ列強はアジアとの貿易を活発化させていった。その過程でアジアの物品が多くヨーロッパに運びこまれた。砂糖などの世界商品の交易を通じて富を蓄えたヨーロッパ列強，とくにイギリスでは18世紀後半に産業革命がはじまり，それまで輸入されていた綿織物の機械生産が進展し，逆にアジアの綿織物産業を凌駕するようになった。産業革命は，さまざまな機械をうみだし，石炭を用いた内燃機関の発展をもたらした。その結果，多くの分野でアジア地域の産業との競争に勝利をおさめていった。

章末問題 欧米の市民革命と国民国家の形成
　　　　　　　　　　　　　　　　(p.42〜43)

1　問1　d　→　b　→　a　→　c
問2　テルミドール9日のクーデタ
問3　大陸封鎖令
問4　ラダイト運動
問5　(1)　b　　(2)　c　　(3)　d　　(4)　a
問6　マルクス
問7　ア　サルデーニャ　　イ　カヴール
ウ　ビスマルク　　エ　鉄血
オ　ヴィルヘルム1世
問8　大陸横断鉄道

2　問1　国民議会
問2　アレクサンドル2世
問3　②
問4　ア　ルイ16世　　イ　三部会
ウ　バスティーユ牢獄　　エ　人権宣言
問5　クリミア戦争

3

19世紀のイギリスは「世界の工場」としての地位を確立し，パクス=ブリタニカといわれる経済秩序を形成した。他方，アジア・ラテンアメリカ・アフリカなどは，砂糖やコーヒーなど特定の農産物や鉱産物の輸出に依存するモノカルチャー経済へと再編され，欧米への従属を強めた。また，工業化の進展にともなう交通革命や電信などの通信手段の発明により，ヒト・モノ・情報などの国際的なネットワークが形成されていった。

15 イスラーム世界の改革と再編 (p.44〜45)

①ギュルハネ　　②タンジマート　　③ミドハト
④ロシア=トルコ　　⑤アブデュル=ハミト2世
⑥パン=イスラーム　　⑦ワッハーブ
⑧サウード　　⑨ナポレオン
⑩ムハンマド=アリー　　⑪スエズ
⑫ウラービー　　⑬カージャール
⑭タバコ=ボイコット

Check
1　略
2　スエズ運河を使うことで，従来の喜望峰経由よりも短時間でインドに航行できるため。

Exercise
1　各国のムスリムの連帯を強め近代的なイスラーム国家をつくろうとする考え。
2　フランスと共同でおこなったスエズ運河建設のため財政難に陥り，スエズ運河会社の株をイギリスに売却したこと。
3　軍人のウラービーは「エジプト人のためのエジプト」を唱え，立憲革命の実現に向けて蜂起した。しかし，イギリスに鎮圧され，イギリスによるエジプト支配がはじまった。

Try
イランのカージャール朝は，19世紀前半から南下をめざすロシアと，それを阻止しようとするイギリスの侵略を受け，領土割譲と治外法権を認める不平等条約をむすばされた。19世紀末，政府がタバコ専売利権をイギリス人に譲渡するとタバコ=ボイコット運動が全土に拡大し，政府は利権を回収したものの，列強への従属がすすんでいった。

16 南アジア・東南アジアの改革と再編
(p.46〜47)

①ムガル　　②プラッシー　　③綿布
④インド大反乱　　⑤インド帝国
⑥ヴィクトリア　　⑦インド国民会議
⑧オランダ　　⑨政府栽培(強制栽培)　　⑩アチェ
⑪アギナルド　　⑫アメリカ=スペイン(米西)
⑬イギリス　　⑭フランス　　⑮ラーマ5世
⑯モノカルチャー

Exercise
1　プラッシーの戦い
2　インドはイギリスへ手織り綿布を輸出していたが，イギリスから機械織り綿布など工業製品を輸入し，綿花など一次産品を輸出する立場に転換した。
3　ヴィクトリア女王
4　インド人エリート層に植民地の行財政活動を担わせ，彼らの協力を得て植民地支配を維持しようとしたため。

Check　1　略　2　略　3　アチェ王国
4　コーヒー・サトウキビ・藍などの商品作物を強制的に栽培させる政府栽培制度(強制栽培制度)。
5　ベトナムから西進するフランスとビルマから東進するイギリスとの緩衝地帯という，有利な国際環境を利用できたため。

Try　輸出品生産をおこなうモノカルチャー経済が進展した。また，労働力としてインド・中国・日本から移民や出稼ぎ労働者が流入したため各地に多民族社会が形成されていった。

17 アヘン戦争の衝撃 (p.48〜49)

①白蓮教徒　　②マカートニー　　③三角貿易
④林則徐　　⑤南京　　⑥香港島　　⑦天津
⑧北京　　⑨太平天国　　⑩洪秀全　　⑪滅満興漢
⑫曾国藩　　⑬李鴻章　　〔⑫，⑬は順不同〕
⑭洋務運動　　⑮中体西用

Check ❶
①貿易条件の改善など対等な主権国家として近代的な国際関係を結ぶこと
②朝貢　　③広州　　④公行　　⑤茶(紅茶)
⑥尊大な，傲慢な，偉そうな，など

Check ❷　1　香港　2　略　3　略
4　①イ　　②ア　　③冊封　　④主権
5　南京

Try

①南京　　②華夷　　③総理各国事務衙門

④太平天国　　⑤曾国藩　　⑥李鴻章　〔⑤，⑥は順不同〕　　⑦洋務運動　　⑧中体西用

18 ゆらぐ幕藩体制　　(p.50〜51)

①エカチェリーナ2世　　②ラクスマン

③フェートン号事件　　④異国船打払令

⑤モリソン号事件　　⑥蛮社の獄　　⑦アイヌ

⑧化政　　⑨水野忠邦　　⑩天保の改革

⑪三方領知替え　　⑫アヘン　　⑬薪水給与令

⑭上知令　　⑮薩摩藩　　⑯雄藩　　⑰蘭学

⑱国学　　⑲朱子学　　⑳昌平坂学問所

㉑寺子屋　　㉒尊王攘夷

Check ❶

①ムガル　　②イギリス　　③フランス

④パクス＝ブリタニカ　　⑤ロシア

Check ❷

1　反射炉

2　金属を高温で溶かして加工し，大砲や鉄砲をつくる施設。

3　ウ

Exercise

①誤　　②正　　③誤　　④正　　⑤誤

Try

レザノフの通商要求に対し，幕府は「鎖国」が「祖法」であるとして断った。これに反発したロシアは樺太などを襲撃し，またイギリス船フェートン号の長崎侵入などもあって，幕府は異国船打払令を出して諸外国に対する強硬な対応を命じた。漂流民送還のため接近したアメリカ船モリソン号は砲撃され，これを批判した行為も罰せられ，蛮社の獄といわれる事態となった。しかしアヘン戦争がおこると水野忠邦は打払令を撤回して薪水給与令を出すと同時に軍備強化をおこない，上知令を出して大都市である江戸や大坂を一括管理しようとした。水野は失脚したが，「鎖国」は継続された。

19 開国　　(p.52〜53)

①捕鯨　　②ペリー　　③日米和親条約　　④下田

⑤箱館　　⑥阿部正弘　　⑦ハリス　　⑧堀田正睦

⑨孝明天皇　　⑩井伊直弼　　⑪日米修好通商条約

⑫一橋派　　⑬南紀派　　⑭安政の大獄　　⑮横浜

⑯最恵国待遇　　⑰生糸　　⑱毛織物　　⑲金

⑳関税　　㉑浮世絵　　㉒コレラ

Check ❶

ア　神奈川，C　　イ　兵庫，E　　ウ　新潟，B

エ　箱館，A　　オ　長崎，F

Check ❷

1　生糸　茶　蚕卵紙

2　毛織物　綿織物　武器

3　関税額が引き下げられたため。

4　南北戦争中で貿易額が大きく減少していたから。

Try

国内の複数の港の開港・領事裁判権の承認・関税自主権の喪失が共通点としてあげられる。一方，幕府がむすんだ条約には領土の割譲に関する取り決めはなく，賠償金の規定もない。関税率も，清とイギリスの間では5％と低くおさえられているのに対し，幕府とアメリカの間では品目によって必ずしも低くはない。この違いは，イギリスと清の条約はイギリスが勝利した戦争の講和条約であったのに対し，幕府とアメリカの条約は外交交渉によるものであったという事情のためと考えられる。

20 幕末政局と社会変動　　(p.54〜55)

①桜田門外の変　　②公武合体　　③和宮

④徳川家茂　　⑤尊王攘夷　　⑥生麦事件

⑦八月十八日の政変　　⑧禁門の変

⑨四国連合艦隊　　⑩薩英戦争　　⑪兵庫

⑫ロッシュ　　⑬薩長同盟(盟約)　　⑭坂本龍馬

⑮奇兵隊　　⑯徳川慶喜　　⑰ええじゃないか

⑱大政奉還　　⑲土佐　　⑳公議政体

㉑王政復古　　㉒岩倉具視

Check

1　オスマン帝国：西洋式軍隊の創設(新たな軍事技術の導入など)。法治主義にもとづく近代化改革，議会の開設，言論・出版・教育の自由。

清：「中体西用」の理念から，軍隊・産業の近代化のために欧米の技術を導入(洋務運動)。

2　オスマン帝国はイスラームを尊重しながらも，西洋の技術だけでなく，法治主義や基本的人権など西洋諸国の文化全体が視野に入っていた。これに対して清の「中体西用」は中国の伝統的な学問が基礎となっている点はイスラームを尊重するオスマン帝国と共通するが，導入するのは欧米の技術のみで，政

治や思想の改革は認められなかった。幕府が取り入れたのが製鉄所(反射炉)に代表される西洋技術であったことは，清の近代化と共通性があったといえる。

Exercise ❶

② → ④ → ⑤ → ① → ③

Exercise ❷ ①誤 ②誤 ③正 ④正

Try

八月十八日の政変で京都から尊王攘夷派の公家が追放されたことは，尊王攘夷運動をすすめていた長州藩には転機となった。挽回をはかった長州藩は禁門の変で敗北し，外国船砲撃の報復も受けたことで攘夷をあきらめる。すでに薩摩藩も外国人殺害(生麦事件)の報復として鹿児島に来たイギリス艦隊と交戦しており，西洋列強の軍事力を知ったことが，尊王攘夷運動から倒幕への転換点となった。

21 新政府の成立と諸改革 (p.56〜57)

①鳥羽・伏見 ②五か条の誓文 ③五榜の掲示
④政体書 ⑤東京 ⑥版籍奉還 ⑦親兵
⑧廃藩置県 ⑨四民平等 ⑩解放令
⑪地租改正 ⑫地券 ⑬所有者 ⑭3
⑮地租 ⑯現金 ⑰2.5

Check ❶

地番：武蔵国北多摩郡烏山村 1144番，字大神
地目・面積：田 5畝 12歩
地主：下山五兵衛
地価：20円9銭3厘
地租：この100分の3
金60銭3厘 明治10年より
この100分の2こ半 金50銭2厘

Check ❷

ブルボン朝による絶対王政下のフランスでは，旧体制と表現される専制政治に対して，第三身分が国民議会を発足させ，パリの民衆はバスティーユ牢獄を襲撃した。その後，国民議会が人権宣言を発し，人間は自由・平等なものと主張した。日本では，天皇のもとにある国民という一体感をもつ国民国家を建設するために，明治政府が四民平等・「解放令」を出し差別的な呼称を禁じた。政府は戸籍をつくり，国家が人々を国民として把握・管理した。

Try

版籍奉還によって領地・領民が国家(天皇)のものとなって幕府の領地には県がおかれ，廃藩置県によっ

て新政府の官僚が府知事・県令として任命され，地租改正によって新政府の財源が確保されたことで，幕藩体制は消滅した。身分制の廃止と「解放令」は，身分や家柄を問わない軍隊の基礎となったが，被差別部落に対する根深い差別や男女間の差別など，意識の面での身分制度は簡単に変わることはなかった。

22 富国強兵と文明開化 (p.58〜59)

①富国強兵 ②徴兵告諭 ③徴兵令 ④20
⑤血税 ⑥殖産興業 ⑦富岡製糸場
⑧お雇い外国人 ⑨新貨条例 ⑩国立銀行条例
⑪前島密 ⑫明六社 ⑬太陽暦 ⑭学制
⑮学制反対一揆

Check

X 誤 Y 誤 Z 正

Exercise ❶ ③

Exercise ❷ ②

Try

徴兵制は国民皆兵が原則であったが，「徴兵免役心得」を説いた書物が売れて実際に徴兵された人々が約2割であったほか，血税一揆が各地でおこった。国民皆学をめざした学制も，学制反対一揆がおこり，就学率は半数に及ばず，とくに女子の就学率が低かった。さらに太陽暦は農民の生活習慣とかみあわず，急速な文明化に人々は大きく戸惑ったと考えられる。

ACTIVE 文明化と向き合う東アジア諸国 (p.60〜61)

❶

STEP 1 **STEP 2** 1 属国 2 反対

STEP 3 1 ア 陽暦 イ 陽暦 ウ 陽暦 エ 陰暦

2 [参考]盆や正月の日付が家庭と学校で異なっていたらどうだろうか。病院の休診日が異なっていたら，日曜日に日付が異なっていたらどうだろうか，考えてみよう。

❷

STEP 1 ①伝統的な学問 ②西洋の学問・技術

2 そもそも衣服のしきたりは，人に祖先の遺志を追憶させるものの一つであり，その子孫においては，これを尊重し，後世まで保存すべきことである。

3　ただし，兵器・鉄道・電信その他の機械などは必需品であり，彼らの最も長じているところであるので，これを外国から導入せざるをえない。

STEP 2　①怠慢　　②勤労

STEP 3　李鴻章は，技術的に必要であれば他国の文化を導入するにやぶさかでないが，自国の精神の根幹に関わるような事柄については，それが様式や形式の問題であっても，受け入れない姿勢をみせる。一方で森有礼は，他国の文化であれ，そこに長所や美点が認められるのであれば，自国の判断で躊躇なく導入すべきと考えている。

Try

1　共通点：欧米文化の流入によって，自国の精神・生活・文化的な伝統が失われることを懸念している点。

相違点：日本は，近代的合理性の観点から欧米文化を積極的に受容した。中国は，既存の東アジア秩序の中核を担った精神や文化を重視し守ろうとした。朝鮮は，欧米的な秩序と既存の東アジア秩序との間で揺れた。

2　[参考]自分たちが慣れ親しみ，「あたりまえ」だと思ってきた生活習慣や文化が，ある日突然，「あたりまえ」ではないと言われたり，非合理的だと否定されたりするとき，どのように対応するか。現在の私たちにとって，「あたりまえ」になっていることのいくつかは，このころに「あたりまえ」とされるようになったということをふまえて考えたい。

23　近代的な国際関係と国境・領土の画定　(p.62〜63)

①木戸孝允　　②日清修好条規　　③高宗
④征韓論　　⑤西郷隆盛　　⑥明治六年の政変
⑦閔妃　　⑧江華島事件　　⑨日朝修好条規
⑩壬午軍乱　　⑪甲申政変　　⑫金玉均
⑬天津条約　　⑭開拓使　　⑮樺太・千島交換条約
⑯小笠原　　⑰台湾出兵　　⑱琉球処分

Check

1　ア　A　　イ　B
2　c

Exercise　④

Try

アイヌの人々にとって，樺太・千島交換条約にいたる過程で国境線が変更されたことは，それまで生活圏としていた地域が分断されることも意味した。

「日本人」となったアイヌは生活習慣の変更を余儀なくされ，差別にも苦しむこととなる。沖縄の人々も，独立国から琉球藩，沖縄県と段階的に「日本人」とされたが，それまでの習慣が意図的に温存されたことで近代化が遅れた。

24　自由民権運動の高まり　(p.64〜65)

①民撰議院設立建白書　　②立志社　　③愛国社
④新聞紙条例　　⑤秩禄処分　　⑥西南戦争
⑦国会期成同盟　　⑧集会条例
⑨開拓使官有物払い下げ事件　　⑩自由党
⑪立憲改進党　　⑫松方財政　　⑬大阪事件

Check ❶　イ　エ

Check ❷　①平等　　②不可譲　　③生命
④自由　　⑤幸福追求　　⑥自由　　⑦平等
⑧自然権　　⑨自由　　⑩所有権　　⑪安全
⑫圧政　　⑬主権　　⑭国民

Try

民権派は国民国家の担い手であることを自任しており，権利を主張するためには納税の義務をはたしていることが必要だと考えていた。一方で，困民党は江戸時代の慣習である困窮者に配慮するのは富裕者の責務であるという考えにもとづいて，負債や税負担の軽減を求めていた。民権派は，義務を果たさず権利のみを主張する困民党を「自己中心的」とみなした。

25　立憲国家の成立　(p.66〜67)

①五日市憲法　　②植木枝盛　　③君主権
④ロエスレル　　⑤華族令　　⑥枢密院
⑦皇室典範　　⑧欽定憲法　　⑨元首
⑩天皇大権　　⑪統帥権　　⑫臣民　　⑬教育勅語
⑭選挙干渉

Check ❶　1　エ　　2　①明治天皇
②大日本帝国憲法　　③黒田清隆（総理大臣）
3　ウ

Check ❷

①ミドハト憲法ではスルタン，大日本帝国憲法では天皇が国家元首とされ，神聖で責任を問われることはないと定められている。国家元首は条約締結，宣戦・講和の外交権，陸海軍の統帥権などの大権を保有していた。

②二院から構成される帝国議会を定めている。

③人民の「自由」に関する規定が定められている。

Try

大日本帝国憲法では，天皇は元首として定められ，「天皇大権」とよばれる大きな権限を一手に握り，行政権は天皇を輔弼する内閣，立法権は天皇を翼賛する帝国議会，司法権は裁判所がそれぞれ担ったが，三権は天皇のもとに独立しており行政権が優位であった。これに対して，現行の憲法では，国民主権のもと，三権は相互に抑制と均衡が働くように分立しており，特定の権力が暴走することがないように定められている。

ACTIVE 議場が語る立憲制 　　　(p.68〜69)

❶

STEP 1　1　①装飾が多く豪華
②男性のみ。礼服だが身分差を感じさせない
③装飾が多く豪華
④男性のみ。大礼服で爵位が示されている。身分が意識されている　　⑤左右に対面
2　類似点：中央のスペースをはさんで議員が左右で向きあう配置，中央奥に特別な席，議場にいるのは男性ばかり
相違点：イギリスの床には赤い線（ソードライン）がひかれている，正面奥に座っている人（イギリス＝議長，日本＝天皇），服装（イギリス＝礼装≠身分→下院，日本＝大礼服→職位・爵位を反映→貴族院＝上院を念頭？）

STEP 2
1　①議会　　②議院内閣制
2　国会で多数派を形成した政党の議員のなかから高官（大臣）が任命されることで，政府と国会が対立するのではなく，国会での議論が政府の意思決定を左右する重要な役割を果たす，議院内閣制的なものをともなった国会のあり方。

STEP 3
国民（有権者）の声を代弁する議員同士が，天皇の前で，真っ向から議論をたたかわせる場として国会を位置づけ，多数派政党の議員が大臣となることで，国民の意思（輿論）を反映した国会での議論が，政府（内閣）でもふまえられるようになる，君民共治を体現する国会の姿。

❷

STEP 1
1　①敬礼　　②高

2　ア　ドイツ皇帝　　イ　明治天皇

STEP 2
半円形の議場・議席，一段上がったところに居並ぶ人々（議長・大臣，天皇（貴族院のみ））

STEP 3
1　①議会より選ばれ，議会に対して責任をもつ
②男性普通選挙　　③宰相が皇帝により任命され，議会に対して責任をもたない
④強い　　⑤男性制限選挙
⑥首相が天皇により任命され，議会に対して責任をもたない　　⑦強い
2　国会における議員（政党）同士の議論を重視する議院内閣制的な議会のあり方よりも，政府（内閣）は国会よりも一段高みにあって，議員（政党）は政府（内閣）に対して議論をしかけ，政府がそれを受けてたつかのような，政府主導の国政運営をおこなうため。

Try
1　❶資料2：与野党が直接対峙するが，議院内閣制が採用されなければ，天皇や大臣はこの対決の構図の局外に位置することになる，❷資料3・4：議院内閣制が採用されずとも，政府と議会とが対峙する構図となるが，議会の意向をふまえるか否かは政府の裁量に委ねられることになる。
2　参加していない。傍聴しているようにみえる。参政権がないため議論に参加できないから。

章末問題 アジアの変容と日本の近代化
　　　　　　　　　　　　　　　　　(p.70〜71)

1　問1　タンジマート
問2　ヴィクトリア女王
問3　d
問4　ア　南京　　イ　香港　　ウ　天津
エ　北京　　オ　外国公使　　カ　九龍半島
問5　大院君
問6　大老：井伊直弼
　　　事件：桜田門外の変
問7　a　→　c　→　b　→　d
問8　(1)　四民平等　　(2)　版籍奉還
(3)　地租改正　　(4)　廃藩置県
問9　ア　徴兵告諭　　イ　血税　　ウ　殖産興業
エ　富岡製糸場　　オ　国立銀行
問10　(1)　民撰議院設立建白書　　(2)　枢密院
2　問1　①　　問2　日朝修好条規

3

インドでは，プラッシーの戦い以降に植民地化をすすめたイギリスに対してインド大反乱がおこったが，これを鎮圧したイギリスはインド帝国を成立させた。中国では，アヘン戦争後のイギリスなどの進出に対して太平天国の乱がおこり，欧米技術の導入をはかる洋務運動も推進された。ペリーの来航によって開国を余儀なくされた日本では，イギリスやフランスの援助のもと倒幕運動が高まり，明治維新を通じて国民国家の形成がうながされた。

26 帝国主義と世界分割 (p.72〜73)

①パナマ　②第2次産業　③独占資本
④帝国　⑤リヴィングストン　⑥ベルリン
⑦先占　⑧南アフリカ　⑨マフディー
⑩ファショダ　⑪ヴィルヘルム2世
⑫英仏協商　⑬エチオピア　⑭リベリア
⑮アボリジナル（アボリジニ）　⑯マオリ
⑰キューバ

Check ❶

1　独占資本
2　独占資本が国の政策を左右する力をもっていることを示している。

Check ❷

①セシル=ローズ　②カイロ　③ケープタウン
④帝国　⑤金　⑥南アフリカ（ブール）

Check ❸

1　略　2　ファショダ事件　3　略

Try

イギリスの進出に対し，スーダンではマフディーの反乱がおきた。マフディーを称するイスラームの宗教指導者のもとに諸部族が結集し，反英武力闘争をおこなった。ニュージーランドでは，先住民マオリが抵抗運動をおこした。

27 帝国主義期の欧米社会 (p.74〜75)

①ホワイトカラー　②第2インターナショナル
③苦力　④華僑　⑤国民意識　⑥ダーウィン
⑦進化　⑧社会進化　⑨反ユダヤ　⑩黄禍

Check ❶

①インド　②奴隷　③華僑
④ハワイ　⑤ブラジル　〔④，⑤は順不同〕

Exercise

1　事務職（ホワイトカラー）や官僚や兵士
2　社会福祉政策，参政権の拡大，労働組合の合法化
3　国民意識の浸透（国としてのまとまり　国民の統合）

Check ❷

東方からの脅威とは日本人や中国人などのアジア人のことである。風刺画は日清戦争・日露戦争後，ヨーロッパ人の優越感が揺らぎ，アジア人にヨーロッパ人が駆逐されるかもしれないという欧米諸国でひろがった黄禍論をあらわしている。

Try

ダーウィンの進化論を人間社会に当てはめ，強者による弱者の支配を適者生存とする社会進化論が唱えられ，それが社会的弱者や他人種・他民族への差別や植民地支配を正当化する考え方につながった。

28 条約改正 (p.76〜77)

①岩倉具視　②井上馨　③鹿鳴館　④脱亜論
⑤大隈重信　⑥大審院　⑦大津事件
⑧青木周蔵　⑨日英通商航海条約　⑩陸奥宗光
⑪1899　⑫改正日米通商航海条約
⑬小村寿太郎

Check　①ビゴー　②鹿鳴館　③猿

Exercise ❶

①井上馨　②陸奥宗光　③小村寿太郎
④大隈重信
①　→　④　→　②　→　③

Exercise ❷

対外的には，ロシアの南下によりイギリスの日本に対する態度が軟化し，国内的には，憲法発布や国会開設などによって立憲国家としての体裁が整ったことから条約改正が実現した。

Try

1870年代に中国とは対等な立場で日清修好条規を結ぶ一方で，朝鮮の独立をめぐって対立を深めた。朝鮮に対しては，日本が欧米につきつけられた治外法権や関税自主権の放棄を認めさせる日朝修好条規を結んだ。1880年代のなかばには，条約改正交渉を通して日本が欧米と対等な関係を模索するなかで，改革に後ろ向きな朝鮮の姿勢を批判する「脱亜論」に代表されるように，アジア蔑視の姿勢が顕著となった。

13

29 日清戦争 (p.78〜79)

①東学　②甲午農民戦争　③日清戦争
④下関条約　⑤李鴻章　⑥陸奥宗光　⑦朝鮮
⑧遼東半島　⑨台湾　⑩2　⑪三国干渉
⑫憲政党　⑬政党内閣　⑭軍部大臣現役武官制
⑮文明の野蛮

Check ①広島　②下関　③漢城
④豊島沖　⑤黄海　⑥台湾

Exercise 1　憲政党　2　軍備拡張
3　制限選挙のもとで，政党は地租を納める地主の支持を得ていたため，増税につながる政策には反対だった。

Try ①就学率　②新聞　③ジャーナリズム

30 日露戦争から韓国併合へ (p.80〜81)

①康有為　②西太后　③戊戌の政変
④義和団　⑤義和団戦争　⑥北京議定書
⑦日英同盟　⑧日露戦争
⑨セオドア=ローズヴェルト　⑩ポーツマス条約
⑪日比谷焼打ち事件　⑫韓国併合
⑬朝鮮総督府

Check ❶　ア　⑤　イ　①　　ウ　③
Check ❷
1　イギリス：威海衛　　フランス：広州湾
ドイツ：膠州湾　　ロシア：旅順・大連
共通点：港湾都市，鉄道の敷設など
2　南端：旅順　　北端：長春

Exercise　④　→　②　→　①　→　③　→　⑤
Try　東洋の立憲国家による西洋帝国主義への勝利ととらえられ，イランやオスマン帝国，ベトナムなどの地域の民族運動の進展に影響を与えたが，実際は，韓国・満洲利権をめぐる帝国主義国家どうしの争いであり，韓国の植民地化をはじめとして日本の帝国主義を加速させるものであった。

31 日本の産業革命と社会問題 (p.82〜83)

①器械製糸　②産業資本家　③女工
④ストライキ　⑤寄生地主制　⑥金本位制
⑦官営八幡製鉄所　⑧労働組合期成会
⑨植民地　⑩社会民主党　⑪財閥
⑫地方改良運動　⑬戊申詔書　⑭大逆事件
⑮幸徳秋水

Check　ア　生産高　イ　輸出高　ウ　輸入高
Exercise ❶　③
Exercise ❷　①金本位制　②官営八幡製鉄所
③欧米の市場　④重工業　⑤植民地
Exercise ❸　③
Try
共通点は，資本家（株主や雇用主）と労働者（従業員）で所得の格差がみられ，現代においても労働者は長時間労働，低賃金労働の傾向が見受けられる。相違点は，現代社会では労働組合の結成やストライキ権なども法律で定められ，労働者の権利が保障されているが，かつては不十分であった。

32 アジア諸民族の独立運動・立憲革命 (p.84〜85)

①アブデュル=ハミト2世　②ミドハト
③青年トルコ人　④タバコ=ボイコット
⑤イラン立憲　⑥ベンガル分割令　⑦国民会議
⑧スワデーシ　⑨スワラージ
⑩全インド=ムスリム連盟
⑪サレカット=イスラム
⑫ファン=ボイ=チャウ　⑬ドンズー
⑭光緒新政　⑮中国同盟会　⑯三民　⑰辛亥
⑱中華民国　⑲袁世凱　⑳宣統帝

Check
1　略
2　①スワデーシ・スワラージ・英貨排斥・民族教育　〔順不同〕
②略　③派遣先：日本　　理由：アジアでいち早く近代化をなしとげた日本を見習おうと考えたから。
④イギリス　ロシア　〔順不同〕
Exercise　c　e
Try
列強の侵略や植民地支配下にあるアジアの人々にとって，アジアの立憲国家日本が帝国主義ロシアに勝利したことは大きな希望となり，アジア各地の立憲制をめざす動きに影響を与えた。しかし，日本は日露戦争後，韓国を併合し，帝国主義政策をすすめていった。

❶

STEP 1 ア　シャチホコ　　イ　富士山

STEP 2 素晴らしい工芸品として来場者の評判となり，目玉の展示品であった。

STEP 3 素晴らしい芸術性と技術をもつ産業国の展示会場と考え見学してみたいと考える。

STEP 4 日本は，その歴史・伝統と技術力をヨーロッパにアピールし，輸出振興に結びつけようと考えた。ヨーロッパの人々の間ではジャポニスムが広まったが，日本を西欧的な近代国家とみなすことはなく，自分達とは異なる目新しい別の文化を持つ国としてとらえる部分が大きかった。

❷

STEP 1

1　いずれも未開・野蛮で，自分たち近代的な人間とは異なる人々とみなし，見世物となることを受け入れる風潮があった。

2　日本は「人類館」に展示される国や地域とは異なり，誇るべき近代的な国家であると思わせようとした。

STEP 2 **STEP 3**

①理解に苦しむ。　　②大いに侮辱するもの。
③台湾の原住民　　④北海道のアイヌ
⑤沖縄県人を彼らと同等のものとみなしている
⑥未開の人種
⑦自分たちの国（朝鮮）の女子のみが展示される
2　共通点は，自県ないし自国にルーツを持つ人々が見世物とされていることに抗議していること。問題点は，そもそも人間が見世物にされるという人権上の問題意識がうすいこと。

Try

1　西洋にならった近代化を進めていた日本にとって，博覧会とは，国内に向けてめざすべき文明の姿を示すと同時に，諸外国，とりわけ西洋に対して自国の技術，文化をアピールする重要な場であった。日本が西洋と並ぶ文明国であり，日本人が「人類館」に展示され，見下されるような野蛮な人間ではないということを示そうとする姿勢は，他方でアジア的なものを野蛮として見下すことでもあった。

2　[参考]日本が近代国家のお手本とした欧米であったが，帝国主義時代の社会進化論のもとで，欧米では自らの社会制度を直線的な進歩の先頭「文明」ととらえ，それとは異なる社会制度に対しては，こ

れを後進的な「野蛮」とみなす傾向が存在した。このような「野蛮」は，見下されるべきもの，駆逐されるべきものと考えられた。人類館事件に見られるような人間のディスプレイは，1889年のパリ万博でもみられた。パリ万博では植民地の住民が集められて展示された。

1 問1　ア　ベルリン　　イ　南アフリカ
ウ　ファショダ　　エ　ヴィルヘルム2世
オ　英仏協商　　カ　エチオピア
問2　オーストラリア：アボリジナル（アボリジニ）
ニュージーランド：マオリ
問3　第2インターナショナル　問4　苦力
問5　進化論　問6　ノルマントン号事件
問7　福沢諭吉　問8　八幡製鉄所
問9　b　→　c　→　d　→　a
問10　ア　日韓協約　　イ　統監府　　ウ　高宗
エ　義兵運動　　オ　伊藤博文　　カ　朝鮮総督府
問11　(1)　c　　(2)　d　　(3)　a　　(4)　b
2 問1　南アフリカ戦争（ブール戦争）
問2　Aの資料にある南アフリカ戦争に苦戦していたイギリスは，義和団戦争の鎮圧に本国から十分な兵力を送ることができず，英領インドの兵士がイギリス兵として動員された。
3
立憲国家となった日本は，欧米諸国と対等の文明国となるため，不平等条約の改正を実現するとともに，産業革命をきっかけに生じた社会矛盾を，日清戦争や日露戦争を通じて植民地などに押しつけていった。オスマン帝国では，スルタンの専制に反対する青年トルコ人革命を通じて立憲制が実現した。中国では，辛亥革命で満洲人の専制王朝である清が打倒され，アジア最初の共和国として成立した中華民国のもとで，五族共和がはかられた。

①三帝　　②再保障　　③ヴィルヘルム2世
④日英　　⑤英露　　⑥英仏　　⑦露仏
⑧三国協商　　⑨バルカン
⑩ヨーロッパの導火線　　⑪青年トルコ人
⑫ボスニア・ヘルツェゴヴィナ
⑬パン=ゲルマン　　⑭パン=スラヴ

Check ① ①誤 ②正 ③誤 ④正
Check ② 1 略 2 青年トルコ人革命
3 パン=スラヴ主義とパン=ゲルマン主義の対立
4 略
5 オスマン帝国の衰退やバルカン諸民族の独立運動に乗じて列強はバルカンでの勢力拡大をめざし，それぞれバルカン諸国に軍事的・経済的援助をおこなった。そのため，バルカン諸国の対立が導火線のように列強間の対立につながっていた状況を意味している。

Try
1 b → d → c → a
2 ドイツが「世界政策」とよばれる対外進出政策に転じ，オスマン帝国やアフリカ・アジアなどへ勢力範囲を拡大した。

34 第一次世界大戦 (p.92〜93)

①サライェヴォ ②セルビア ③日英
④二十一か条の要求 ⑤寺内正毅 ⑥総力戦
⑦無制限潜水艦 ⑧ドイツ
⑨ヴィルヘルム２世

Check ①
1 サライェヴォ事件
2 ブルガリア オスマン帝国 〔順不同〕
3 徴兵された男性に代わり，軍需工場への動員のほか多くの職場で女性が労働に従事した。女性の社会進出にともない，戦後，いくつかの国では女性参政権が実現した。
4 塹壕戦
5 帝国主義の時代に列強がおこなった植民地獲得競争の結果，列強の対立が世界各地に波及し，連動したため。

Check ②
1 略 2 日英同盟
3 アジアにおける勢力拡大をめざした。
4 中国政府に二十一か条の要求を受諾させ巨額の借款をおこなった。

Try
戦争が長期戦となり，参戦国では政府の権限が強化され，国民や物資を全面的に動員する総力戦体制がしかれた。植民地からも多数の人員が兵士・労働者として動員され，植民地にも戦火が及んだ。さらに潜水艦や戦車など新兵器が投入され，戦争の犠牲者も膨大な数となった。

35 ロシア革命とシベリア出兵 (p.94〜95)

①ペテルブルク ②血の日曜日 ③ソヴィエト
④ニコライ２世 ⑤ペトログラード
⑥ボリシェヴィキ ⑦レーニン
⑧平和に関する ⑨ブレスト=リトフスク
⑩対ソ干渉 ⑪シベリア ⑫戦時共産主義
⑬コミンテルン
⑭ソヴィエト社会主義共和国連邦

Check ① ③
Check ② 1 略
2 d → a → b → c

Exercise ①
日露戦争中におきた血の日曜日事件を発端に革命運動が拡大，各地で労働者がソヴィエトを組織した。皇帝ニコライ２世は日本と講和し，国会開設と憲法制定を約束して革命を沈静化させた。

Exercise ② c → b → d → a

Try
ロシア革命の意義は史上初の社会主義政権を成立させたことにある。その影響のもと，ドイツ革命がおき，アジアでは社会主義国モンゴルが誕生した。また，ロシア革命は植民地の解放運動や民族運動，各国の共産党の結成にも影響を与えた。

36 大戦景気と米騒動 (p.96〜97)

①成金 ②水力 ③米騒動 ④寺内正毅
⑤原敬 ⑥普通選挙 ⑦大正デモクラシー
⑧民衆による，民衆のための政治 ⑨吉野作造
⑩天皇機関説 ⑪立憲主義 ⑫帝国主義
⑬石橋湛山

Check ① ともに経済成長と工業化がすすんだが，アメリカでは自動車や家電製品が国内で生産されて普及し，大量消費社会が到来する一方，日本では自動車・家電製品の製造業が発達せず，物価の上昇に賃金が追いつかず大量消費社会が訪れなかった。

Check ② X：正 Y：誤
Exercise ① ①シベリア出兵 ②米騒動
③寺内正毅 ④食糧危機
Exercise ② ①正 ②正 ③誤
Try
美濃部達吉は天皇機関説，吉野作造は民本主義を唱え，天皇主権と矛盾しないように政治での民衆の意

向の重視を唱えた。これは民衆の政治参加を要求する世界の思潮とも連動していた。また，日本は植民地を有していたため，大正デモクラシーは「内に立憲主義，外に帝国主義」という性格をもっていた。

37 ヴェルサイユ体制とワシントン体制
（p.98〜99）

①パリ　②ウィルソン　③民族自決
④ヴェルサイユ　⑤ヴァイマル　⑥国際連盟
⑦集団安全保障　⑧アメリカ　⑨ワシントン
⑩四か国　⑪日英　⑫九か国
⑬ワシントン海軍軍縮

Check ❶
①ウィルソン　②十四か条　③民族自決
〔②，③は順不同〕　④フランス　⑤イギリス
〔④，⑤は順不同〕　⑥ドイツ
⑦プロイセン=フランス（普仏）

Check ❷　1　略　2　ポーランド
3　チェコスロヴァキア　4　ハンガリー
5　軍備禁止区域

Try　国際連盟は集団安全保障の理念にもとづく史上初の国際平和機構であった。一国一票の原則により中小国も発言権を高め，経済支援・労働問題・難民問題なども取り組むべき課題とされた。しかし，アメリカが加盟せず，ソヴィエト政権も当初は除外された。規約に反した国に経済制裁を課すことはできたが，侵略行為への有効な対抗手段をもたなかった。

38 西アジア・南アジアの民族運動
（p.100〜101）

①アラブ　②パレスティナ　③ロシア
④イラク　⑤ワフド　⑥イブン=サウード
⑦ムスタファ=ケマル　⑧ローザンヌ
⑨トルコ共和国　⑩レザー=ハーン
⑪パフレヴィー　⑫ローラット
⑬非暴力・不服従　⑭プールナ=スワラージ

Check ❶　略
Check ❷　①ムスタファ=ケマル　②ローマ字
③アラビア文字　④政教
Exercise　②

Try　イギリスは，第一次世界大戦での協力を得るために，フサイン=マクマホン協定でアラブ人国家

の独立を約束したにもかかわらず，バルフォア宣言でパレスティナでのユダヤ人国家樹立を約束するという矛盾した外交政策をおこなった。

39 東アジア・東南アジアの民族運動
（p.102〜103）

①新文化　②五・四　③三・一　④中国国民
⑤中国共産　⑥第1次国共合作　⑦蔣介石
⑧北伐　⑨張作霖　⑩国民　⑪国民革命
⑫長征　⑬毛沢東　⑭共産　⑮スカルノ
⑯ホー=チミン　⑰タキン　⑱アウン=サン

Check ❶　②
Check ❷
1　①中国共産党　②瑞金　③延安　④長征
2　出来事：上海クーデタ　位置：D
3　日本
Exercise　①
Try
他の地域は，列強諸国の植民地支配を受けており，独立や自治をめざす民族運動がおこなわれていたが，日本は独立を維持していただけではなく，朝鮮半島を領有し，中国に対してもさまざまな利権を保持するなど，列強の一角として民族運動を抑圧する立場にあった。

40 戦間期の欧米
（p.104〜105）

①イギリス連邦　②ルール　③ファシスト
④ムッソリーニ　⑤ヴァイマル憲法
⑥シュトレーゼマン　⑦ロカルノ　⑧不戦
⑨禁酒法　⑩人種

Check ❶
①　→　写真　→　③　→　②　→　④
Check ❷
1　a　賠償金　b　戦債　2　ドーズ
Exercise　③
Try
ドイツではルール占領を背景としてインフレが激化したが，新たに成立したシュトレーゼマン内閣が新紙幣を発行してインフレを克服した。イタリアでは第一次世界大戦後の不況を背景に，社会主義の拡大をおそれる中産階級や地主層に支持されたムッソリーニがローマ進軍をおこない，ファシスト党政権を樹立した。

41 ひろがる社会運動と普通選挙の実現

(p.106〜107)

①米騒動　　②日本労働総同盟　　③日本農民組合
④平塚らいてう　　⑤全国水平社　　⑥日本共産党
⑦関東大震災　　⑧無政府主義　　⑨25
⑩男性　　⑪国体　　⑫読み書き　　⑬円本

Check　③　→　②　→　①

Exercise　②　⑤　⑥　⑦

Try

欧米・日本ともに大衆の政治参加への要求が強まり，選挙権の拡大を求める動きがみられた。総力戦を経験したヨーロッパでは，女性の社会進出がみられたこともあり女性参政権が実現したが，日本では女性参政権は認められず，アジア太平洋戦争後の改革を待たなければならなかった。

42 政党内閣の時代

(p.108〜109)

①普通選挙　　②加藤高明　　③立憲政友会
④憲政の常道　　⑤不戦　　⑥ロンドン海軍軍縮
⑦浜口雄幸　　⑧統帥権　　⑨幣原喜重郎
⑩幣原外交　　⑪山東出兵　　⑫済南事件
⑬張作霖爆殺　　⑭張学良　　⑮金解禁　　⑯緊縮
⑰世界恐慌

Check

1　幣原：絶対不干渉の主義
　　田中：対支外交の刷新

2　イ　　3　エ

4　幣原喜重郎は，中国の主権及び領土保存を尊重し，国民党の北伐に対して不干渉政策をとった。これに対して田中義一は，日本の自衛と権益を擁護するために，在留日本人の保護を名目に山東出兵をおこなった。

Exercise　③

Try

憲政会の加藤高明や第1次若槻礼次郎内閣のときには幣原喜重郎が外務大臣をつとめ，米英との協調を重視し中国の内乱に対しても不干渉政策をとった。しかし，1927年に政友会の田中義一内閣が成立すると田中首相は外相を兼任し，山東出兵をおこなうなど積極的な中国政策に転換した。しかし，その一方で不戦条約を締結し欧米とは協調する姿勢をみせた。田中に次ぐ民政党の浜口雄幸内閣もロンドン海軍軍縮条約を締結した。

ACTIVE　20世紀の女性と男性

(p.110〜111)

❶

STEP 1　ア　減少　　イ　増加　　ウ　増加
エ　減少

①製鉄・金属・機械　　②電機　　③化学〔②，③は順不同〕　　④戦争

STEP 2

1　あぁ！私が男だったらよかったのに。(そうしたら)海軍に入隊したのに。

2　女性でも軍に入隊して国のために戦いたいと考えるときに，男性である自分は率先して入隊すべきと考える。

3　軍隊に入隊せずとも戦争に協力できることを何かしないといけない，という気持ちになる。

STEP 3

多くの男性が徴兵されたため，そのかわりの労働力となることが求められた。それまで全面的に(もしくはほとんどを)男性が担っていた労働を，女性が担うようになった。また，戦場へ向かう男性を励ます存在となることも期待された。

STEP 4

(男性が働く職場である)軍需工場での労働などで働けば，粗野で男っぽい気質になってしまうので，ズボンをはかねばならないような職場ではなく，女性らしい服装をして，理性的なか弱い女性でいられる存在であってほしいと考えている。(仕事をするような女性でいてほしくないと考えている。)

STEP 5

総力戦となった第一次世界大戦前は，女性は男性よりも社会的に低い立場におかれていた。多くの国で参政権は認められず，女性が就労できる職業も限られていた。また，男性による家父長的価値観に合うように，弱く守られるべき存在であり，男性に従う存在であることを要求されていた。第一次世界大戦で，男性にかわって多くの職業を担った女性は，戦後，さまざまな職場に進出した。英・独・米など女性の参政権を認める国も出てきた。このような流れを積極的に受け入れたり後押ししたりする人々が存在した一方で，戸惑い反発した男性も多かったと考えられる。

❷

STEP 1

「良妻賢母」という言葉に代表される日本の家族制度からの女性の解放を訴え，女性が主体的に生きられ

る社会の実現を訴えた。また，女性参政権の実現，治安警察法の改正も要求し，女性が政治活動をおこなうことの自由を訴えた。市川房枝も同じような運動をおこした。他に女性の自立を主張した与謝野晶子，社会主義の立場から女性の平等・解放を訴えた山川菊栄などもいた。

STEP 2
①朝鮮社会に以前から存在していた女性に対する差別の
②朝鮮社会の近代化過程で新たに女性に要求された「近代社会での女性の在り方」
③植民地支配から生じる

Try
1 ［参考］福沢諭吉は，『学問のすゝめ』において「天は人の上に人を造らず人の下に人を造らず」と述べたが，多くの日本人は，この「人」を成人男性ととらえていた。福沢は同書第8章で「男も人なり，女も人なり」と述べ，男女の平等を説いていると思われるが，他方，「女性の参政権はさておき…」とも述べたと言われている。女性参政権を不要と考えていたのではなく，その実現にいたるまでにはまだ遠く，その前に不平等に扱われていた女性の種々の権利を確立することを目指したようである。

　福沢に影響を与えたとされるのが，イギリスのJ.S.ミルである。19世紀なかばすぎに女性参政権を主張して下院議員となったが，実現にはいたらなかった。ミルにおいても福沢においても女性参政権に同意していた人々がいた一方で，それが実現していないということは，当時の政財界または参政権を有している人々（有産階級の男性）の多くが女性参政権を認めていなかったということになる。そこには近代工業社会における男性労働者とそれを家庭で支える妻という性別役割分担を，経済的に合理的と考える意識があり，また，単純に男性が女性よりも優れているという差別意識もあったと考えられる。経済合理性については多くの人々は意識をしておらず，社会の風潮をそのまま受け入れていた部分も多分にあったと思われる。それは現在も変わらない。
❶資料4の男性もそのような意識であったと考えられる。
2 ［参考］一般に，農業においては女性も主要な働き手となる。また，共同体としての意識も工業地帯と比較して強いため，女性は家事労働と農業労働をこなしつつ，共同体内での女性の連携も強かったと考えられる。その分，共同体の制約（村の掟など）も

強く受けた。しかし，同じ農村部でも，イギリスなどの先進工業国と植民地ではそもそもの置かれた立場が異なる。19世紀を通じて工業国家として栄えたイギリスと，搾取の対象となった植民地では，農村部にかかる圧力も異なる。そこでの女性の暮らしぶりも，当然異なったであろうことは想像できる。
3 ［参考］20世紀初頭のイギリス，インド，日本の主要産業と女性の様子について調べてみよう。次に1960年代ではどうか，1990年頃ではどうか，調べてみよう。

<table>
<tr><td>章末問題</td><td>第一次世界大戦と大衆社会</td></tr>
</table>

(p.112〜113)

1
問1　あ　総力戦　　い　米騒動　　う　ラジオ
問2　(1)　サライェヴォ事件
(2)　二十一か条の要求
問3　ア　ヴィルヘルム2世　　イ　再保障条約
ウ　露仏同盟　　エ　英仏協商　　オ　英露協商
問4　ワシントン会議
問5　ヴァイマル共和国
問6　b　→　a　→　d　→　c
問7　(1)　三・一運動　　　(2)　五・四運動
問8　原敬　　問9　(1)　c　　(2)　a　　(3)　b
問10　新婦人協会　　問11　治安維持法
問12　民本主義　　問13　田中義一
2　問1　日本生まれの日系移民　　問2　b
3
アメリカでは，総力戦への協力の見返りに労働組合の力が増し，女性参政権も認められた。大量生産された自動車や家電製品が普及し，娯楽もさかんとなり，大量消費社会が出現した。日本では米騒動をきっかけに大正デモクラシーとよばれる社会運動がさかんとなり，男性普通選挙が実現した。また学校教育の普及を背景に，大衆文化が形成され，ラジオ放送もはじまった。

43 世界恐慌　　　　　　　　(p.114〜115)

①世界恐慌　　②ファシズム　　③昭和恐慌
④イギリス連邦経済　　⑤スターリング＝ブロック
⑥フランクリン＝ローズヴェルト　　⑦農業調整法
⑧全国産業復興法　　⑨第1次五か年計画
⑩集団化　　⑪スターリン

Check ❷　1　ア

2　①スターリング=ブロック

②フラン=ブロック

③円ブロック　④ニューディール

⑤ドル=ブロック

3　各国とも国内政策では国家による経済への介入をおこなった。対外政策では，植民地をもつ国はブロック経済圏を形成し，もたない国は対外進出をすすめた。

Try　イギリスが広大な植民地や自治領で閉鎖的なブロック経済圏をつくり，フランスやアメリカも同様の政策をおこなったことで，植民地をもたない国やそれが少ない国と対立した。

44 ファシズムの時代　(p.116〜117)

①ファシズム　②ナチ　③ユダヤ

④全権委任　⑤エチオピア　⑥ミュンヘン一揆

⑦ヴェルサイユ　⑧宥和　⑨再軍備

⑩ラインラント　⑪スペイン　⑫フランコ

⑬オーストリア　⑭ズデーテン　⑮ミュンヘン

Check ❶

ナチ党政権成立前のドイツでは，世界恐慌で多くの失業者が発生し，人々の不満が高まっていた。ナチ党は旅行などのレジャーや自家用車の保有といった，豊かな生活を提示することで，人々の支持を獲得しようとした。

Check ❷

1　オーストリア

2　⑤　→　③　→　①　→　④　→　②

Exercise ❶　③

Exercise ❷　ソ連と敵対して反共政策をとるドイツを支持することで，社会主義・共産主義勢力の拡大を阻止しようとしたため。

Try　③　④

45 満洲事変と軍部の台頭　(p.118〜119)

①柳条湖事件　②南満洲鉄道　③若槻礼次郎

④溥儀　⑤日満議定書　⑥リットン調査団

⑦ワシントン海軍軍縮条約　⑧高橋是清

⑨綿織物　⑩イギリス　⑪犬養毅　⑫斎藤実

⑬岡田啓介　⑭皇道　⑮統制

⑯日独伊三国防共協定

Check ❶　①世界恐慌　②高橋是清

③金輸出再禁止　④綿織物　⑤イギリス

⑥華北分離

Check ❷　①ヒトラー　②ナチ党

③共産主義　④コミンテルン　⑤日本

⑥イタリア　⑦日独伊三国防共協定

Exercise

①五・一五事件　②岡田啓介　③皇道派

④統制派　⑤高橋是清　⑥二・二六事件

⑦広田弘毅

Try

満洲事変に際し，国際連盟から派遣されたリットン調査団は，日本軍の軍事行動と満洲占領を不当とする報告書をまとめた。これをふまえ1933年に開かれた連盟総会で，日本軍の撤収を求める勧告案が採択された。この結果に日本は反発し，国際連盟を脱退した。その後もワシントン海軍軍縮条約の廃棄を通告するなどしてワシントン体制からも脱退し，国際的孤立への道を歩むことになった。

46 日中戦争　(p.120〜121)

①国民党　②西安　③張学良　④盧溝橋事件

⑤国共合作　⑥抗日民族統一戦線　⑦南京

⑧近衛文麿　⑨九か国条約　⑩重慶

⑪国民精神総動員運動　⑫国家総動員法

⑬国民徴用令　⑭配給制　⑮大政翼賛会

⑯汪兆銘

Check　①e　②b　③f　④c　⑤d

Exercise ❶　②　⑤

Exercise ❷　③

Try　①配給　②切符　③国民徴用

④金属類回収

ACTIVE　戦争をささえる社会　(p.122〜123)

❶

STEP 1

人々が活発，戦争をうかがわせるものが多い，比較的ゆとりをもった生活など。

STEP 2

1　①〜⑤すべて。

2　「名誉の帰還兵」という台詞，「守れ興亜の兵の家」というポスター，「慰問袋」という台詞，「兵隊さんを思へば」の台詞など。

STEP 3

1　疑問に思う点は，戦時下なのに食糧が豊富で人々は楽しそうに見えることなど。今とは異なる点は，人々の服装や子供の遊び，戦争の雰囲気など。

2　戦時下で制約を課されつつあるなかで，日常生活に楽しみを見出しながら生きようとしていたと推察される。

3　[参考]1941年1月は，まだアジア太平洋戦争が始まっていない時期。1945年1月は日本本土空襲も本格化し，都市部の食糧不足も深刻化していた。そのような状況をふまえて考えてみよう。

❷

STEP 1　**STEP 2**

1　千人針

2　「銃後」は戦地に対してその背後にある国内の戦争協力体制のこと。「赤誠」は天皇への忠誠心をあらわす。日本人と同じことをすることで，日本人として認められると考えた人もいたかもしれない。他方，日本に支配されていることを強く意識した人もいたかもしれない。

STEP 3

1　慰問袋作成の割当て金支払い。

2　家屋からの立ち退きを要求し，世帯台帳から削除して食糧配給を受けられないようにした。

3　皇民化政策のもとで，日本風の名前に変えさせられ，日本式の祭事，生活様式を強要された。戦争が激しくなると朝鮮や台湾でも徴兵が行なわれ，労働力として強制的に日本の軍需工場で働かされた者もいた。資料2に「警察の斡旋」とあるように，表向きは「同じ皇民」とされたが，実際の日本社会では差別されることも多かった。

❸

STEP 1

1　戦死兵数：約2.9倍　民間死者数：約4.7倍

2　戦死兵数：ソ連　民間死者数：中国

STEP 2

総力戦の度合いが高まり，民間死者数が大幅に増えている。戦争は兵士だけのものでなく，非戦闘員の被害も大きくなっている。飛行機の発達により都市への空襲が増加したと考えられる。各国の経済力，用兵に対する考え方が動員数，戦費，死者数にあらわれている。

Try　1　[参考]自分が「翼賛横丁」に住んでいたらどうだったろうか。また，現在の生活に戦争が入り込んできたとしたらどうであろうか。学校の授業

はどうなるだろうか。生活必需品が配給制となったらどう感じるだろうか。手に入らなくなるものは何だろうか。家族で出征する人は出るだろうか。周囲の人の勤務先にはどのような影響が出るだろうか。自分自身，身近な人それぞれの生活が，戦時下でどう変化するかを考えてみよう。

2　[参考]それぞれの時代に何があったかを，教科書p.161の表も参考にして確認しよう。①の時代は，満洲事変，満洲国建国，国際連盟からの脱退，二・二六事件など。②の時代は，日中戦争の始まり，国家総動員法，大政翼賛会発足などのほか，米や砂糖の配給制，外食での米食禁止，パーマ禁止，ダンスホール閉鎖，国民徴用令など。③の時代は，アジア太平洋戦争の始まり，金属回収令，勤労奉仕の義務化，学徒動員，本土空襲など。

　戦時下の日本では，このほかにも市民生活に多くの制約が課せられた。これらの制約は，戦時下の日本だけではなく，世界各国，そして現在の紛争地域でも共通してみられることである。そして，これらの時代，場所に，もし生きていたとしたら，自分や自分の家族はどのような生活をしていたかについて考えてみよう。

47 第二次世界大戦とアジア太平洋戦争
(p.124〜125)

①独ソ不可侵　②ポーランド　③フランス
④ヴィシー　⑤イタリア　⑥ローズヴェルト
⑦チャーチル　⑧大西洋憲章　⑨援蔣ルート
⑩日独伊三国同盟　⑪日ソ中立条約
⑫東条英機　⑬ハル・ノート　⑭真珠湾
⑮スターリングラード　⑯ミッドウェー

Check ❶　①ヒトラー　②スターリン
③イタリア　④ドイツ　⑤日本

Check ❷　A　イ　　B　ウ

Try　日本はドイツと同盟をむすんでアジア諸地域を勢力範囲におさめ，日中戦争を解決しようとした。そこで日独伊三国同盟を締結し，援蔣ルートの遮断と資源獲得を目的に仏領インドシナ北部に進駐した。このことにより米英との対立が決定的なものとなり，さらに仏領インドシナ南部にも進駐すると米英は日本向けの石油輸出を禁止した。このあとも日米交渉を継続するも，日本の支配を満洲事変前に戻すことなどを求めたいわゆるハル・ノートが示されたことにより交渉はゆきづまり，開戦にいたった。

① ユダヤ人　② ゲットー　③ ホロコースト
④ 三光作戦　⑤ 満洲移民　⑥ 731
⑦ 「皇民化」政策　⑧ 徴兵制　⑨ 大東亜共栄圏
⑩ 大東亜会議　⑪ 大東亜共同宣言　⑫ 軍票
⑬ 枢軸国　⑭ 反ファシズム

Check ①

Exercise ❶ ④

Exercise ❷ ③

Try

中国の戦場では，日本軍により「燼滅作戦」・無人区化政策がおこなわれた。また国際法違反の毒ガスや細菌兵器なども使用された。朝鮮や台湾などの植民地においては「皇民化」政策がおこなわれ，朝鮮では神社への参拝が強制され，日本式に名前を変える創氏改名などもおこなわれた。また，労働力不足解消のため，多くの朝鮮人が動員，中国人が強制連行され，労働に従事させられた。

49 敗戦 (p.128〜129)

① 配給　② 闇取引　③ 学徒出陣　④ 少国民
⑤ 国民学校　⑥ 学童疎開　⑦ ムッソリーニ
⑧ ノルマンディー上陸　⑨ ドレスデン
⑩ ヒトラー　⑪ カイロ宣言　⑫ ヤルタ
⑬ ソ連　⑭ 沖縄　⑮ ポツダム　⑯ 国体護持
⑰ 玉音放送

Check ❶

1　どちらも若者が軍隊に動員されている。

2　1943年の日本は，アジア太平洋戦争で劣勢に立たされており，兵力・労働力不足が深刻化していた。1945年のドイツは連合軍に敗北を重ね，多くの民間人が犠牲になっていた。

Check ❷　④　→　①　→　②　→　③

Try

ドイツやイタリアの場合，ヒトラーの自殺とベルリンの占領，ムッソリーニ政権の崩壊といったように，連合軍が本土に進攻し，政権と指導者が倒れたことにより敗戦をむかえた。日本の場合，沖縄で地上戦が展開されたものの，連合軍が本土に上陸する前に，天皇のラジオ放送によって降伏（敗戦）が告げられた。

●

① 長所：一次資料として，実証研究の観点からも実態が最も正確に伝わると考えられる。視覚に訴えることができる。　短所：年齢を考慮することが必要な場合もある。その場に足を運ばねばならず接する人が限られるという問題や保存の問題もある。

② 長所：一次資料として，実際に体験した人々の生の声を伝えられる。その場にいた者の感情を伝えられる。　短所：記憶に頼るものであるために，事実と異なる部分が存在する可能性がある。個人の記録であるために，全体像はつかみづらい。

③ 長所：広い敷地を必要としないことも多いため，戦争という出来事を日常的に忘れないようにする役割を果たせる。　短所：記念碑が建立されたときの思いやその意味，具体的で詳細な内容が風化する可能性がある。

④ 特徴・長所：多くはその出来事のあった場所や日時に合わせて催される。定期的に繰り返されることで，人々に出来事を思い起こさせることができる。短所：形式化してしまうことで，戦争の本当の姿が見えづらくなる可能性がある。自分とは関係のないものとして意識される可能性がある。

⑤ 特徴・長所：現地に足を運ぶ必要がなく，居住地（もしくは近辺）で観ることができる。演出を工夫することで興味関心を高め，多くの人に伝えることができる。　短所：演出によって，実態とかけ離れた印象や間違った知識を伝えてしまうことがある。

⑥ 特徴・長所：堅苦しくなく，楽しみながらその出来事にふれることができる。特に若年層に興味関心を持ってもらいやすい。　短所：戦争の記憶として最も重要な戦争の悲惨さ，実感としての恐怖を伝えることが難しい。史実と虚実の区別がつきにくい。間違った知識を伝えてしまうことがある。

⑦ 特徴・長所：迫害の犠牲となった人々が実際に生活していた場所が，今の自分たちの生活圏のなかに記録されている。数字としての犠牲者ではなく，血の通った人々の悲劇としてとらえることができる。短所：そもそもこの「躓きの石」が何を意味しているのか，何のためにあるかについて知らなければ意味が薄れてしまう。

⑧ 長所：一次資料としての遺物・体験記録などを，当時の社会情勢や他の資料研究と合わせて総合的に解析するため，戦争の全体像が見えやすい。

短所：専門的になりすぎると一般の人々に伝わりにくい。

STEP 1

1　[例]「正しく」伝えるためには，一次資料が最も重要である。その観点から①の博物館，②の体験者の記録がふさわしい。また，一次資料の用い方に精通し，総合的な視点で扱うことのできる⑧の歴史研究がふさわしいと言える。

2　[例]利用にふさわしい年齢，伝わりやすさの問題に加え，興味関心を持たせる工夫が必要となる。わかりやすく伝えることを基本に，視覚や説明による伝え方などの工夫が考えられる。また，利用のしやすさという観点からインターネットでの閲覧・視聴のしやすさも考えられる。

STEP 2

1　[例]幅広くという観点では，より多くの人に興味関心を持ってもらう動機付けが考えられる。その意味では，⑤のテレビ・映画や，若者を中心に⑥のゲームはふさわしいと考えられる。意識せずともふれる可能性があるという点では，③の記念碑や⑦の躓きの石も考えられる。また，地域の行事として認識されることで④の式典・記念行事も考えられる。

2　[例]⑤のテレビ・映画，⑥のゲームに関しては，史実と虚実がわかるような解説や構成が必要となる。監修に専門家を用いるなどの工夫が必要となる。③の記念碑，⑦の躓きの石，④の式典・記念行事は，その意味を広く紹介する解説，インターネットなどを用いた発信等の工夫が考えられる。

Try

1　[参考]役所や地域の公立図書館などで調べてみよう。自治体のホームページもチェックしよう。

2　[参考]集合的な記憶では，客観的な事実や数字は伝えられても，人々がそれをどのように考え，感じたのかを伝えることはできない。集合的記憶において抽象的かつ匿名で示される数が，個人的記憶においては名前，顔，具体的な経歴をもつ人間の姿として示すことができる。抽象的なかたちで学ぶ歴史は，どこまでいっても「ひとごと」でしかないが，個人的な記憶を学ぶことで，歴史を自分の問題としても捉えることができるようになる。集合的な記憶において個人はつねに「受け身」として捉えられるが，個人的記憶を学ぶことで，人々が社会のなかで「主体」としてどのように行動したのかを理解することができるようになり，歴史をより多面的に把握できるようになる。

3　[参考]同じ出来事のとらえ方がなぜ異なるのかは，重要な問いかけである。まず，戦勝国と敗戦国ではその出来事のイメージはどう異なるだろうか。被害の大きかった国と小さかった国ではどうだろうか。また，戦争を記憶しようとする際に，どのような目的で記憶しようとしているかも重要である。繰り返さないためか，捲土重来を期すためかなどによって異なる。また，愛国主義的な潮流をつくるために利用されることもある。

4　[参考]相手の立場を考えつつ，冷静に意見交換をしようとする態度が最も重要である。一次資料を両者で共同研究することなどが重要。歴史共同研究，共通教科書の作成などの事例がある。

50 国際連合と戦後世界　(p.132〜133)

①大西洋憲章　②国際連合
③サンフランシスコ　④安全保障理事会
⑤軍事　⑥拒否権　⑦ブレトン＝ウッズ
⑧アトリー　⑨福祉　⑩人民民主主義
⑪ティトー

Check ❶　1　国際司法裁判所
2　イギリス　フランス　[順不同]
3　国際通貨基金(IMF)

Check ❷　①ブロック経済圏　②保護貿易
③ファシズム

Exercise ❶　①　アメリカ　②軍事　③拒否

Exercise ❷　③

Try

(1)　戦争につながるような経済対立を防ぐために，為替相場を安定させるため。

(2)　第4次五か年計画をおこない，工業生産の拡大をめざした。

51 戦後と占領の始まり　(p.134〜135)

①ベルリン　②連合国軍最高司令官総司令部
③マッカーサー　④間接統治　⑤38
⑥中華民国　⑦ソ連　⑧引揚げ　⑨闇市
⑩戦争孤児　⑪公職　⑫ニュルンベルク裁判
⑬極東国際軍事裁判　⑭BC級戦犯裁判
⑮731

Check

ア　満洲　イ　中国　[ア，イは順不同]
ウ　シベリア

Exercise ❶ ③

Exercise ❷ ② ④

Try

①ソ連 ②直接統治 ③アメリカ軍
④マッカーサー ⑤間接統治

52 民主化と日本国憲法 (p.136〜137)

①天皇大権 ②衆議院 ③11月3日
④5月3日 ⑤国民主権 ⑥戸主 ⑦不敬罪
⑧生活保護 ⑨財閥 ⑩独占禁止
⑪過度経済力集中排除 ⑫農地改革
⑬労働組合 ⑭神道 ⑮修身
⑯教育基本 ⑰教育勅語 ⑱教育委員会
⑲共産主義 ⑳地方自治
㉑ゼネラルストライキ

Check ①誤 ②誤 ③正 ④誤

Exercise ❶ ②

Exercise ❷ ③ ④

Try

日本国憲法は「国民主権」「戦争放棄」「基本的人権の尊重」をおもな原理としている。その憲法の理念にそって民法も改正され，戸主の権限が強い旧民法の家族制度は廃止され，男女同権・夫婦中心の制度に改められた。また刑法においても皇室に対する不敬罪が廃止された。

53 冷戦の開始 (p.138〜139)

①トルーマン ②マーシャル ③封じ込め政策
④トルーマン=ドクトリン ⑤マーシャル=プラン
⑥コミンフォルム ⑦ベルリン
⑧ドイツ連邦共和国 ⑨ドイツ民主共和国
⑩冷戦 ⑪中華人民共和国 ⑫毛沢東
⑬朝鮮民主主義人民共和国 ⑭大韓民国
⑮朝鮮

Check ❶ 1 ② 2 ④

Check ❷ ③

Exercise

①オランダ ②フランス ③国民党
④毛沢東

Try

①占領下にあり，独立国家を形成しておらず
②北に朝鮮民主主義人民共和国，南に大韓民国

54 朝鮮戦争と日本 (p.140〜141)

①朝鮮 ②緊縮 ③360 ④国連
⑤嘉手納 ⑥特需景気 ⑦警察予備隊
⑧レッド=パージ ⑨公職追放 ⑩吉田茂
⑪小笠原 ⑫賠償請求権 ⑬東京 ⑭西側
⑮単独講和(片面講和) ⑯全面講和
⑰日米安全保障 ⑱日米行政協定 ⑲保安隊
⑳自衛隊

Check ❶ 兵器

Check ❷ ③

Exercise ①

Try

政治面においては，朝鮮戦争に出撃したアメリカ軍にかわる治安維持のため警察予備隊が創設された。また，共産党やその同調者などに対するレッド=パージがおこなわれた。対照的に，公職追放を受けていた政治家や軍人の追放は解除されていった。経済面においては，アメリカ軍による軍需物資等の調達は特需景気をもたらし，デフレから日本経済復興への足がかりとなった。

章末問題 経済危機と第二次世界大戦 (p.142〜143)

1 問1 あ ニューヨーク い 資本
問2 高橋是清 問3 ニューディール
問4 全権委任法
問5 (1) b → c → a → d
(2) ア 柳条湖 イ 満州事変 ウ 溥儀
エ リットン調査団 オ ワシントン
問6 近衛文麿 問7 大東亜共栄圏
問8 朝鮮民主主義人民共和国(北朝鮮)
問9 サンフランシスコ会議
問10 ア トルーマン イ マーシャル
ウ 封じ込め エ コミンフォルム
問11 日米安全保障条約
2 問1 b 問2 c
3
世界恐慌をきっかけに，各国は排他的なブロック経済圏をつくりあげて恐慌の克服をはかったが，これは国際対立を激化させてドイツや日本などでファシズム体制の成立をまねき，第二次世界大戦の原因ともなった。大戦後は，こうした反省をもとにブレトン=ウッズ会議が開かれ，為替相場の安定をめざす

国際通貨基金や戦後復興を支援する国際復興開発銀行がつくられ，GATTの発足により自由貿易体制の実現がはかられた。

55 冷戦対立の推移 (p.144〜145)

①北大西洋条約機構（NATO）　②自衛隊
③東南アジア条約機構　④コメコン
⑤ワルシャワ条約機構　⑥板門店
⑦インドシナ　⑧ジュネーヴ休戦
⑨フルシチョフ　⑩スターリン批判
⑪ベルリンの壁　⑫キューバ危機

Check　②
Exercise ❶　③
Exercise ❷　①ベトナム民主共和国
②フランス　③ディエンビエンフー
④ジュネーヴ休戦協定　⑤17　⑥アメリカ
Try　②

STEP UP　核実験と核競争 (p.146〜147)

①原子爆弾　②広島　③長崎　④水素爆弾
⑤ビキニ環礁　⑥第五福竜丸　⑦フランス
⑧中国　⑨部分的核実験禁止条約
⑩核拡散防止条約　⑪戦略兵器制限交渉
⑫戦略兵器削減交渉　⑬包括的核実験禁止条約
⑭ラッセル＝アインシュタイン宣言

Check
1　A　1950　　B　1960　　C　1960
D　1970　　E　1980　　F　1990
G　2000
2　①d　②e　③f　④a　⑤i
⑥c　⑦g
3　ア　正　イ　誤　ウ　誤
Try
日本は唯一の戦争による被爆国であり，核兵器の恐ろしさを身をもって体験した被爆者がいる。日本は核兵器の恐ろしさを世界に発信していくべきである。世界情勢をみると，パキスタンや北朝鮮のように兵力の乏しさを核兵器保持で補おうとする国が存在する。日本は国連などの機関なども利用して，核兵器を減らしていく枠組みづくりにも貢献していく必要があるだろう。

56 植民地の独立と第三世界の出現 (p.148〜149)

①脱植民地化　②アフリカ　③アルジェリア
④パキスタン　⑤コロンボ　⑥周恩来
⑦ネルー　⑧平和五原則　⑨アジア＝アフリカ
⑩平和十原則　⑪第三勢力　⑫非同盟諸国首脳
⑬南北問題
Check ❶　②
Check ❷　①戦争　②経済成長
③民族的対立　④社会主義
Try　①第三勢力　②雪どけ　③冷戦
④経済　⑤南北

STEP UP　パレスティナ問題 (p.150〜151)

①シオニズム　②国際連合
③パレスティナ戦争　④パレスティナ難民
⑤ナセル　⑥スエズ戦争
⑦パレスティナ解放機構　⑧シナイ　⑨ゴラン
⑩石油　⑪石油危機　⑫インティファーダ
⑬パレスティナ暫定自治協定　⑭分離壁
Check
1　①
2　A　ゴラン　　B　イェリコ　　C　シナイ
X　3　　Y　アメリカ
Exercise　①オスマン　②イギリス
③シオニズム
Try
Aはアラブ人，Bはユダヤ人。パレスティナはアラブ人の居住地であったことは「元々住んでいた」というAの主張に合致し，シオニズム運動でユダヤ人の移住がすすみ，国際連合のパレスティナ分割案でユダヤ人国家の樹立が認められたことは，「国際的に認められた」というBの主張に合致している。

57 米ソ両陣営の動揺 (p.152〜153)

①ケネディ　②ジョンソン　③北爆
④ベトナム　⑤ニクソン　⑥ベトナム和平
⑦ベトナム社会主義共和　⑧プラハの春
⑨中ソ論争　⑩大躍進
⑪プロレタリア文化大革命
Check ❶　③
Check ❷　④

Exercise ❶ ②

Exercise ❷

チェコスロヴァキアでおこなわれた民主化と経済改革をすすめる運動で，ソ連がワルシャワ条約機構軍による介入をおこなって抑圧した。

Try

ベトナム戦争に対する反戦運動は，人種差別に反対する公民権運動と連動してアメリカ社会を動揺させた。文化大革命では，学生たちによる紅衛兵が知識人などを激しく攻撃したため，中国国内は大混乱におちいった。

58 日本の国際社会復帰と高度経済成長

(p.154～155)

①自由主義　②国有化　③55年　④革新
⑤保守　⑥鳩山一郎　⑦日ソ共同宣言
⑧国際連合　⑨岸信介
⑩日米相互協力および安全保障条約　⑪安保闘争
⑫ドル　⑬石油資源　⑭高度経済成長
⑮日中共同声明　⑯田中角栄
⑰日中平和友好条約　⑱日韓基本条約
⑲朴正熙　⑳佐藤栄作

Check ❶　1　1970　2　②
3　フランス

Check ❷　B　→　C　→　A

Try

高度経済成長によって工業生産が増え，多くの労働者が必要になった。地方の農村からたくさんの若者が都会に働きに出た結果，農村の過疎の問題が深刻化し，若者不在の農業がおこなわれた。その一方で，大都市の過密が問題となった。車も広く普及し，工場も数多く建設されたため，大気汚染や水質汚濁が深刻になるなど公害が全国で問題化した。工場で大量の製品がつくられ，人々はアメリカの消費社会をまねるようになった。

ACTIVE 1968―「豊かな社会」でおこった「異議申し立て」

(p.156～157)

❶

STEP 1　略

STEP 2

1　①識字率の向上と書籍・雑誌発行部数の上昇，ラジオ放送の開始など　②テレビ・電話の広が

り，女性の高学歴化（ただし大学進学率1割），都市への人口集中など　③インターネット，スマートフォンの普及，大学進学率上昇，東京一極集中など
2　全員が等しく豊かになったのではなく，格差が拡大して取り残された人々も少なからずいた時代。

❷

STEP 1　[参考]いずれもそれまでの価値観に挑戦するものとして受け止められ，若者を中心に支持を集めた。形を変えながらも徐々にあたり前のものとして受け入れられるようになった。

STEP 2　1920年代の生まれと考えられる。したがって，若者時代に第二次世界大戦を経験している。北爆は空襲を，ゲリラ戦は本土決戦に備えた竹槍訓練や，戦地での市街線を思いおこさせたと考えられる。

❸

STEP 1　自分自身や自分の住む地域，国や世界に対して責任を持ち，意見表明する（権利を持つ）存在。

STEP 2　本土にある基地内の病院にはベトナム戦争での負傷兵が運びこまれ，沖縄の米軍基地からは直接ベトナムに出撃した。また，戦争に必要な多くの物資が日本で調達された。

❹

STEP 1　1　公害を引き起こした企業とそれを許している社会。ベトナム戦争を代表とする戦争。アジアに対する既存の見方。女性の置かれている立場。
2　[例]いずれも十分な到達点に達しているとは言えないが，世界的に広く共通の課題として認識されてきていると言える。

STEP 2　[例]日本は，日米安全保障条約，また返還前の沖縄を通じて間接的にベトナム戦争に荷担していたと考えられる。そのことに危機感を持つ人々の反戦運動，基地返還運動もあったが，多くの日本人はこのようなアジアとのつながりを意識していないことも指摘できる。経済的には，鶴見の『バナナと日本人』に示されているように，自分たちの消費しているものがどのように入手されているのか，本当に見合った対価が支払われているのかに無頓着な場合も考えられる。それは間接的といえどもアジアに対する搾取と捉えることもできる。

Try

1　[例]経済成長は，一国全体としては物質的に豊かになったことを示しているが，その内部では，富の偏在（格差）が生じており，それは拡大していったと言える。また，物質的豊かさは，それと引き替え

に犠牲となるものを生み出すこともある。そして，自国の経済発展は，世界的に見れば，他国（の人々）を犠牲にすることで達成されることもある。そのような矛盾に気づいた人々が抗議の声を上げていったと考えられる。

2　[参考]一揆，反乱，ストライキ，植民地における抵抗運動，現代の集会やデモ，そしてSNSの利用など，様々な方法が挙げられる。騒乱や死傷者を出さず，民主的な方法として考えられるのは何か，そして，人々の権利として認められるべきものは何かも含めて考える必要がある。

59 石油危機と世界経済　(p.158〜159)

①第1次石油危機　②第4次中東戦争
③石油輸出国機構　④スタグフレーション
⑤イラン=イスラーム　⑥第2次石油危機
⑦ニクソン　⑧ドル=ショック
⑨ブレトン=ウッズ　⑩変動相場制
⑪小さな政府　⑫サッチャー　⑬レーガン
⑭中曽根

Check ❶　1　b
2　ほとんどの国の経済成長率が0％以下になった。
3　④
Check ❷　①マイナス成長　②自動車
③貿易摩擦　④プラザ合意　⑤円高
Try
1973年の第4次中東戦争をきっかけとした第1次石油危機で，資本主義国は経済成長が止まり財政危機をむかえた。ヨーロッパの社会民主主義政権などは，社会保障や医療，教育の充実した福祉国家の建設をめざしていたが，それは困難になった。そこで登場したのが，新自由主義だった。新自由主義国家は，公営企業体を民営化し，公共サービスを縮小して「小さな政府」をめざした。しかし福祉の後退は貧富の格差拡大をうみ，国家間の格差もめだつようになった。

60 緊張緩和から冷戦の終結へ　(p.160〜161)

①戦略兵器制限交渉　②東方外交
③ヘルシンキ　④アフガニスタン
⑤イラン=イラク　⑥イラン=イスラーム
⑦サダム=フセイン　⑧連帯

⑨スターウォーズ　⑩ポル=ポト　⑪中越戦争
⑫ペレストロイカ
⑬チョルノービリ（チェルノブイリ）
⑭中距離核戦力　⑮マルタ　⑯ブッシュ
Check ❶
1　国名：イラク　侵攻した国：イラン
2　国名：イラン
　　大使館を占拠された国：アメリカ
3　国名：アフガニスタン　侵攻した国：ソ連
Check ❷　C　→　B　→　A
Check ❸　X　誤　　Y　誤
Try　アメリカは1960年代のベトナム戦争で軍事支出が膨大になり，石油危機も重なって財政危機が深刻化した。ソ連は中ソ対立により社会主義国どうしで関係が悪化した。1979年にはアフガニスタンに侵攻したが，こちらも軍事支出がかさみ，財政危機をむかえた。このため米ソ両国は関係改善を模索しはじめた。ソ連のゴルバチョフ政権は，新思考外交のもと，軍縮とアメリカとの関係改善をおしすめた。そして1989年に，両国首脳はマルタ会談で冷戦の終結を宣言するに至った。

61 地域協力の進展　(p.162〜163)

①ヨーロッパ経済共同体　②ヨーロッパ共同体
③ヨーロッパ自由貿易連合　④経済相互援助会議
⑤開発独裁　⑥改革開放　⑦鄧小平
⑧四つの現代化　⑨ドイモイ
⑩東南アジア諸国連合　⑪ASEAN
⑫新興工業経済地域　⑬インドシナ難民
⑭パレスティナ難民

Check
1　①イギリス　②ドイツ連邦共和国
③フランス　④スペイン　⑤イタリア
2　①　　3　A　ベトナム　　B　カンボジア
C　シンガポール　　4　①　　5　①
Try
第二次世界大戦後の冷戦では軍事費の支出が負担となり，経済統合の重要性が増した。東西それぞれの経済統合，冷戦の終結で東西の枠組みをこえた経済統合もおこなわれた。しかし世界経済の成長が鈍化すると，かつてのブロック経済のような自国優先の考え方が出てきた。世界は国や民族という枠組みを超えて，人類の共存共栄という観点で経済を考える必要があるだろう。

62 日本の経済大国化　　　　　　　　(p.164〜165)

①石油危機　　②経済成長率　　③原子力
④貿易摩擦　　⑤赤字国債　　⑥中曽根康弘
⑦新自由主義　　⑧ＪＲ　　⑨消費税
⑩靖国神社　　⑪プラザ合意　　⑫自衛隊
⑬防衛費　　⑭湾岸危機　　⑮バブル
⑯金融緩和　　⑰地上げ
⑱男女雇用機会均等法　　⑲労働者派遣法

Check　1　1974
2　省エネルギー技術の導入や石油の備蓄がすす
み，原油価格の高騰の影響が以前より減少したため。
3　1989年に株価が，91年に地価が大きく低下す
るのとほぼ同じく，経済成長率も低下している。

Try

1　①10　　②債権国
自動車産業が日本の輸出の花形だったが，アメリカ
と競合することになり，アメリカ人の失業者が増加
したため。
2　①輸入　　②下がった
銀行に預けても金利が低くもうけは薄い。このため，
資金をもった人々や企業は株や土地投機で儲けよう
とした。株価が下がりはじめると，あまった資金は
土地投機に集中していった。

63 冷戦体制の終結　　　　　　　　(p.166〜167)

①天安門事件　　②新思考外交　　③ベルリンの壁
④ドイツ統一　　⑤ルーマニア
⑥議会制民主主義　　⑦バルト３国
⑧独立国家共同体　　⑨ゴルバチョフ
⑩グローバル化　　⑪国際連合　　⑫湾岸戦争
⑬アメリカ　　⑭平和維持活動
⑮アパルトヘイト　　⑯バブル
⑰失われた20年　　⑱細川護熙　　⑲55年体制

Check　1　A　コンゴ　　B　中東
C　湾岸　　D　チェチェン　　E　シリア
2　略　　3　略　　4　中東とアフリカ

Exercise　エ

Try
冷戦終結後，アメリカとソ連という超大国が各国・
各地域をおさえこむことができなくなり，民族間の
対立などによる内戦が世界中でおこった。また帝国
主義の時代に，地域の実情を無視した国境線を植民
地に引いたことも民族対立を生む要因となった。

64 地域紛争と世界経済　　　　　　(p.168〜169)

①同時多発テロ事件　　②イラク戦争
③対テロ戦争　　④単独行動主義
⑤北米自由貿易協定　　⑥ヨーロッパ連合
⑦東欧　　⑧マーストリヒト　　⑨ユーロ
⑩アフリカ連合　　⑪IMF　　⑫ロシア
⑬中国　　⑭小泉純一郎　　⑮サブプライムローン
⑯民主党

Check ❶　1　略　　2　b　e
Check ❷　1　中国
2　①資源　　②人口　〔①，②は順不同〕
3　2009年　2020年　　4　a　f

Try
20世紀の戦争は，２つの世界大戦のように，国民
国家間の対立にもとづいた総力戦が主であった。し
かし21世紀の戦争は，グローバル化によって国境
をまたいだ国際テロ組織が組織され，それと有志連
合国家が戦うという新しい形をとりはじめた。グ
ローバル化による兵器の拡散もあり，民間軍事会社
の役割が大きくなった。国境をこえた地域での戦い
や宗教・宗派の対立も目立つようになった。このよ
うに，グローバル化は戦争の形態も変えてしまった。

65 グローバルな認識へ　　　　　　(p.170〜171)

①インターネット　　②情報通信技術　　③SNS
④人工知能　　⑤地球温暖化　　⑥感染症
⑦仮想水　　⑧持続可能な開発目標　　⑨経済格差
⑩国連難民高等弁務官事務所　　⑪東日本大震災
⑫福島第一原子力発電所

Check
1　①貧困　　②ジェンダー　　③エネルギー
④気候変動　　⑤平和　　⑥公正　　2　アフリカ

Try
〔5・7・16を選んだ場合の例〕
5．日本は2021年現在でジェンダーギャップ指数
が100位にも及ばず，かなり遅れている。たとえば
日本の内閣は男性が圧倒的に多い。女性は子どもを
産む性であるが，休養の保障とともに，社会復帰の
配慮も必要となっている。
7．2011年の東日本大震災でおきた原発事故で，
日本のエネルギー行政に対する問題点が浮き彫りに
なった。原子力発電所は事故がおこれば放射能被害
など取り返しのつかない影響をもたらす。「核のゴ

ミ」の処理に膨大な費用がかかり，原発は安価という「神話」は崩れつつある。

16．日本は近隣諸国との間で多くの問題をかかえている。しかし，人的交流を絶やせば相互理解はますます遠のいてしまう。平和のためには交流は大切であり，17番のパートナーシップを構築するためにも，交流を絶やしてはならない。

ACTIVE 経済成長がもたらす課題 (p.172〜173)

❶

STEP 1 Aの時期は，第1次石油危機によって世界経済が混乱したことが理由と考えられる。Bの時期は，第2次石油危機やイラン＝イラク戦争などにより世界経済が混乱したことが理由と考えられる。Dの時期は，世界金融危機が起こったことが理由と考えられる。

STEP 2 1997年にアジア通貨危機がおこり，とくに韓国は国際通貨基金(IMF)より資金援助を受けるなど経済が低迷した。したがって，④は韓国と考えられる。

STEP 3
①はアメリカ合衆国　②は中国　③は日本
④は韓国

判断の理由：①の国は，60年代，とくに後半に他の3か国より成長率が低い。この時期に景気が低迷した可能性が考えられる。また，STEP 2でみたように，アジア各国に影響を与えたアジア通貨危機の時期に成長率が下がっていないことから，アジアの国ではないことが推測される。したがって，①はアメリカ合衆国と推測される。アメリカ合衆国は，65年よりベトナム戦争に突入し，これが合衆国経済に影響したことが考えられる。1971年にニクソン大統領によりドルと金の兌換が停止された(ドル＝ショック)ことを考えれば，60年代後半にこの国の経済が低迷していたことが確認できる。

②の国は，60年代は成長率の変動が激しかった。経済が安定していなかったことがうかがえる。70，80年代もそれ以前ほどではないが成長率の変動は大きい一方，比較的高い成長率を示している。90年代以降は比較的安定して他国よりも高い経済成長率を示している。20世紀終盤に大きく経済成長していると考えられる。

③の国は，変動幅が大きいものの，70年代初頭までは時に10％を超える成長率を達成したように，

経済成長が大きかったと考えられる。その後成長率は小さくなり，特に90年代以降は他の3か国と比較しても小さな成長率にとどまっている。

STEP 4 1985年のプラザ合意による円高不況を受け，金融緩和がすすめられて日本は好景気となった(バブル経済)。しかし1990年代はじめにバブル経済は崩壊し，低成長の時代に入った。

❷

STEP 1 1　第一次世界大戦

2　まず，前提として資本主義の展開による大量生産・大量消費の時代となり，新たな産業構造のもとで新しい中間層(ホワイトカラーなど)が誕生し，人々の平準化が進んだ。総力戦となった第一次世界大戦では，戦争遂行に幅広い国民の協力が必要となり，各国政府は国民の意思をより尊重することが必要となった。政治面で大戦後に選挙権が拡大される傾向となったのはその現れである。また，政府と対立関係にあった労働組合などとの協力も進み，社会福祉政策の拡大もみられた。これらの動きは第二次世界大戦時も同様であり，その結果，各国で格差が縮小したと考えられる。

STEP 2 第二次世界大戦後の混乱から各国で復興が進み，インフラの整備や産業構造の高度化が進んだ。教育水準も上昇したことで人的資本の形成も進んだ。1960年代は，これらのこともあいまって世界的に経済成長が進み，相対的に格差の縮小が維持された。

STEP 3 1　「大きな政府」

2　新自由主義が台頭し，減税，福祉の抑制，規制緩和が重視されたため。他方，スウェーデンは「大きな政府」であることを維持したため，格差の拡大が起こらなかったと言える。

❸

STEP 1 1　①アメリカ　②インド　③中国

2　この間，世界全体のCO_2排出量は増加しており，その増加率も高まっている。アメリカの排出量は2015年までほとんど横ばいだが，代わって中国の排出量が急増している。またインドの排出量も増加している。

STEP 2 途上国の工業化(特に中国やインドの工業化)にともない，CO_2排出量が急増したことが原因と考えられる。これらの国々では，省エネ技術などが行き渡っておらず，また環境問題への対応よりも経済発展を重視しているため，結果としてCO_2排出量が急増した。

Try

[例]地球温暖化問題や海洋汚染に代表される環境問題は，一国の問題にとどまらず，地球規模で防止，対策を考えねばならない問題である。また，地球規模での人の往来が増加し，情報も瞬時に世界中に回るようになっている。そのようななかでも，ある地域ではモノがあふれ，廃棄され，他方で貧困に苦しむ人が存在する。大航海時代に始まる地球規模のつながりは，現代ではさらに密接な，そして相互依存の強まったものとなっている。このようななかで，すべての問題は地球規模で考えることが必要となる。人類の生活をより豊かにするために，そしてその豊かさの定義を再確認し，将来にわたって維持するためにも「持続可能な発展」が望まれる。そのためには，一部の人々の利益，一国の利益という考え方から，地球全体の利益という考え方に変える必要がある。国際機関を通じて，各国，各団体が相手の立場に立つことを忘れずに話し合いを重ね，実際に協調した行動に移せるような仕組みを構築することが何よりも大切であろう。

編末問題 グローバル化と私たち (p.174〜175)

1

問1　あ　アフガニスタン　　い　中東戦争

問2　パキスタン

問3　(1)　北大西洋条約機構(NATO)

(2)　ワルシャワ条約機構

問4　第五福竜丸

問5　フルシチョフ

問6　ア　鳩山一郎　　イ　日ソ共同宣言

ウ　岸信介　　エ　日米安全保障条約

問7　日中共同声明

問8　東方外交

問9　公民権運動

問10　レーガン

問11　ア　ゴルバチョフ　　イ　ペレストロイカ

ウ　新思考　　エ　中距離核戦力(INF)

オ　マルタ

問12　単独行動主義

問13　パリ協定

問14　(1)　アパルトヘイト

(2)　マーストリヒト条約

問15　バブル経済(バブル景気)

2　問1　インドネシア　　問2　b

3　冷戦の終結にともなって，経済の面でヒト・モノ・カネ・情報が地球規模で大規模に移動するグローバル化が急速にすすんだ。また，唯一の超大国となったアメリカへの政治・経済の一極集中は反米感情を刺激し，同時多発テロ事件をまねいた。これをきっかけにアメリカは単独行動主義を強めたため，複雑な民族紛争が長期化した。さらに政治・軍事ブロックにかわり，ヨーロッパ連合(EU)に代表される経済的な観点にもとづく地域協力が進展した。